¿QUÉ LE PASA AL MUNDO?

¿QUÉ LE PASA AL MUNDO?

DR. DAVID JEREMIAH

10 señales proféticas que no puede pasar por alto

GRUPO NELSON
Desde 1798

Al que está sentado en el trono, y al Cordero,

sea la alabanza, la honra, la gloria y el poder,

por los siglos de los siglos (Apocalipsis 5:13*b*).

Contenido

Reconocimientos

EL OTOÑO PASADO, CUANDO EMPECÉ A ENSEÑAR LAS VERDADES de este libro a la iglesia que pastoreo en el sur de California, me sorprendió la cantidad de personas que cada semana se me acercaban y me decían: «¿Va usted a poner esta información en un libro, verdad?». He aquí mi respuesta: ¡Gracias por el ánimo que me dieron!

Barbara Boucher es mi asistenta administrativa en la Iglesia Comunitaria Shadow Mountain. Su buena disposición para servir donde se le necesita refleja el espíritu de esta iglesia familiar.

Estoy en gran deuda con el equipo de personas que me rodea en los Ministerios Momento Decisivo. Diane Sutherland comprende las presiones que caen sobre nuestra oficina durante la formación de un libro. Especialmente en esos días ella protege mi tiempo y organiza mi vida. No me atrevo a pensar en el caos de mi existencia sin la dedicada gestión de Diane.

Puesto que el interés de este libro es irradiar la luz de las Escrituras sobre los sucesos del siglo XXI, la carga de investigación ha sido enorme. Cathy Lord se luce en esta tarea. Ella nunca descansa hasta haber encontrado la cita, la estadística o la fuente exacta que buscamos. Cathy, tu compromiso con los detalles me asombra. ¡Gracias por tu arduo trabajo!

Paul Joiner es director de servicios creativos en Momento Decisivo. Él es parte integral de todo lo que hacemos a través de la radio, la televisión y la prensa escrita en todo el mundo. Paul, tu creatividad es contagiosa, y tus huellas dactilares están por todo este proyecto.

Rob Morgan y William Kruidenier leen cada capítulo y añaden sus sugerencias. Rob y William, gracias por sus amables contribuciones. Gracias también a mi amigo Chuck Emert por su valioso aporte.

El editor de Thomas Nelson, Joey Paul, me ha animado durante varios años a escribir otro libro sobre profecía. Cuando le envié las notas preliminares para esta obra, me llamó de inmediato y me dijo: «¡Así se hace, David!». Joey, tu amistad es una bendición en mi vida. Esta es mi primera oportunidad de trabajar con el escritor y editor Tom Williams. Él ha sido un gentil complemento a nuestro equipo de publicaciones. Tom, espero que volvamos pronto a trabajar juntos.

En las primeras páginas de todos mis libros usted verá el nombre de Yates y Yates, la agencia literaria fundada por Sealy Yates. Gracias, Sealy, por creer en este libro y por coordinar los esfuerzos entre el equipo de Momento Decisivo y el personal de Thomas Nelson.

Deseo expresar mi agradecimiento a mi hijo David, cuyo liderazgo en Momento Decisivo me hace posible invertir mi tiempo en estudiar y escribir.

Por último, doy gracias a Dios Todopoderoso por mi esposa, Donna; la primera vez que le empecé a hablar acerca de *¿Qué le pasa al mundo?*, le manifesté que mis planes eran enseñar este material en nuestros cultos dominicales nocturnos. Donna me miró y me dijo: «David, eso se debe enseñar en los cultos de la mañana para que todos lo oigan». ¡Siempre hago lo que ella me dice que haga!

Por sobre todo, ¡quiero expresar mi esperanza de que Dios sea glorificado mientras narramos la historia de Sus planes para nuestro futuro!

Reconozcamos las señales

¿QUÉ LE PASA AL MUNDO? NUNCA ANTES EN MI VIDA HE leído titulares tan incongruentes, análisis noticiosos tan angustiantes, ni predicciones tan funestas para Estados Unidos y el mundo. Las cosas se están poniendo tan caóticas que muchos expertos usan la expresión *tormenta perfecta* para explicar la confluencia de escasez de alimentos, precio elevadísimo del combustible y desastres naturales.

Los principales servicios noticiosos transmitieron los siguientes reportes inquietantes en un reciente período de veinticuatro horas: Un ciclón en Myanmar causó más de ochenta y cuatro mil muertos, junto con la pérdida de significativos cultivos de arroz en una época de grave escasez mundial de arroz. Un poderoso volcán que se había considerado inactivo por nueve mil años hizo erupción en Chile. Un nuevo virus tóxico infectó decenas de miles de niños chinos, ocasionando crecientes temores de una epidemia en gran escala. China y Japón, antagonistas por mucho tiempo, anuncian una promesa de «paz, amistad y cooperación como vecinos», la cual incluye una operación conjunta en refinación de petróleo. En la resurgente Rusia el recién instalado presidente Dmitri Medvédev nombró de inmediato a Vladímir Putin como primer ministro, denominando al cargo como «la posición más importante en el poder ejecutivo»[1].

En el mismo período, mora en pagos de viviendas y ejecuciones siguieron alimentando la hecatombe de la economía estadounidense. Como si esas noticias no fueran suficientemente malas, los elevados precios del petróleo alcanzaron sus niveles más altos en la bolsa New York Exchange Mercantile desde que iniciaran operaciones petrolíferas hace veinticinco años, y el dólar extendió su chisporroteo frente a la mayoría de las monedas extranjeras. Cuando historias como estas se amontonan una encima de la otra, lo menos que podemos hacer es preguntarnos: ¿Qué le pasa al mundo?

Al observar el mundo de inicios del siglo XXI, la escasez de alimentos está produciendo hambres extendidas en lugares conocidos antes por su abundancia. La hambruna total está reemplazando a las hambres comunes en regiones que han conocido la necesidad. Entre los más pobres, simplemente sobrevivir se ha convertido en una lucha. En Tailandia, el primer exportador mundial de arroz, los precios se duplicaron en el primer trimestre de este año. Los precios de los alimentos han fomentado disturbios en Haití, Camerún, Egipto, México, Filipinas, Indonesia, Costa de Marfil, y en otras naciones africanas. La desesperación es tanta en Tailandia, Filipinas y Pakistán, que han contratado personal armado para salvaguardar a los segadores de cosechas, supervisar ventas de grano, y proteger depósitos. Un observador de las Naciones Unidas advirtió: «Un hombre hambriento es alguien iracundo, y mientras sea más y más difícil tener acceso a la comida… podemos esperar que haya más incidentes de malestar civil»[2].

Aunque no se pueden evitar desastres naturales, las personas prudentes se mantienen alertas a las señales de su aparición, de tal modo que puedan tomar medidas preventivas. Esto se hizo en la erupción del volcán en Chile. A pesar de que se le percibía como benigno, o incluso apagado, el volcán Chaitén despedía docenas de señales de advertencia en forma de terremotos. Sorprendidos por la primera erupción, prudentes funcionarios gubernamentales reconocieron que el peligro continuaba. Ordenaron evacuaciones obligatorias a medida que el volcán se hacía más violento y arrojaba cenizas y lava peligrosas al aire. Como resultado, ni una sola muerte se atribuyó directamente a la erupción[3]. Cuando se reconocen las señales y se hacen las advertencias apropiadas, muy a menudo se pueden evitar las catástrofes.

Por otra parte, el desastre en Myanmar muestra lo que ocurre cuando se hace caso omiso de las señales. Hasta con seis días de anticipación a la llegada del ciclón Nargis, se notificó a los funcionarios de Myanmar del potencial de una tormenta de gran escala. Durante los días siguientes, cuando la tormenta se intensificaba y apuntaba hacia el densamente poblado delta de la nación, la junta militar recibió informaciones y advertencias actualizadas del clima. A pesar de la creciente urgencia de las advertencias y las evidentes señales en el muy agitado cielo, el gobierno no formuló advertencias ni ordenó evacuaciones. Esta negligencia dejó al pueblo a merced de vientos de doscientos sesenta kilómetros por hora y olas tormentosas de más de siete metros de altura. ¿El resultado? Varias semanas después, al totalizarse más de setenta y ocho mil muertos y desaparecidos, y con más de dos millones y medio de personas desamparadas, por motivos políticos impidieron ingresar a la nación a los grupos de ayuda global de emergencia que estaban listos para entregar alimentos y suministros.

A los pocos días, antes que el mundo pudiera asimilar los acontecimientos en Myanmar, un terremoto de 7,9 destruyó el sur de China. Siete mil escolares y sus maestros quedaron enterrados bajo los escombros de sus escuelas. Murieron más de setenta mil, y cinco millones se quedaron sin techo. Continuaron veintenas de poderosas réplicas que amenazaban con más destrucción y dificultaban los esfuerzos de los rescatadores. China puso a prueba su reciente acuerdo de amistad con Japón solicitándole el envío de experimentados equipos de rescate para complementar el personal de ciento treinta mil militares ya movilizados por China. Una reacción que nadie previó fue el pedido de ayuda a Taiwán, país considerado por mucho tiempo como renegado, si no enemigo. China también aceptó ayuda de Rusia y Corea del Norte.

¿Estamos viendo hoy día señales que deberían advertirnos algo? ¿Qué está pasando cuando los enemigos de Israel confieren honores póstumos al director de una escuela de las Naciones Unidas en Gaza por su trabajo como jefe de ingenieros del escuadrón de misiles de la Jihad islámica?[4] ¿Y qué hay con el desfile de tanques, cazas a chorro y misiles el Primero de Mayo en Moscú, que recuerda la época de la Guerra Fría? ¿Y qué decir de la duplicación de millones de dólares invertidos en bonos iraquíes, actualmente cambiados por garabatos sobre un tablero de borrado en seco? ¿O de la mayor embajada estadounidense que jamás se ha construido y que ahora está lista para ser ocupada en Bagdad, la antigua Babilonia de infausta memoria, la ciudad que en toda la Biblia se levanta como la antítesis de todo bien? ¿Y qué decir de la planificada restauración de Babilonia a su gloria legendaria? ¿Y del creciente uso de información biológica, de esos análisis de huellas dactilares, de iris y de rostros usados para identificación personal en Irak y otros «lugares de conflicto mundial»? En la actualidad tales formas de identificación se usan para excluir personas de mercados o de ciertos sectores, y están listas para ser implementadas en todo el mundo poniendo como excusa la seguridad. Cuando usted oye estos reportes, ¿no se sorprende pensando: *Qué está pasando?*

Los acontecimientos que se desarrollan hoy día en el mundo amenazan de modo inquietante con perturbar instituciones, reordenar alineamientos de políticas nacionales, cambiar el equilibrio del poder mundial, y desestabilizar la equitativa distribución de recursos. En todas partes la gente está empezando a vivir en temor y ansiedad. Las personas serias preguntan: «Si estas cosas suceden hoy, ¿cómo irá a ser el futuro para mis hijos y nietos? ¿Nos dan los actuales titulares algunas señales de lo que vendrá a continuación?».

Existe una fuente confiable de información respecto al futuro, una que tiene un increíble historial de exactitud. ¡La Biblia! Sin embargo, aunque parezca mentira, muchos que afirman predicar la Palabra de Dios evitan las enseñanzas proféticas. Un predicador amigo habla de «un pastor que en cierta ocasión se jactó de que no predicaba acerca de profecía porque, en sus propias palabras, "la profecía solo distrae del presente a las personas". Un astuto colega le replicó hábilmente: "Pues bien, ¡entonces la Biblia está repleta de distracción!". El cumplimiento de las profecías es una de las tarjetas de presentación de Dios»[5].

Ciertamente, una de las evidencias más convincentes de inspiración bíblica es la sorprendente cantidad de profecías que se han cumplido con absoluta precisión. Quizás los ejemplos más conocidos son los cumplimientos de más de trescientas profecías relacionadas con la primera venida de Cristo a la tierra. El Dr. Tim LaHaye observó en su libro *El Arrebatamiento*: «Ningún erudito con fundamento académico niega que Jesús vivió hace casi dos mil años. Y en la Biblia hallamos tres veces más profecías relacionadas con la segunda venida que con la primera. Por tanto, la segunda venida de nuestro Señor es tres veces tan segura como fue la primera, la cual se puede verificar como hecho histórico»[6].

La Biblia ha demostrado ser absolutamente digna de confianza. De ahí que podamos estar seguros de que es la única fuente de información confiable acerca de los acontecimientos de nuestros días y de lo que esos hechos nos dicen con relación a nuestra esperanza para el futuro, mientras enfocamos nuestra mirada hacia el regreso de Cristo. El mismo Señor Jesús habló de la sensatez de discernir las señales de los tiempos y de tomar acciones adecuadas mientras esperamos Su regreso (Mateo 24, Marcos 16). La Biblia nos suministra claves que expresan información crucial para interpretar las señales a medida que se acercan al final los días del gobierno del hombre sobre el planeta. En cada uno de los diez capítulos de este libro nos concentraremos en estas claves y advertiremos estas señales, viendo los sucesos actuales desde la perspectiva de la maravillosa Palabra de Dios. Nos advertirán y desafiarán, pero también nos animarán y consolarán. Nuestro propósito no es que tengamos miedo, sino que estemos conscientes para estar preparados.

El popular personaje radial Clifton Fadiman era un demente ratón de biblioteca. No solo fue editor para una revista nacional y escritor publicado, sino que su amor por los libros y su sentido de lo que hacía bueno a un libro lo lanzó a la posición de editor para el Club del Libro del Mes, cargo que mantuvo por cincuenta años. En cierta ocasión explicó cómo decidía qué clase de libro quería leer el público: «¿Qué anhelan nuestros miembros en lo profundo de su ser? Quieren libros que expliquen sinceramente nuestra terrorífica época. [...] Nuestros días son tan aterradores y tan fragmentados que necesitamos más esta clase de ayuda de la que se necesitó en el siglo pasado. Ansiamos libros que unan las piezas del rompecabezas»[7].

Estoy seguro de que nunca ha habido tiempos más «aterradores y fragmentados» que estos primeros días del siglo XXI. En este libro deseo ayudar a encontrar la verdad referente a lo que está ocurriendo. Quiero mostrar que, aunque no hay duda de que nuestra época está «fragmentada», no necesariamente es aterradora... no para los cristianos que confiamos en el Señor y que sabemos interpretar las señales y comprender los acontecimientos venideros. Confío en que a medida que usted lea este libro empezará a juntar las piezas del rompecabezas, reconocerá las claves que Dios nos ha dado para encontrar paz en «nuestra aterradora época», y llegará a entender lo que está sucediendo en el mundo. Pero principalmente, espero que este libro ayude a que «no se turbe vuestro corazón, ni tenga miedo» (Juan 14:27).

David Jeremiah
San Diego, California
Julio de 2008

La conexión Israel

EL 14 DE MAYO DE 1948 FUE UN DÍA CRUCIAL EN LA HISTORIA humana. Esa tarde un auto que llevaba al destacado líder judío David Ben-Gurion transitaba por el bulevar Rothschild en Tel Aviv y se detenía frente al Museo de Arte de Tel Aviv. Faltaban pocos minutos para las cuatro, y adentro esperaban ansiosamente su llegada más de cuatrocientos individuos (religiosos judíos, dirigentes políticos, y periodistas de todo el mundo) reunidos en un auditorio. Ben-Gurion subió rápidamente las escaleras. Exactamente a las cuatro en punto, hora local, llegó al estrado, empezó la reunión, y leyó estas históricas palabras[1]:

> Este derecho es el derecho natural del pueblo judío de ser dueño de su propio destino, como todas las otras naciones, en un Estado soberano propio. Por consiguiente [...] estamos reunidos aquí [...] y, en virtud de nuestro derecho natural e histórico, y basados en la resolución de la Asamblea General de las Naciones Unidas, proclamamos el establecimiento del Estado judío en Eretz Israel, que será conocido como el Estado de Israel[2].

A nueve mil seiscientos kilómetros de distancia, el presidente Truman se hallaba en el Despacho Oval, leyendo una declaración de cuarenta palabras a punto de ser entregada a la prensa. Anotó unas palabras añadidas, luego firmó su aprobación y apuntó la hora. Eran las seis y diez de la tarde. Un minuto después, el secretario de prensa de la Casa Blanca leyó las novedades al mundo. Los Estados Unidos habían reconocido oficialmente el inicio de la moderna nación de Israel.

La profecía de Isaías, escrita setecientos cuarenta años antes del nacimiento de Jesús, decía: «¿Quién oyó cosa semejante? ¿Quién vio tal cosa? ¿Concebirá la tierra en un día? ¿Nacerá una nación de una vez? Pues en cuanto Sion estuvo de parto, dio a luz sus hijos» (Isaías 66:8). El Israel secular nació ese día.

Mientras escribo este capítulo, Israel está a punto de celebrar su sexagésimo aniversario como nación. Lo que asombra a muchas personas es que en esas seis décadas este diminuto país, con una población de poco más de siete millones, se haya convertido en el centro geopolítico del mundo. ¿Por qué esto es así? ¿Por qué una patria en ciernes con un espacio de tierra apenas un poco más grande que New Jersey se ha mencionado en los noticieros diarios más que cualquier otra nación fuera de Estados Unidos?

Para contestar esas preguntas debemos comprender lo que sucedió ese día de 1948, lo que está ocurriendo hoy en día en Israel, y cómo estos acontecimientos afectan a todo el mundo. No debemos buscar las respuestas en los noticieros nocturnos ni en las primeras páginas de los periódicos, sino en la Biblia. Así lo escribió el rabino Binyamin Elon, miembro del parlamento israelí:

> Creo que si usted no sabe cómo leer la Biblia no puede entender el periódico. Si no conoce la historia bíblica de Abraham, Isaac y Jacob, lo más probable es que no comprenda el milagro del moderno Estado de Israel[3].

La historia de Israel empieza en el mismísimo inicio de la Biblia, en el libro de Génesis. La misma parte de la cobertura nos dice algo acerca de la importancia de Israel. Solamente dos capítulos se dan a toda la historia de la creación. Un capítulo registra la caída del hombre. Ocho capítulos cubren los miles de años desde la creación hasta la época de Abram. Luego encontramos que treinta y ocho capítulos completos tratan de historias de la vida de Abraham, Isaac y Jacob, los progenitores de la raza judía. Aparentemente Dios encuentra que Abraham y sus descendientes son de enorme importancia.

El pacto abrahámico

El Dios todopoderoso del cielo y la tierra hizo un pacto de cumplimiento obligatorio con Abraham, que iba a ser el padre de la nación judía. Las disposiciones de ese pacto están registradas en Génesis 12:1-3:

> Jehová había dicho a Abram:
> Vete de tu tierra
> y de tu parentela,
> y de la casa de tu padre,
> a la tierra que te mostraré.
> Y haré de ti una nación grande,
> y te bendeciré,
> y engrandeceré tu nombre,
> y serás bendición.
> Bendeciré a los que te bendijeren,
> y a los que te maldijeren maldeciré;
> y serán benditas en ti todas las familias de la tierra.

Observe que el pacto de Dios con Abraham consta de cuatro promesas incondicionales. Primera: el Señor prometió bendecir a

Abraham. Esa promesa se ha mantenido con generosidad; Abraham ha sido bendecido de muchas maneras. Tanto judíos como cristianos y musulmanes —parte importante de la población mundial— han reverenciado por miles de años el mismo nombre de Abraham. Este también ha sido bendecido por medio de los dones que el Señor diera a los descendientes de Abraham, los judíos. Mark Twain escribió en cierta ocasión:

> Los judíos constituyen menos del uno por ciento de la humanidad. Esto sugiere una débil nube de polvo de estrellas en la llamarada de la Vía Láctea. Casi ni se debería oír apropiadamente de los judíos, pero no es así. En este planeta los judíos se destacan tanto como cualquier otro pueblo; su importancia comercial es extravagantemente desproporcionada con relación a lo pequeño de su tamaño. Sus contribuciones a la lista mundial de grandes nombres en literatura, ciencias, arte, música, finanzas, medicina y el conocimiento abstracto, también están fuera de proporción con la pequeñez de sus cifras. Los judíos han peleado una maravillosa batalla en el mundo en todas las épocas, y la han realizado con las manos atadas a la espalda[4].

Un hecho sorprendente que ilustra de manera dramática el punto de Twain es la desproporcionada cantidad de premios Nobel conferidos a judíos. De 1901 a 2007 se han otorgado 777 premios Nobel a individuos, como reconocimiento de importantes contribuciones a la humanidad. De ese total, 176 se han entregado a judíos. De los seis mil millones de habitantes del planeta, solo un poco más de trece millones son judíos… menos de dos tercios del 1% del total de la población mundial. Ese minúsculo porcentaje de población ha ganado el 22,6% de todos los premios Nobel concedidos hasta la fecha[5].

Segunda: Dios prometió hacer de Abraham una gran nación. Hoy día, solo en Israel viven menos de 5,4 millones de judíos. Otros cinco millones viven en los Estados Unidos, y una importante población judía permanece esparcida en todo el mundo[6]. Añada a estas actuales cifras todos los descendientes de Abraham que han vivido en la historia, y tendrá de verdad una población tan incontable como las estrellas en la noche (vea en el apéndice A un cuadro de las estadísticas de la población judía).

Tercera: el Señor prometió hacer de Abraham una bendición para muchos. Esa promesa se ha mantenido de modo espectacular. Solo piense en lo que el mundo se hubiera perdido de no ser por los judíos. Sin ellos no tendríamos la Biblia. Sin los judíos no habría existido Jesús. Sin el judío Jesús no habría cristianismo. Sin los judíos no existirían los Diez Mandamientos, la Ley que en gran parte ha sido la base de la jurisprudencia y de los procedimientos legales entre la mayor parte de las naciones civilizadas del mundo.

Cuarta: Dios prometió bendecir a quienes bendijeran a Israel, y maldecir a quienes lo maldijeran. El Señor ha mantenido fielmente esa promesa. Ninguna nación ha bendecido a Israel como los Estados Unidos de América, y ninguna nación ha sido tan bendecida como los Estados Unidos. En uno de mis libros anteriores expliqué esta realidad:

> Creo que una de las razones de que Estados Unidos haya recibido tanta bendición como país es que se ha convertido en una patria para el pueblo judío. Aquí los judíos pueden conservar su religión. Aquí tienen oportunidades económicas, sociales y educativas. Hoy día la Iglesia Cristiana en Estados Unidos se para firme entre los judíos y la repetición de cualquier otro antisemitismo[7].

A través de la historia los juicios de Dios han caído pesadamente sobre los opresores de Israel: Egipto, Asiria, Babilonia, Roma, y en épocas más modernas España, Alemania y Rusia. Hoy día, cuando en los Estados Unidos ganan influencia fuerzas menos amistosas para con Israel, hay muchos que creen que los Estados Unidos están peligrosamente cerca de ser agregados a esta lista negra. Hal Lindsey escribió:

> Aunque Estados Unidos sigue siendo el principal protector de Israel, y sigue disfrutando de las bendiciones que esto trae de manera natural, su buena fortuna empezó a menguar más o menos desde que la Casa Blanca obligara a Israel a entrar al Acuerdo de Oslo: la fórmula «tierra por paz» en que Israel renunció a parte de la tierra de la promesa a cambio de paz. En otras palabras, fue una forma de chantaje cuyas condiciones fueron redactadas en Washington y forzadas sobre Israel con el propósito expreso de deshacer lo que Dios ya había hecho, lo que incluyó dividir a Jerusalén y quitarle parte de esta ciudad a los judíos[8].

No hay duda de que el Señor ha mantenido su promesa a Abraham. Lo ha bendecido a él y a la nación que salió de él; le ha multiplicado su descendencia como las arenas de la tierra y las estrellas del cielo; lo ha convertido en una bendición para todo el mundo; quienes lo han bendecido han recibido bendición, y quienes lo han maldecido han recibido maldición.

De todas las promesas del pacto de Dios con Abraham, creo que la más asombrosa es la relacionada con la tierra. El Señor le dijo a Abraham que dejara su tierra, su parentela, y la casa de su padre para ir «a la tierra que te mostraré» (Génesis 12:1). Dios lo guió a la tierra que pertenecería para siempre a sus descendientes. Usted puede sentir el sobrecogimiento y la importancia que esta promesa tiene para los judíos en este pasaje del libro *God's Covenant with Israel* [Pacto de Dios con Israel], del rabino Binyamin Elon:

> Viajo desde Jerusalén hasta mi hogar en Bet-el por la misma ruta que Abraham y otros recorrían en tiempos bíblicos, desde Siquem

hasta Hebrón y los lugares intermedios. Hoy día se ven muchas hermosas y florecientes comunidades judías a lo largo del camino. [...] Al llegar a la intersección Givat Assaf me inspira siempre el gigante letrero colocado allí, patrocinado por nuestro tendero local: «Aquí, en Bet-el, hace tres mil ochocientos años, el Creador del mundo prometió la tierra de Israel a su pueblo. En virtud de esta promesa es que vivimos hoy día en Haifa, Tel Aviv, Silo y Hebrón»[9].

El título de la tierra de Israel

Hasta el día de hoy el asunto de quién controla la Tierra Prometida es el más volátil en la política internacional. Pero no debemos preocuparnos; el derecho a la Tierra Prometida ya lo determinó el Único que tiene la autoridad para hacerlo. A la tierra se la llama santa porque le pertenece a Dios. La Biblia nos dice que la tierra es del Señor para hacer con ella como él quiera (Salmos 24:1; Éxodo 19:5). En su pacto con Abraham, Dios determinó quién controlaría esta tierra: se la otorgó a Abraham y sus descendientes, el pueblo de Israel.

En Deuteronomio 7:6 leemos que Dios escogió a los judíos, y declaró santo al pueblo de Israel, «escogido para serle un pueblo especial, más que todos los pueblos que están sobre la tierra». La primera vez que empecé a estudiar profecía recuerdo haber leído del periodista británico William Norman Ewer un pequeño verso poco convencional acerca de Israel: «Qué extraño que Dios escogiera a los judíos». Y cuando uno piensa al respecto, esta ocurrencia poética expresa una observación válida. ¿No parece un poco extraño que de todos los pueblos sobre la tierra, Dios seleccionara a este en particular para ser su nación escogida? ¿Por qué escogería a los judíos?

La Biblia nos dice que la elección de Israel no tiene nada que ver con méritos. No se debió a que fuera un pueblo más numeroso que otros en el mundo; era el más insignificante (Deuteronomio 7:7). No se debió a que Israel fuera más sensible a Dios que otras naciones. Aunque el Señor lo llamó por nombre, Israel no lo conocía a él (Isaías 45:4). No se debió a que esta nación fuera más buena que otras. Cuando más tarde Dios confirmó su promesa de tierra a los judíos les recordó que eran un pueblo rebelde y duro de cerviz (Deuteronomio 9:6-7).

Si el Señor decide bendecir a la nación de Israel no se debió a que esta fuera más populosa, espiritualmente más sensible ni más buena que otras naciones, ¿por qué entonces escogió a los judíos? La respuesta: porque *el soberano propósito del Señor fue hacerlo*. Su soberano propósito significa que a él le importa lo que le ocurre a su pueblo y a la tierra que le dio. Él no es simplemente un observador pasivo de todo lo que está ocurriendo en Israel. Como el Señor le dijera al pueblo por medio de Moisés, la suya era una «tierra de la cual Jehová tu Dios cuida; siempre están sobre ella los ojos de Jehová tu Dios, desde el principio del año hasta el fin» (Deuteronomio 11:12).

El pacto de Dios y la tierra de Israel

El pueblo de Israel es ahora el beneficiario del pacto de Dios con Abraham. Y para quienes son sensibles a la naturaleza histórica del pacto, tiene gran significado la posesión de la tierra que Dios le prometiera a Abraham hace miles de años. El profundo sentimiento que los judíos tienen por su tierra se expresa de manera poderosa en este pasaje del rabino Binyamin Elon:

> Camino por las calles de la tierra prometida donde Abraham anduvo. Conduzco por las carreteras y los valles donde Isaac cuidaba sus rebaños. Voy de excursión a las cumbres donde Jacob miraba con expectativa en toda dirección. [...] Veo estas cosas y recuerdo claramente la verdad bíblica. El Señor otorgó la Tierra Prometida, toda ella, a nuestros patriarcas: Abraham, Isaac y Jacob[10].

Otro rabino, Abraham Joshua Heschel, atribuye la fuerte vinculación de los judíos con su tierra al poder del pacto de Dios con

Abraham para mantener unido a este pueblo a través de las edades con un amor común y una vinculación afectiva por la tierra:

> El amor por esta tierra se debió a un imperativo, no a un instinto ni a un sentimiento. Existe un pacto, un compromiso del pueblo para con la tierra. Vivimos por pactos. No podemos traicionar nuestra promesa ni desecharla. Cuando Israel fue llevado al exilio, la promesa se convirtió en una oración; la oración en un sueño; el sueño en una pasión, un deber, una dedicación. [...] Este es un compromiso que no debemos traicionar. [...] Renunciar a la tierra haría una burla de todos nuestros anhelos, nuestras oraciones y nuestros compromisos. Abandonar la tierra sería repudiar la Biblia[11].

Un pacto exacto

Algunos han sugerido que la promesa de tierra a la descendencia de Abraham no se debe tomar de forma literal. Afirman que solo es un símbolo que indica una bendición general, o quizás la promesa del cielo. Pero la Biblia es demasiado específica para dejar que nos las arreglemos con tan efímera imprecisión. Describe la tierra en términos definidos con claras fronteras geográficas. El Dr. John Walvoord resaltó este punto cuando escribió:

> El término *tierra* [...] usado en la Biblia significa exactamente lo que expresa. No se refiere al cielo. Habla de una parte de bienes raíces en Oriente Medio. Después de todo, si lo único que Dios le estaba prometiendo a Abraham fuera el cielo, este se pudo haber quedado en Ur de los caldeos. ¿Por qué emprender el larguísimo viaje? ¿Por qué ser peregrinos y trotamundos? No, Dios se refirió a *la tierra*[12].

La tierra prometida a Abraham incluye más área de la que ocupa la actual nación de Israel. Génesis 15:18 nos dice que se extiende desde el mar Mediterráneo al occidente hasta el río Éufrates al oriente. Ezequiel fija la frontera norte de Palestina en Hamat, ciento sesenta kilómetros al norte de Damasco (Ezequiel 48:1), y la frontera sur en Cades, aproximadamente ciento sesenta kilómetros al sur de Jerusalén (Ezequiel 48:28).

Un pacto eterno

Y estableceré mi pacto entre mí y ti, y tu descendencia después de ti en sus generaciones, por pacto perpetuo, para ser tu Dios, y el de tu descendencia después de ti. Y te daré a ti, y a tu descendencia después de ti, la tierra en que moras, toda la tierra de Canaán en heredad perpetua; y seré el Dios de ellos. (Génesis 17:7-8)

En esta extraordinaria profecía Dios prometió a Abraham y sus descendientes la tierra de Canaán como posesión a perpetuidad. Cuando usted mira en un mapa y localiza esa diminuta franja de tierra que Israel ahora reclama como suya podrá ver que ni ahora, ni nunca, ha ocupado totalmente la tierra que fue descrita a Abraham en la promesa del pacto de Dios. Si Israel estuviera actualmente ocupando en su totalidad la tierra que le fue prometida, controlaría todas las tierras del actual Israel, Líbano, Cisjordania y partes importantes de Siria, Irak y Arabia Saudita. Israel no ocupará toda la tierra que el Señor le dio a Abraham en promesa hasta el milenio.

Reubicación del pueblo de Israel

La dispersión de los judíos

Exactamente cuando el pueblo de Israel estaba a punto de entrar a la tierra de la promesa, Moisés les dijo que llegaría un momento en que la idolatría del pueblo les haría ser sacados de la tierra: «Y Jehová os esparcirá entre los pueblos, y quedaréis pocos en número entre las naciones a las cuales os llevará Jehová» (Deuteronomio 4:27). Dios reiteró esta profecía por medio de Ezequiel y Oseas (Ezequiel 12:15; Oseas 9:17). Israel no tenía excusa. Se había advertido una y otra vez a su población que el Creador era un Dios celoso que no toleraría que su pueblo adorara falsos dioses (Éxodo 34:14).

Siglos antes de que el emperador romano Tito destruyera Jerusalén en el año 70 d.C., ya los asirios y los babilonios habían dispersado a los judíos. El historiador y filósofo Estrabón describió así la diseminación de los judíos por todo el mundo conocido:

Este pueblo ya ha entrado a toda ciudad, y no es fácil hallar algún lugar en el mundo habitable que no haya recibido a esta nación y en el cual ella no haya hecho sentir su poder[13].

Después de la caída de Jerusalén ante los romanos se intensificó esta dispersión, y los judíos se esparcieron como paja al viento hacia todo lugar del mundo.

Sufrimiento de los judíos exiliados

Usted sin duda recuerda al pobre judío lechero Tevye en la película clásica *El violinista en el tejado*. Cargado de pobreza e intentando mantener las tradiciones mientras soportaba la opresión del odio de los rusos hacia los judíos, clama a Dios: «Ya sé, ya sé que somos tu pueblo escogido. Sin embargo, ¿no podrías escoger a algún otro de vez en cuando?»[14]. Tevye representa el típico ejemplo del judío desplazado. Lo que él experimentó fue exactamente lo que Moisés profetizó:

> Y ni aun entre estas naciones descansarás, ni la planta de tu pie tendrá reposo; pues allí te dará Jehová corazón temeroso, y desfallecimiento de ojos, y tristeza de alma. (Deuteronomio 28:65)

Tevye ilustró esta profecía al proveer una vívida imagen de lo que han soportado los judíos esparcidos a través de los siglos desde sus dispersiones de su tierra prometida. Igual que Tevye, en muchas tierras los judíos han enfrentado persecución en forma de matanza, discriminación, exclusión de ciertas ocupaciones, aislamiento en guetos, y evacuación obligada cuando el espacio que ocupaban era requerido para otros propósitos.

A fin de apreciar la amplia esfera y magnitud de la dispersión y persecución de los judíos considere los siguientes hechos históricos:

> Antes y durante la Segunda Guerra Mundial, los judíos de toda Europa eran objeto de despiadadas persecuciones apoyadas por los gobiernos. En 1933, nueve millones de judíos vivían en veintiún países europeos. Para 1945 habían sido asesinados dos de cada tres

judíos europeos. Cuando al fin se desvaneció el humo se conoció la terrible verdad. El Holocausto ocasionó el exterminio de la tercera parte de la población judía en la época. Después de la invasión alemana a la Unión Soviética en 1941, unidades móviles de matanza que seguían al ejército alemán comenzaron a disparar a enormes grupos de judíos en las afueras de las ciudades y pueblos conquistados. Buscando medios más eficientes de lograr su obsesión, los nazis crearon un método privado y organizado de matar inmensas cantidades de civiles judíos. Se establecieron centros de exterminio en Polonia. Millones murieron en guetos y campos de concentración por hambre, ejecución, crueldad y enfermedad. De los seis millones de judíos masacrados durante la Segunda Guerra Mundial, más de la mitad fueron exterminados en las prisiones nazis. Y los nombres de Treblinka, Auschwitz y Dachau se volvieron sinónimos del horror del Holocausto[15].

Sí, Dios escogió a los judíos. Los eligió para ser destinatarios de sus grandiosas y exclusivas bendiciones del pacto. Pero mientras más grande la bendición, mayor la carga que soportaron por fallarle a Dios. De ahí que las preguntas sean: ¿Valió la pena? ¿Cómo se debería responder la pregunta de Tevye? ¿Habrían sido mejores los judíos si el Señor hubiera escogido a otra nación? El rabino Leo Baeck (1873-1956) comparó los sufrimientos del pueblo judío con las bendiciones del pacto con esta nación y extrajo una útil conclusión:

> Ningún pueblo es heredero de tal revelación como la que poseen los judíos; ningún pueblo ha tenido sobre sí tal peso de mandato divino; y por esto ningún pueblo ha sido tan expuesto a épocas tan difíciles y rigurosas. La herencia no siempre se ha hecho realidad, pero es una que perdurará, aguardando su hora[16].

Baeck nos cuenta que la historia de los judíos aún no termina. Podría parecer que sus sufrimientos sobrepasan sus bendiciones, pero eso se debe a que todavía no ha llegado la plenitud de su herencia. Está *aguardando su hora*. En otras palabras, si usted cree que los judíos aún no han sido suficientemente bendecidos, solo espere; todavía no ha visto nada. Aún se debe cumplir a plenitud la promesa de Dios.

Renacimiento de la nación de Israel

¿Tenemos motivos para creer que se cumplirá la promesa del Señor para Israel? ¿Verán alguna vez los judíos el cumplimiento del pacto de tener como posesión eterna esa extensión particular de tierra con las claras fronteras geográficas prometidas? El profeta Isaías afirmó que esto sucedería en el milenio; profetizó que el Señor «alzará otra vez su mano para recobrar el remanente de su pueblo que aún quede» (Isaías 11:11). Dios también trató el tema por medio de Ezequiel, cuando dijo: «Yo os tomaré de las naciones, y os recogeré de todas las tierras, y os traeré a vuestro país» (Ezequiel 36:24).

El cumplimiento de esas profecías se puso en movimiento ese día de 1948 en que Estados Unidos reconoció al nuevo Estado de Israel. La noche de ese anuncio el popular comentarista radial Lowell Thomas dijo, en su transmisión nocturna, que los estadounidenses en todas partes del país se estarían volviendo a sus Biblias en busca de antecedentes históricos, a fin de entender «este día en la historia»[17]. Y en realidad, como lo demuestran profecías que se hallan en Isaías, Ezequiel, Mateo y Apocalipsis, tanto el Antiguo Testamento como el Nuevo Testamento señalan hacia este día en que los judíos regresarían a su Tierra Prometida e iniciarían el cumplimiento de las profecías antiguas.

Para comprender qué increíble acto de Dios constituye preservar a los asediados judíos a través de la historia y luego devolverlos a su tierra, considere esta observación de Gary Frazier:

Por ninguna parte se encuentran los antiguos vecinos de los judíos. ¿Ha visto usted alguna vez un moabita? ¿Conoce a algún hitita? ¿Existen tours para visitar a los amonitas? ¿Puede usted hallar el código postal de un solo edomita? ¡No! Estos pueblos antiguos desaparecieron de la historia y de la faz de la tierra. Pero los judíos, exactamente como Dios prometió, regresaron a su tierra[18].

Aunque el cumplimiento total aún debe venir, el regreso de los judíos a Israel en 1948 fue un extraordinario acontecimiento sin precedentes en la historia mundial. Nunca un pueblo diezmado de la antigüedad se las arregló para conservar su identidad individual durante casi veinte siglos, y restablecer su nación en su patria original. El suceso fue profetizado de manera específica, y ocurrió exactamente como se vaticinó. Fue a las claras un acto milagroso del Señor.

Muchos acontecimientos debían encajar perfectamente para dar lugar al cumplimiento de la promesa de Dios a Israel; sin embargo, quiero señalar dos hechos en particular que sirven para ilustrar la naturaleza milagrosa del renacimiento de la nación de Israel. Usted quedará atónito ante el modo misterioso en que funciona la providencia del Señor.

El hecho más influyente que desencadenó el regreso de los judíos esparcidos a su patria comenzó con Chaim Weizmann. Weizmann era un judío ruso, químico brillante y líder en el movimiento sionista, que emigró a Inglaterra en 1904. Durante la Primera Guerra Mundial los ejércitos ingleses usaban pólvora hecha de cordita, la cual producía poco humo y por tanto no cegaba a los artilleros ni revelaba sus posiciones. Pero puesto que la fabricación de cordita requería acetona hecha de un compuesto importado de su enemigo, Alemania, el gobierno inglés estaba desesperado por hallar otra fuente. El primer ministro Lloyd George y Winston Churchill llamaron a Weizmann y lo colocaron en una destilería de ginebra, donde rápidamente desarrolló un proceso bioquímico para producir acetona sintética.

El éxito de su ingenioso proceso para crear acetona contribuyó a la victoria final aliada. El salario mínimo y el premio simbólico que Weizmann recibió del gobierno le consiguieron importante influencia al presionar sus persistentes peticiones de una patria judía en Israel[19].

Como ocurrió, al final de la guerra Inglaterra obtuvo el control de la tierra de Palestina —la misma tierra prometida en el pacto de Dios con Abraham— del derrotado imperio otomano. Como acción de una nación agradecida, y por medio de la influencia de Weizmann dentro del gobierno, Inglaterra emitió oficialmente la Declaración Balfour de 1917, que manifestaba:

> El gobierno de Su Majestad ve con agrado el establecimiento en Palestina de un hogar nacional para el pueblo judío, y brindará sus mejores esfuerzos para facilitar el logro de este objetivo…[20].

El segundo acontecimiento influyente que trajo a los judíos esparcidos de regreso a Palestina fue la liberación de prisioneros judíos de Auschwitz, Dachau y otros campos nazis de concentración. Cuando Alemania se derrumbó al final de la Segunda Guerra Mundial, la liberación de estos prisioneros judíos causó horror en todo el mundo ante el trato terriblemente inhumano infligido por los nazis. Esto originó una simpatía que atrajo riqueza judía y permitió el traslado a Palestina de más de un millón de judíos desplazados.

Eso nos lleva de vuelta al 14 de mayo de 1948. Ese día las Naciones Unidas reconocieron de modo oficial al Estado de Israel, con el voto decisivo del presidente Harry Truman. El gobierno israelí estableció el Estado de Israel, cumpliendo de este modo la profecía de dos mil quinientos años registrada en la Biblia. Gran Bretaña terminó su mandato en Palestina y sacó sus tropas, dejando que más de seiscientos cincuenta mil judíos se gobernaran a sí mismos en su propia tierra.

Regreso al Dios de Israel

A menudo me preguntan si la presencia actual de Israel en su propia tierra es el cumplimiento final de la promesa de Dios de reunir a su pueblo. Muchos suponen que así es, ¡pero debo decirles que la respuesta es no! Lo que está sucediendo hoy día en Israel es principalmente el resultado de un movimiento sionista secular, mientras que Ezequiel escribió acerca de un regreso espiritual del pueblo de Dios a él, cuando expresó:

> Y yo os tomaré de las naciones, y os recogeré de todas las tierras, y os traeré a vuestro país. [...] Os daré corazón nuevo, y pondré espíritu nuevo dentro de vosotros [...] pondré dentro de vosotros mi Espíritu, y haré que andéis en mis estatutos, y guardéis mis preceptos, y los pongáis por obra. Habitaréis en la tierra que di a vuestros padres, y vosotros me seréis por pueblo, y yo seré a vosotros por Dios. (Ezequiel 36:24-28)

El regreso de los judíos a la restablecida nación de Israel es la primera etapa de esa reagrupación, pero de ninguna manera cumple los requerimientos de un regreso espiritual al Señor. El israelí laico Yossi Beilin no deja ninguna duda respecto de este punto. Beilin es agnóstico y defensor de la «conversión secular al judaísmo», y ha servido en muchos roles en el gobierno israelí. Habla por muchos israelíes cuando afirma que «los judíos seculares no son un grupo marginal en la vida judía. Somos la corriente dominante. Somos gente en el gobierno, somos el pueblo en el parlamento»[21]. El judaísmo para él es «un pueblo, una cultura, una existencia» así como una religión; por consiguiente, es segura la condición judía de sus ateos y agnósticos[22].

Desde el momento de la promesa de Dios a Abraham hasta el día de hoy permanecen sin cumplirse las profecías relacionadas con la total posesión y bendición de Israel en la tierra. Los sucesos más dramáticos yacen delante de nosotros. Israel es hoy una isla de pocos millones de inmigrantes rodeada por un mar de trescientos millones de enemigos, muchos de ellos agresivos y ansiosos de borrar del mapa a la diminuta nación. Desde un punto de vista puramente humano, parecería inevitable que tarde o temprano destruyeran a Israel.

No cabe duda, Israel ha recibido ataques una y otra vez desde su fundación, a veces en guerras totales e incesantemente por terroristas. El pueblo judío ha sobrevivido manteniéndose vigilante, pero anhela la paz. Según la Biblia, un líder futuro satisfará estos anhelos al negociar un acuerdo de paz de siete años con los enemigos de Israel. Pero las Escrituras también nos dicen que este plan de paz se romperá, e Israel recibirá otro ataque, esta vez como nunca antes. Innumerables ejércitos se reunirán contra la cercada nación, dejándola sin ninguna esperanza humana de victoria. Solo el regreso de Cristo, su juicio, y su reinado traerán finalmente verdadera paz a Israel.

Entonces se cumplirá definitivamente el pacto de Dios con Abraham. Los judíos regresarán al Señor, y como profetizaran Ezequiel y Jeremías, serán su pueblo, y Él será su Dios. Las fronteras de la tierra se extenderán a las dimensiones descritas en Génesis 15 y Ezequiel 48. El regreso de Cristo también cumplirá la profecía de Jeremías de que el Señor reunirá a los judíos: «He aquí que yo los reuniré de todas las tierras a las cuales los eché. [...] y los haré volver a este lugar, y los haré habitar seguramente; y me serán por pueblo, y yo seré a ellos por Dios» (Jeremías 32:37-38).

Ezequiel aclara que esta reagrupación significa que Dios retornará a su tierra a cada judío vivo, porque escribió que el Señor dijo que los reuniría sobre la tierra, «sin dejar allí [cautivo] a ninguno de ellos» (Ezequiel 39:28).

Hoy día vemos ante nuestros ojos el cumplimiento de esta profecía. En el año 2006, por primera vez en mil novecientos años, Israel se convirtió en el hogar de la comunidad judía más grande del mundo, sobrepasando a la población judía de los Estados Unidos. De seiscientos cincuenta mil que regresaron cuando se fundó el Estado en 1948, los habitantes de Israel han aumentado aproximadamente a cinco millones cuatrocientos mil, y se espera que para el año 2020 superen los seis millones[23].

El significado de la reaparición de Israel en su antigua patria es que esto debía ocurrir a fin de crear el marco para el cumplimiento final de profecías bíblicas. Israel tenía que ser una nación en su propia tierra antes que pudieran cumplirse las predicciones anteriormente descritas. El regreso de los judíos a su tierra también es importante en otra manera: establece con exactitud dónde estamos en la cronología de la historia. El escritor Milton B. Lindberg señala:

> Sin la existencia de la nación de Israel no se podría decir con certeza que estamos en los últimos tiempos. ¡Ese simple hecho, más que cualquier otro, es la señal más importante de que vivimos los momentos finales antes de la venida de Jesús! Al pueblo hebreo se le ha llamado el reloj de las épocas de Dios[24].

La providencia divina en acción: La historia detrás de la historia

Clark Clifford (1906-1998), un influyente abogado de Washington, se convirtió en asesor político del presidente Harry Truman, de quien también llegó a ser uno de los asesores y amigos personales más confiables. Clifford empezó su autobiografía, *Consejo para el Presidente*, describiendo una reunión en el despacho presidencial la tarde de un miércoles en la primavera de 1948.

«De todas las reuniones que tuve con el presidente, esta permanece como la más vívida», escribió Clifford. El presidente Truman hablaba con el secretario de Estado, el general George C. Marshall, a quien Truman consideraba como «el más grandioso estadounidense vivo», sobre si reconocer o no al Estado de Israel. El control británico de Palestina finalizaba en dos días, y cuando esto sucediera, la agencia judía deseaba anunciar la creación de un nuevo Estado, aún sin nombre en ese tiempo. La mayoría de los observadores creían que lo iban a llamar Judea[25].

Marshall, cerebro de la victoria estadounidense en la Segunda Guerra Mundial y autor del Plan Marshall, inspiraba un respeto que rayaba en la reverencia. Se oponía categóricamente a reconocer a Israel, y para nada vacilaba en expresar su opinión de manera enérgica. Esta opinión la apoyaban casi todos los miembros de la Casa Blanca de Truman, menos Clifford, y prácticamente todos en los departamentos de estado y de defensa.

Varios meses antes de esa reunión, James Forrestal, secretario de Defensa de Truman, le había dicho sin rodeos a Clifford: «Ustedes en la Casa Blanca no están reconociendo las realidades en Oriente Medio. Hay treinta millones de árabes en un lado y seiscientos mil judíos en el otro. Es claro que en cualquier combate los árabes aplastarán a los judíos. ¿Por qué no enfrentan las realidades? ¡Vean las cantidades!»[26].

Sin embargo, Clifford sabía que Truman tenía fuertes motivos para querer ayudar a los judíos, motivos que no se registrarían en la escala de valores de los Departamentos de Estado y Defensa. El presidente detestaba la intolerancia y la discriminación, y lo había conmovido profundamente la situación de los judíos durante la Segunda Guerra Mundial. Además, escribió Clifford, Truman era «estudiante y creyente de la Biblia desde su juventud. De su lectura del Antiguo

Testamento creía que los judíos tenían un legítimo derecho histórico a Palestina, y en ocasiones citaba líneas bíblicas como Deuteronomio 1:8: "Mirad, yo os he entregado la tierra; entrad y poseed la tierra que Jehová juró a vuestros padres Abraham, Isaac y Jacob"»[27].

De modo que a las cuatro de la tarde ese miércoles 12 de mayo, el presidente se reunió con sus asesores en el Despacho Oval. Truman se hallaba en su escritorio frente a la placa que decía: *La responsabilidad es nuestra*. Alrededor del escritorio se hallaban el general Marshall y sus delegados, funcionarios del Departamento de Estado, y un grupo de asesores de Truman, incluyendo a Clark Clifford. Estaban a cincuenta horas del nacimiento de una nueva nación, sin nombre.

Uno por uno, los asesores presidenciales daban razones para aplazar cualquier decisión sobre el reconocimiento de Israel. Finalmente llegó el turno de Clifford. Rebelándose contra el abrumador consenso en el salón, con valentía expresó razones para reconocer al nuevo Estado. Apenas terminó, el general Marshall estalló en un torrente de ira, y de modo unánime y vigoroso los funcionarios del Departamento de Estado respaldaron su oposición. Después de la ardiente discusión, Marshall miró con frialdad al presidente y declaró: «Si usted sigue el consejo de Clifford, y si yo fuera a votar en la elección, ¡votaría contra usted!»[28].

Todos en el salón se quedaron atónitos. La reunión terminó de forma brusca sin que se resolviera la inquietud. Truman mismo fue sacudido en gran manera por la ferocidad de la oposición del general. El presidente, candidato a la reelección, políticamente pisaba terreno peligroso, y no se podía dar el lujo de perder el apoyo de un personaje tan destacado como Marshall. Clifford salió de la reunión creyendo que el caso estaba perdido.

Pero en los dos días siguientes, Clifford, Truman y otras personas más se esforzaron por llegar a un acuerdo dentro de la administración. Triunfaron cuando finalmente el general Marshall expresó amargamente que, aunque no apoyaría la posición del presidente, tampoco se opondría. Así que a las 6:11 p.m. del 14 de mayo de 1948 el secretario de prensa de Truman, Charlie Ross, salió para reunirse con la prensa que esperaba y leyó estas palabras:

> El gobierno ha recibido información de que se ha proclamado un estado judío en Palestina. [...] Los Estados Unidos reconocen al gobierno provisional como la autoridad de facto del nuevo Estado de Israel[29].

Otro biógrafo escribió que «él [Truman] sintió gran satisfacción en lo que había podido hacer por el pueblo judío, y que le conmovieron profundamente las expresiones de gratitud de este pueblo, entonces y en los años venideros. Cuando el rabino principal de Israel, Isaac Halevi Herzog, llamó a la Casa Blanca, le dijo a Truman: "Dios lo puso a usted en la matriz de su madre a fin de que pudiera ser el instrumento para dar lugar al renacimiento de Israel después de dos mil años"». Otro testigo de la escena, David Niles asistente administrativo de Truman, reportó la reacción del presidente a la generosa afirmación de Herzog: «Creí que el presidente estaba exagerando —recordó Niles—, pero cuando lo miré, le corrían lágrimas por las mejillas»[30].

¿Qué significa todo esto para mí?

Volvamos a las preguntas que planteamos al principio de este capítulo. ¿Por qué esta diminuta nación con menos de seis millones de habitantes se ha convertido en el centro geopolítico del mundo? ¿Por qué un Estado en ciernes con un espacio total de tierra apenas más grande que New Jersey se menciona en los noticieros más que cualquier otra nación fuera de los Estados Unidos? O, para resumir, ¿por qué Israel es tan importante? Espero que este capítulo le haya ayudado a contestar esa pregunta. Israel es importante porque el cumplimiento del pacto de Dios con su fundador, Abraham, nos afecta en gran manera a todos. Hemos mostrado por qué es importante que nuestra nación siga apoyando y protegiendo a Israel. Los países que sean amistosos con Israel serán bendecidos; aquellos que no lo sean tendrán maldición.

Hemos mostrado cómo los acontecimientos proféticos relacionados con Israel nos colocan en los últimos días en la gráfica de las épocas de la historia. Hemos mostrado cómo la milagrosa supervivencia del pueblo del pacto de Dios, los judíos, demuestra la providencia del Señor y su capacidad de lograr su propósito frente a lo que a las mentes humanas parecen posibilidades improbables. La existencia de Israel hoy en día exhibe un nivel primordial en la identificación de evidencias de que se cumplirán las profecías bíblicas relacionadas con el futuro que enfrentamos. Esto no solo se refiere al futuro de Israel, sino también de nuestro mundo, nuestra nación, así como al futuro suyo y mío. Esta es quizás la bendición más importante que podemos recibir de la extraordinaria historia de los judíos. Deja ver la realidad de Dios: Su grandioso poder, la autenticidad de sus promesas, la seguridad de su existencia, la urgencia del llamado que nos hace, y su derecho sobre nuestro mismo ser.

Tal vez al considerar todo esto podamos ver que no es tan extraño que Dios haya escogido a los judíos.

El crudo despertar

HABÍA UN PROGRAMA DE TELEVISIÓN BIEN POPULAR EN LOS EE.UU. llamado *The Beverly Hillbillies*. La serie muestra una rústica familia campesina que encuentra riquezas petroleras y se muda al vecindario de Beverly Hills en Hollywood para gente pudiente. La comedia explota el hecho de que descubrir petróleo en la propiedad de alguien significa volverse acaudalado al instante, un fenómeno que ocurre porque el petróleo se ha vuelto vital para el funcionamiento de nuestra sociedad altamente industrializada.

La búsqueda de petróleo por parte de Estados Unidos comenzó cuarenta años antes de que Spindletop, Texas, viera su primer chorro de petróleo, cuando «el más importante pozo petrolero alguna vez perforado brotara en medio de una tranquila granja en la noroccidental Pensilvania en 1859». En realidad el petróleo se había descubierto y utilizado en nuestro continente mucho antes: siglos antes los nativos norteamericanos habían visto petróleo filtrándose por las rocas y lo habían usado para medicina y para comerciar con las tribus vecinas. Casi treinta años antes de la firma de la Declaración de

Independencia de los Estados Unidos ya se había impreso un mapa que mostraba fuentes conocidas de petróleo en Pennsylvania[1].

Pero el 27 de agosto de 1859 Edwin Drake puso en movimiento la moderna industria petrolera al perforar un pozo de poco más de veintitrés metros cerca de Titusville, Pensilvania. Este fue el primer pozo perforado a propósito para hallar petróleo, y por tanto comenzó una búsqueda por el oro negro que rápidamente se internacionalizó y cambió la manera en que vivimos… *¡para siempre!*

Ahora, vamos rápidamente al siglo XXI y veamos lo que ha ocurrido en las décadas desde la perforación del pequeño pozo de Edwin Drake:

- La sed de la humanidad por el petróleo ha sobrepasado los ochenta y seis millones de barriles diarios, y se espera que en el 2015 ascienda a noventa y ocho millones y medio de barriles diarios[2].
- La barrera psicológica de cien dólares por barril se rompió finalmente a inicios del 2008.
- Los precios del petróleo se han quintuplicado en los últimos seis años[3].
- Mientras escribo esto, los excedentes de la producción de petróleo se han duplicado en años recientes, y la demanda se ha reducido de alguna manera[4], pero se han registrado nuevos e inquietantes récords elevados hasta este año en todos los productos del petróleo: combustibles de calefacción de hogares, gasolina para autos y, especialmente, diesel[5].

El petróleo es el nuevo oro de la economía mundial y, más que cualquier otro factor fuera de la nación de Israel, contiene la clave para los acontecimientos proféticos del futuro. El petróleo explica por qué la Biblia enfoca su atención del fin de los tiempos en el Oriente

Medio. La demanda por petróleo en Estados Unidos ha sobrepasado su capacidad de producir el oro negro, y lo mismo es válido para gran parte del resto del mundo. Por consiguiente, desde el descubrimiento de enormes existencias de petróleo en las naciones del Oriente Medio, la atención mundial se ha enfocado en esa región. En un artículo titulado «El poder del petróleo», Dilip Hiro escribió:

> La realidad global es que los dirigentes políticos de todo el mundo se han dedicado a levantar estándares de vida a través del crecimiento económico, dependiente en alto grado de la energía en forma de gas y petróleo. Eso incluye a los Estados Unidos. Desde 1932, cuando las empresas petroleras estadounidenses adquirieron participaciones en los recursos petroleros de Arabia Saudita, las políticas en Washington se han orientado a asegurar el petróleo en Oriente Medio a costa de todo lo demás[6].

Pocos cuestionarían el hecho de que el petróleo se ha convertido en la nueva base para nuestra economía mundial; ahora es el material vital, el recurso más valorado en las naciones industrializadas y emergentes del mundo, la sangre que fluye a través de sus venas económicas y que da vida a la prosperidad en la economía global de hoy. La mayor fuente de esa vida está ahora en el Oriente Medio, por tal razón allí es donde se enfocan los ojos del mundo.

¿Qué nos dice esto acerca de los sucesos venideros? En el evangelio de Lucas, Jesús contrasta nuestra capacidad de discernir las señales del clima con nuestra incapacidad de entender las más importantes señales del tiempo: «Sabéis distinguir el aspecto del cielo y de la tierra; ¿y cómo no distinguís este tiempo?» (Lucas 12:56). Sin duda la fascinación del mundo con el petróleo, una materia prima candente con origen en tierras hostiles o en fronteras hostiles para con Israel y nosotros, se califica como una «señal».

Control de las existencias mundiales de petróleo

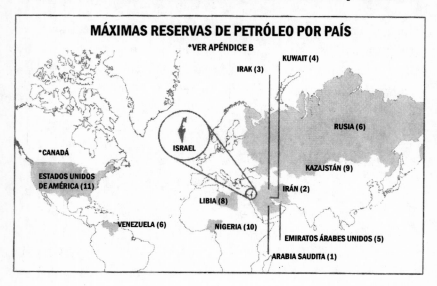

MÁXIMAS RESERVAS DE PETRÓLEO POR PAÍS
*VER APÉNDICE B

Para tener una imagen clara de las principales fuentes de petróleo, he aquí una lista del año 2007 de las mayores reservas convencionales de petróleo del mundo por nación:[7]

Posición	Nación	Miles de millones de barriles
1	Arabia Saudita	264,3
2	Irán	137,5
3	Irak	115,0
4	Kuwait	101,5
5	Emiratos Árabes Unidos	97,8
6	Venezuela	80,0
7	Rusia	79,5
8	Libia	41,5

¡Los Estados Unidos están en el puesto 11, con solo 29,9 mil millones de barriles!

Las primeras cinco naciones con las mayores reservas conocidas de petróleo son árabes, y las reservas de esos Estados totalizan casi *716 mil millones de barriles*. La región del Oriente Medio/Golfo Pérsico tiene bajo sus arenas del desierto alrededor de 60% de las reservas conocidas de petróleo del mundo. El complicado manejo y las facilidades de procesamiento desarrollados en esos países por las principales empresas petroleras occidentales se han nacionalizado hoy día. Ahora las controlan unos pocos dirigentes árabes.

Además, el dominio árabe del petróleo va más allá de las realidades de suministro y demanda. Históricamente, todo el petróleo del mundo se ha comercializado en dólares estadounidenses, lo cual ha asegurado estabilidad para el dólar y la economía estadounidenses. El dólar siempre había tenido el respaldo en oro estándar hasta que el presidente Nixon eliminó en 1971 ese respaldo. Pero entonces, en 1973, los precios del petróleo subieron de repente, amenazando lanzar al dólar en una caída libre en todo el mundo. A fin de estabilizar el dólar, el gobierno estadounidense entró en una relación con Arabia Saudita, el mayor proveedor mundial de petróleo. Según este acuerdo, los Estados Unidos apoyarían al gobierno saudita como aliado si los sauditas exigían que todas las compras de su petróleo se hicieran en dólares estadounidenses. Esto aseguraría la primacía del dólar en la economía mundial. Como consecuencia de este acuerdo, el dólar realmente resultó respaldado por petróleo en vez de oro. Entonces el 17 de febrero de 2008, Irán abrió su propio intercambio comercial en el cual el petróleo se negociaría en euros en vez de dólares, amenazando más la estabilidad del dólar estadounidense.

Las naciones del Oriente Medio no son las únicas que han causado problemas a los Estados Unidos en el mercado mundial de petróleo. Probablemente usted ha notado que Venezuela, empatada en la posición sexta de la lista de reservas petroleras, es otra fuente principal de petróleo para Estados Unidos. Pero Hugo Chávez, presidente de Venezuela, no es amigo de nuestro país. Durante las sesiones de 2006 de las Naciones Unidas en la Ciudad de Nueva York, Chávez agredió verbalmente al gobierno estadounidense y llamó diablo a nuestro presidente. Chávez se ha reunido varias veces con el presidente iraní Mahmud Ahmadinejad y ha jurado «unir al Golfo Pérsico y al Caribe, dándole permiso a Irán de entrar a Latinoamérica»[8]. Esto podría traer aun más inseguridad a las fuentes petrolíferas de Estados Unidos, pues una nación de Oriente Medio tendría poderosa influencia sobre el petróleo suramericano. Así que como se puede observar, el control de la mayor parte del petróleo mundial está centralizado en el Oriente Medio.

Sin duda usted ha oído a predicadores afirmar que la civilización como la conocemos afrontará una enorme y final confrontación en Oriente Medio. En el pasado no muy lejano usted se podría haber preguntado: *¿Por qué en Oriente Medio? ¿Por qué este puñado de países relativamente pequeños se vuelve tan importante para las potencias mundiales?* Tal vez usted imaginó que probablemente el enfrentamiento lo producirían las poblaciones masivas en China, la riqueza y el poder global de los Estados Unidos, la ingenuidad de Japón, o el levantamiento de multitudes oprimidas por la pobreza en la India. ¿Por qué, entre todos los lugares, la situación llegaría a un punto crítico en Oriente Medio? Hoy día, después de considerar la fuente del petróleo mundial, y todas las manos que se alargan para agarrarlo, ¡no nos hacemos esas preguntas tan a menudo como antes!

He aquí una información interesante que clarifica lo de las reservas mundiales de petróleo. Mi amigo Robert Morgan voló hace varios años a Nueva Orleans, y el hombre que se encontró con él en el aeropuerto era un geofísico de una importante empresa petrolera. En el viaje al hotel esta persona le explicó a Robert que los depósitos de petróleo resultan de la descomposición de plantas y animales ahora enterrados hace millones de años. Expresó que en todo el mundo se encuentra petróleo, incluso debajo del hielo del Ártico y el Antártico.

Eso significa que el mundo estuvo cubierto una vez por bosques y abundante vegetación hasta que fue destruida por un enorme cataclismo global (como un diluvio universal).

El geofísico siguió informando que los depósitos más ricos, grandes y profundos de petróleo yacían bajo las arenas de naciones exactamente al oriente de Israel, en la ubicación señalada por la Biblia como el huerto del Edén. El Edén fue una extensión repleta de bosques, follaje y huertos con una rica fertilidad sin precedentes en la historia humana[9].

Ahora hay tierra estéril y desierto ardiente donde una vez creciera un floreciente huerto con densa y exuberante flora, cuya semejanza el mundo no ha visto desde entonces. Este huerto fue destruido en algún desastroso desplazamiento de la corteza y se descompuso en los depósitos más grandes de petróleo en el mundo. Nunca antes me habría imaginado que la gasolina que pongo en mi auto podrían ser restos descompuestos del enorme y rico follaje del huerto del Edén.

Es irónico pensar que Satanás podría financiar la batalla de Armagedón al final de la historia humana con ingresos generados del huerto que arruinara al principio de la historia humana.

Consumidores de las existencias mundiales de petróleo

La inmensa mayoría del petróleo mundial la consumen cuatro entidades. Rusia está en cuarto puesto con 2,92 millones de barriles usados cada día. Japón es tercero, con un consumo de 5,16 millones de barriles diarios. China, la nación más grande del mundo en cuanto a población, ocupa ahora el segundo lugar al consumir 7,27 millones de barriles de petróleo por día. A razón de 20,7 millones de barriles diarios, los Estados Unidos ocupan el primer lugar en el consumo de petróleo[10].

China sigue aumentando su sed de petróleo. En el año 2005 tenía en las calles un total de veinte millones de vehículos[11]. Una conocida empresa de inversiones calcula que China tendrá mil cien millones de autos en las calles para el año 2050.

La Unión Europea, antes el segundo consumidor de petróleo, quema ahora 1,83 millones de barriles diarios y ha caído al puesto trece entre las mayores naciones consumidoras de petróleo, una reducción general del uso a pesar del crecimiento en las naciones que la integran[12]. El año pasado, cuando visitamos Londres, nuestro anfitrión nos contó cómo los británicos habían manejado la situación petrolera en su país. Reaccionando a la crisis energética de 1973, redujeron el consumo e impusieron impuestos en la gasolina a fin de conseguir significativos ingresos para importar petróleo de alto precio. La conservación se había convertido, para el año 2007, en una forma de vida en Inglaterra, aunque el precio por galón de gasolina era más del doble que en Estados Unidos. Más tarde descubrí que lo mismo ocurría en toda Europa.

Quizá no es una sorpresa para nadie que Estados Unidos sea el primer consumidor mundial de petróleo, que se traga casi veintiún millones de barriles de crudo por día, o el 25% de todo el petróleo producido en el mundo. Si continúa la actual tendencia, para el 2020 el consumo estadounidense subirá a 27 millones de barriles diarios, y para el 2030 la demanda se extenderá al 34%. Añadido a esto está el hecho de que los Estados Unidos consumen el 43% de la gasolina de motores del mundo, y no se ha construido ninguna refinería nueva de gasolina desde 1976. Detengámonos por un momento y reflexionemos en el significado de todo esto: los Estados Unidos están en undécimo lugar en reservas de petróleo y son el número uno en consumo de petróleo, y su demanda crece a pasos agigantados. No se necesita ser científico en cohetes para ver que en el futuro se avecina una crisis.

Muchos estadistas progresistas en todo el mundo, conscientes de la crisis venidera, han ordenado el desarrollo y uso de fuentes alternas como energía solar y eólica, y combustibles alternos para vehículos de motor. Sin embargo, estudios recientes han mostrado que a pesar de tales mandatos de usar biocombustibles, está en funcionamiento la «ley de consecuencias no buscadas». En vez de salvar al planeta de la dependencia del petróleo y del calentamiento global, los biocombustibles aumentan los precios de los alimentos y el hambre, y solo reducen levemente la necesidad de petróleo. Aunque convirtiéramos en combustible todos los cultivos de maíz y soya producidos en los Estados Unidos, estos solo bastarían para suplir el 20% de la demanda de consumo[13].

En este momento ninguna fuente de energía promete solucionar el problema. Y hasta que surjan soluciones, los Estados Unidos seguirán dependiendo en gran manera de fuentes extranjeras para mantener su entrada vital de petróleo.

Conflictos por las existencias mundiales de petróleo

Un grupo de naciones árabes lanzaron en 1973 un ataque contra Israel, iniciando la Guerra del Yom Kipur. Una consecuencia de esta conflagración fue unir a los países árabes en una causa común como nunca antes. Esta nueva demostración de unidad se manifestó en parte en el conflicto militar y en parte de una manera menos obvia. El 17 de octubre de 1973 las naciones árabes conspiraron para reducir la producción petrolera por debajo de lo normal e intentaron embargar a las potencias favorables a Israel, principalmente Estados Unidos y los Países Bajos. Esta acción hostil hizo cada vez más evidente que el mundo árabe usaría su dominio de las mayores reservas petroleras para apalancar su intento de asegurarse el poder mundial.

Algunos ciudadanos estadounidenses recordarán el efecto de ese embargo árabe. El precio del petróleo se cuadruplicó hasta alcanzar doce dólares el barril. Los autos formaban largas filas en las estaciones de servicio. Se pusieron en efecto medidas de protección, incluyendo un límite nacional de velocidad de cincuenta y cinco millas (ochenta y ocho kilómetros) por hora. Fuimos atacados en una nueva clase de guerra... una guerra económica con repercusiones funestas. El precio del petróleo no bajó después del chantaje del petróleo árabe entre 1973-1974, y esa crisis precipitó la más rápida transferencia de dinero en la historia, chupando dólares de los Estados Unidos y acumulándolos en los hinchados tesoros árabes. No obstante, el precio final de la guerra no se pagaría solo en dinero, sino en reformas políticas y económicas del mundo. Por primera vez en siglos el Oriente Medio vino a tener trascendental importancia en todo suceso internacional.

El primer reconocimiento de esta nueva realidad política vino del presidente Jimmy Carter al dirigirse a la Unión el 23 de enero de 1980. En esa ocasión Carter anunció un importante cambio de política con relación al Oriente Medio:

> Nuestra posición debe ser absolutamente clara: Cualquier intento que cualquier fuerza externa haga por obtener el control de la región del Golfo Pérsico será considerada un asalto a los intereses vitales de los Estados Unidos de América, y tal asalto será repelido por cualquier medio necesario, incluyendo la fuerza militar[14].

Esto se llegó a conocer como la doctrina Carter: la determinación de proteger el Golfo Pérsico aun a costa de nuestras propias tropas. Pronto se probaría este cambio de paradigma en política exterior.

En agosto de 1990, el dictador iraquí Saddam Hussein envió tropas a Kuwait para apoderarse de los campos petroleros de la nación. El presidente George H. W. Bush y su secretario de Defensa, Dick Cheney, pusieron en acción la doctrina Carter, enviando tropas estadounidenses a Kuwait para repeler la invasión iraquí. El presidente Bush defendió así su acción ante el país: «Nuestra nación importa ahora casi la mitad del petróleo que consume, y podría enfrentar una amenaza importante a su independencia económica. [...] La independencia soberana de Arabia Saudita es de vital interés para los Estados Unidos»[15].

Aunque se dieron otras justificaciones para la guerra, los expertos concuerdan en que la Guerra del Golfo de 1990-91 fue en la historia del mundo el primer conflicto casi totalmente por petróleo. Y no nos equivoquemos: aunque la guerra de Irak tiene que ver con el terrorismo, también tiene que ver con el petróleo... petróleo que se vende para financiar el régimen terrorista musulmán, y que es necesario para que Occidente funcione económicamente.

Preocupaciones acerca del suministro de petróleo en el mundo

¿Se nos está acabando el petróleo?

Era una mañana de sábado, y me hallaba en camino a mi oficina para darle los toques finales al mensaje del fin de semana. Estaba previsto que yo predicara sobre la importancia del petróleo en el programa profético de los tiempos finales. Al detenerme para conseguir una taza de café me topé con la edición de fin de semana del *Wall Street Journal*. El titular rezaba: «¿Adónde se ha ido todo el petróleo?». El artículo, escrito por Ann Davis, se refería a los enormes tanques de petróleo en Cushing, Oklahoma, donde se hallan almacenadas muchas de nuestras reservas. Según el escrito, una demanda continua de este petróleo para el futuro ha reducido los tanques a su nivel más bajo[16].

Por tanto, ¿adónde se ha ido todo el petróleo? ¿Significan estos tanques casi vacíos que se nos está acabando el oro negro? Esta es una pregunta difícil de contestar. Según el ejecutivo en jefe y presidente de Aramco Saudita, hemos explotado «solo 18% del potencial [global] convencional y no convencional producible». En palabras del hombre, «estamos buscando más de cuatro billones y medio de barriles de petróleo potencialmente recuperable»... suficientes para propulsar el globo a niveles actuales de consumo por «más de ciento cuarenta años»[17]. Por otra parte, no tenemos acceso a todo ese petróleo, ni hasta el día de hoy tenemos la capacidad de explotarlo si supiéramos dónde se encuentra.

El ritmo de hallazgo de petróleo ha estado cayendo desde la década de 1960 en que se descubrían cuarenta y siete mil millones de barriles al año, principalmente en Oriente Medio. En los setenta el ritmo cayó aproximadamente a treinta y cinco mil millones de barriles, mientras la industria se concentraba en el Mar del Norte. En la década del 1980 fue el turno de Rusia, y la tasa de hallazgo cayó a veinticuatro mil millones. Cayó aun más en los noventa en que la industria se concentró en África Occidental, pero solo descubrió cerca de catorce mil millones de barriles[18].

Quizás no sea cierto decir que se nos está acabando el petróleo, pero sí es verdad decir que lo estamos consumiendo a la par de nuestra actual capacidad de producirlo. La escasez de petróleo es real y seguirá teniendo un enorme efecto en nuestra cultura. Según estadísticas oficiales de energía anunciadas por el gobierno estadounidense, actualizadas por última vez en julio de 2007, el total de existencias mundiales de petróleo en el año 2006 fue excedido por el total de consumo mundial de petróleo en el 2005[19].

¿Captó usted la gravedad de esta cita? Permítame repetirla: en el año 2005 el mundo usó más petróleo del que se produjo al año siguiente; y hay una regla energética que entiendo: el uso de energía no puede exceder a las reservas disponibles.

¿Podemos proteger nuestras fuentes de petróleo?

Nuestra dependencia del petróleo extranjero se ha vuelto algo muy preocupante… en especial desde que el petróleo yace bajo el dominio de naciones con las cuales hemos tenido relaciones endebles u hostiles. Paul Roberts trató esta preocupación en su libro *The End of Oil: On the Edge of a Perilous New World* [El final del petróleo: Al borde de un nuevo y peligroso mundo]. Tal vez la víctima principal de la guerra contra Irak podría ser la mismísima idea de la seguridad energética:

> Pero con el continuo fracaso en Irak ahora está claro que ni la entidad militar más poderosa de la historia mundial puede estabilizar a voluntad a un país, o simplemente «hacerle» producir petróleo enviando allí soldados y tanques. En otras palabras, desde la invasión iraquí, el mercado petrolero comprende ahora que Estados Unidos no puede garantizar la seguridad del suministro de petróleo… para sí ni para nadie más. Ese nuevo y alarmante conocimiento explica, tanto como cualquier otra cosa, el elevado precio del petróleo[20].

Según Roberts, lo menos que se puede decir es que nuestra habilidad para proteger nuestro flujo de petróleo extranjero está limitada. Aunque nos comprometamos a usar fuerza militar bruta, como la doctrina Carter asegura que debemos hacer, no podemos asegurar un continuo suministro de petróleo de naciones hostiles.

¿Hay petróleo en Israel?

Desde luego, ayudaría que pudiéramos depender del petróleo de nuestro único aliado incondicional del Oriente Medio, Israel. Pero así bromeó con tristeza la ex primera ministra Golda Meir: «Déjenme decirles algo que nosotros los israelitas tenemos contra Moisés. Nos condujo por el desierto durante cuarenta años para llevarnos al único lugar en el Oriente Medio que no tenía petróleo»[21].

Aunque se ha descubierto poco petróleo en Israel, hoy en día va en aumento la creencia de que debajo de su superficie puede haber

importantes yacimientos petrolíferos. Dos grandes compañías petroleras se han formado para explorar referencias indirectas a petróleo que
se hallan en la Biblia. Ezequiel habla de una época en que Dios hará a
Israel mayor bien que en sus inicios (Ezequiel 36:11). ¿Cómo podría
Israel tener más prosperidad de la que tuvo en los días del rey Salomón?
Durante el reinado de Salomón la riqueza de Israel era la maravilla y
la envidia del mundo conocido. Pero aquí Dios está diciendo a Israel
que en algún momento futuro este país tendrá aun más riquezas.

El Dr. Tim LaHaye sugiere en su libro *The Coming Peace in the
Middle East* [La paz futura en el Oriente Medio] una manera en que
se podría explicar esta venidera riqueza:

> Suponga que los judíos descubrieran un pozo de petróleo más grande
> que todos los de Arabia. [...] Esto cambiaría el curso de la historia.
> Poco después Israel sería independiente para solucionar sus tribula-
> ciones económicas, financiaría el reasentamiento de los palestinos,
> y proveería alojamiento para judíos y árabes en Cisjordania, en la
> franja oriental o en cualquier otra parte en que decidieran vivir[22].

Aaron Klein hizo esta pregunta en un artículo escrito para World-
Net Daily: «¿Está situado Israel sobre una enorme reserva de petróleo registrada en el Antiguo Testamento, que cuando se encuentre
cambiará inmediatamente la estructura geográfica del Oriente Medio y que confirmará la validez de la Biblia para personas de todo el
mundo?»[23]. John Brown, cristiano evangélico, fundador y presidente
de Zion Oil and Gas, cree de veras que hay petróleo en Israel. Está
seguro de que varios pasajes bíblicos indican dónde se podrían hallar
ricos depósitos. Como ejemplo cita dos pasajes: «Bendito sobre los
hijos sea Aser. [...] Y moje en aceite su pie» (Deuteronomio 33:24).
«Rama fructífera es José, rama fructífera junto a una fuente. [...] Las
bendiciones de tu padre fueron mayores que las bendiciones de mis
progenitores [...] serán sobre la cabeza de José» (Génesis 49:22, 26).

Es fascinante la explicación de Brown de por qué estos pasajes indican la presencia de petróleo. Afirma que los mapas del territorio asignado a las doce tribus en su entrada a Palestina muestran que la forma de la región de Aser se asemeja a un gigantesco pie. Ese pie está «mojado» en la parte superior, o región «coronada» que pertenece a la tierra dada a la tribu de Manasés hijo de José. Brown asevera: «El petróleo está allí, donde la cabeza de José se encuentra con el pie de Aser»[24]. Y Brown está dispuesto a apostar por lo que afirma. A su compañía se le concedieron en 2007 dos licencias extendidas para alrededor de 65.650 hectáreas que incluyen las regiones de José y Aser-Manasés, las cuales Brown cree que contienen petróleo[25].

El hallazgo de petróleo en Israel reduciría en gran manera la amenaza de sus hostiles aliados al quitarles de la mano el arma del petróleo. «Encontrar petróleo dará a Israel enorme ventaja estratégica» sobre sus enemigos árabes, expresa Brown. «Cambiará de la noche a la mañana la estructura política y económica de la región»[26].

Pero a pesar de las tentadoras posibilidades de que haya petróleo en Israel, este aún no se ha hallado. Esto significa que debemos seguir tratando con la realidad de un mundo en el cual el petróleo permanece en manos de naciones esencialmente hostiles a nosotros, o en el mejor de los casos, solo débiles aliados.

¿Cómo afecta nuestro futuro la situación petrolera?

Surgimiento de alianzas proféticas

Ezequiel predijo una época en que Rusia atacaría a Israel. Al detallar cómo se llevaría a cabo la agresión militar, el profeta enumeró una coalición de algunas de las naciones que se unirían a Rusia en el ataque. «Te haré volver, te pondré garfios en la boca y te sacaré con todo tu ejército, caballos y jinetes. Todos ellos están bien armados;

son una multitud enorme, con escudos y broqueles; todos ellos empuñan la espada. Con ellos están Persia, Etiopía y Fut [Libia], todos ellos armados con escudos y yelmos» (Ezequiel 38:4-5, *NVI*).

Persia fue hasta el 21 de marzo de 1935 el nombre oficial de la nación que ahora llamamos Irán. Ni una sola vez en los últimos dos mil quinientos años Rusia había establecido una relación militar con Persia/Irán hasta ahora[27]. Pero hoy día estas dos naciones han formado una alianza militar que se sigue fortaleciendo por la situación política en nuestro mundo. Hace poco Rusia firmó con Irán un tratado de mil millones de dólares para venderle misiles y otros armamentos. Y la relación es aun más amplia, como señala Joel C. Rosenberg, ex asistente del primer ministro israelí Benjamín Netanyahu: «Los científicos rusos han capacitado a más de mil científicos nucleares iraníes en Rusia»[28]. He aquí una alianza de los últimos tiempos que fue profetizada hace dos mil quinientos años, y que se ha vuelto una realidad en los últimos cinco años. ¡Es obvio que se está armando el escenario!

Surgimiento de alianzas petroleras

Omer Selah, de la Autoridad del Petróleo de Israel, fue citado recientemente en el *Jerusalem Post*:

> Con cada año que pasa, el asunto del petróleo se vuelve más y más crítico para las democracias occidentales en general, y para Israel en particular. En esta región estamos viendo una confluencia de varios factores y procedimientos negativos. [...] Un enorme porcentaje de las reservas petroleras del mundo [...] se encuentran en posesión de poderes no amistosos hacia Occidente ni Israel[29].

Y la riqueza de estas pocas naciones productoras de petróleo crece a un ritmo tan rápido, que se esfuerzan por hallar maneras de invertir sus gigantescos recursos. Un artículo del *New York Times* reportó la magnitud del «problema» de inversión que tienen estos países.

Entre el 2000 y el 2007, los ingresos petroleros para las naciones de la OPEP pasaron de $243 mil millones a $688 mil millones, sin incluir los aumentos de precios que ocurrieron en noviembre y diciembre de 2007. Se calcula que del dinero obtenido por exportaciones petroleras, estas naciones tienen cuatro billones de dólares invertidos en todo el mundo[30].

Nuestros enemigos consideran que esta clase de riqueza es una gigantesca arma con la bendición de Alá. El escritor Don Richardson lo expresa así: «Los estrategas musulmanes preguntan a sus seguidores: *¿Por qué descubrimos en estos tiempos modernos que Alá ha confiado a las naciones musulmanas la mayor parte de las riquezas petroleras?*». La respuesta que dan: Alá previó la necesidad del islamismo de fondos para financiar una victoria político-religiosa sobre lo que el islamismo percibe como su enemigo fundamental: la civilización cristianizada euro-americana»[31].

En la primavera de 2002 apareció otro artículo del *New York Times*, titulado «Los iraníes instan a los musulmanes a utilizar el petróleo como arma». Este escrito asegura que el ayatolá Ali Jamenei ha afirmado:

> El petróleo pertenece al pueblo y se puede usar como arma contra Occidente y contra quienes apoyan el régimen salvaje de Israel. [...] Si las naciones islámicas y árabes [...] suspenden solo por un mes la exportación de petróleo a Israel y sus partidarios, el mundo se sacudiría[32].

Debería estar claro para nosotros que el viaje de los Estados Unidos sobre la cresta de la riqueza y el poder enfrenta amenazas sin precedentes de naciones del Oriente Medio recién enriquecidas y unidas que no tienen amor por nosotros. Es más, a muchas de ellas les gustaría vernos reducidos a cenizas de la historia. También debemos tener muy claro que esos países están sintiendo el poder recién descubierto que les ha dado el control de la mayor parte del petróleo mundial.

Estos factores no son buena señal para los Estados Unidos, Israel y sus naciones occidentales aliadas.

¿Qué debemos hacer?

Hasta este capítulo he dado noticias poco alentadoras y pocos motivos para ser optimistas… es decir, si nuestra perspectiva es totalmente terrenal. Al retroceder la mirada hacia dónde hemos estado como nación, y dónde nos hallamos hoy día, fácilmente nos podríamos desanimar. Sin embargo, el secreto es mirar más allá tanto del pasado como del presente y enfocarnos en el futuro. En realidad somos extraordinariamente bendecidos. Se nos ha concedido la oportunidad de ser observadores de primera mano de la puesta en escena de los sucesos que precederán la venida final de Cristo a esta tierra. Acontecimientos escritos siglos atrás se están desarrollando ahora ante nuestros ojos y nos hablan de que pronto será recompensada nuestra paciente expectativa. Mientras tanto, debemos…

Seguir esperando

Jesús dijo a sus discípulos que así como podemos darnos cuenta que el verano está cerca cuando brotan las ramas de la higuera, también podemos saber que el Hijo del hombre está a punto de regresar al reconocer las señales que dieron los profetas (Mateo 24:32). Al ver la aparición de estas señales, nuestra pregunta es: ¿qué debemos hacer?

Antes que nada, esperar. No podemos hacer nada para acelerar la venida de Jesús, así que se nos ha llamado a ser pacientes. «Por tanto, hermanos, tened paciencia hasta la venida del Señor. Mirad cómo el labrador espera el precioso fruto de la tierra, aguardando con paciencia hasta que reciba la lluvia temprana y la tardía. Tened también vosotros paciencia, y afirmad vuestros corazones; porque la venida del Señor se acerca» (Santiago 5:7-8). Nadie sabe con exactitud cuándo regresará el Señor (Mateo 24:36), pero por las señales podemos discernir la época de su venida; y no soy el único en creer que estamos en ella. Pero no sabemos exactamente cuánto tiempo durará esa época, así que nuestro deber como siervos fieles es esperar con paciencia.

Seguir trabajando

Algunos creyentes modernos creen haber concluido que la venida de Cristo es un llamado a la pasividad. Su actitud parece ser: *Bueno, puesto que él viene pronto, no hay sentido en hacer planes en grande ni esforzarse por realizarlos. Sea como sea todo está a punto de acabar.* Con los años hemos visto ejemplos extremos de espera pasiva. Individuos que creyeron haber establecido con exactitud el momento de la venida de Jesús llegaron incluso a deshacerse de sus bienes terrenales y a reunirse en la cima de una montaña o en un campamento, solo con la finalidad de esperar con pasividad. Esto no es categóricamente el significado de esperar. El Señor mismo estableció el ejemplo cuando estuvo en esta tierra; él dijo: «Me es necesario hacer las obras del que me envió, entre tanto que el día dura; la noche viene, cuando nadie puede trabajar» (Juan 9:4). En una de sus parábolas también dijo: «Bienaventurado aquel siervo al cual, cuando su señor venga, le halle haciendo así [sirviendo]» (Mateo 24:46).

Esta es la clave para agradar al Señor en estos últimos tiempos: seguir trabajando con diligencia en lo que Dios nos ha llamado a hacer. Creer en el inminente regreso de Jesús involucra más que la simple espera, por importante que esta pueda ser. Es más bien un asunto de *trabajar* mientras esperamos. Esforzarnos. Obrar en el poder, el gozo y la plenitud del Espíritu Santo.

Alguien me preguntó una vez qué me gustaría estar haciendo cuando el Señor regresara. Eso es fácil. Me gustaría estar parado detrás de mi púlpito ante el rebaño, declarando, explicando y aplicando la Palabra de Dios. Para mí no hay nada mejor. No hay gozo más grande.

¿Qué le gustaría a usted estar haciendo cuando él regrese? ¿Dónde le gustaría estar cuando suene la trompeta, cuando el arcángel grite, y cuando en un abrir y cerrar de ojos seamos transformados y arrebatados a las nubes con Él?

Seguir velando

En muchas ocasiones Jesús advirtió a sus seguidores que velaran. Los exhortó a estar llenos de expectativa, a erguirse, a levantar la cabeza, y a comprender que la redención estaba cerca (Lucas 21:28). El apóstol Pablo siguió con el tema de velar, diciendo a los creyentes romanos que era hora de que se levantaran del sueño, «porque ahora está más cerca de nosotros nuestra salvación que cuando creímos» (Romanos 13:11).

Esperar, trabajar y velar: A los cristianos se les exhorta a hacer estas tres cosas cuando vean las señales del inminente regreso de Cristo. ¿Cómo les parece esto a los cristianos de hoy? ¿Cómo podemos preparar nuestros deseos y nuestras emociones para seguir en esta era de la historia de la Iglesia en que el futuro parece no presagiar nada bueno?

C. S. Lewis contestó esas preguntas hace casi setenta años en otra época en que se vislumbraban peligros extremos en el horizonte. En un discurso a estudiantes de la Universidad de Oxford, poco después de que los ingleses se declararan en guerra con Alemania, Lewis manifestó muy bien cuál debería ser la actitud de los cristianos en momentos como esos, y como los nuestros:

> Esta guerra inminente nos ha enseñado algunas cuestiones importantes. La vida es corta. El mundo es frágil. Todos nosotros somos vulnerables, pero estamos aquí porque este es nuestro llamado. Nuestras vidas están enraizadas no solo en tiempo sino también en

eternidad, y la vida de aprendizaje, humildemente ofrecida a Dios, es la propia recompensa de esta vida[33].

En su alocución, Lewis afirmó que una crisis inmediata no es determinante para la naturaleza de nuestro deber y nuestro llamado. La verdad es que el peligro siempre es parte de nuestro ambiente en este mundo caído; la presencia de un innegable e inminente peligro solo intensifica nuestra conciencia de esta realidad que tendemos a pasar por alto. Cualquiera de nosotros puede enfrentar la muerte en cualquier momento debido a un accidente, un coágulo invisible de sangre, o la acción de un pistolero desquiciado. Una guerra inminente como la que Lewis y sus alumnos enfrentaban, o una batalla inminente que podría haber en nuestro futuro no cambia nada. Nuestra tarea como fieles administradores del llamado del Señor es seguir nuestro deber: ser pacientes y velar, pero también mantenernos trabajando.

No debemos desesperarnos. Como hijos del Dios vivo, vivimos en una continua esperanza. Trabajamos, amamos, reímos y encontramos gozo porque siempre sabemos que se avecina un fin. Que la batalla venga o no en nuestra vida no cambia nada respecto de la manera en que debemos vivir. Nuestro propio «fin del tiempo» vendrá, y puede llegar en cualquier momento. Por tanto, nuestro deber es seguir fieles y laboriosamente encajar en el lugar en que el Señor nos ha puesto como miembros productivos de la sociedad.

Estoy convencido de que Dios nos pone a cada uno de nosotros exactamente donde nos quiere, y nos da a cada uno una tarea que hace avanzar su plan eterno de una manera particular. Recuerde las palabras de Mardoqueo, el custodio de la reina Ester, cuando ella temía enfrentar el peligro mortal de aparecer sin invitación ante el rey para rogar por el pueblo judío: «Si ahora te quedas absolutamente callada, de otra parte vendrán el alivio y la liberación para los judíos. ¡Quién sabe si no has llegado al trono precisamente para un momento como este!» (Ester 4:14, *NVI*). El Señor levantó a Ester en una época particular para un propósito particular. Hoy es el momento que él ha ordenado que usted y yo estemos vivos, y nos ha colocado en nuestra época y nuestro lugar con no menos propósito que a Ester. La tarea que usted tiene tal vez no sea tan grandiosa como la de ella; quizás el llamado que usted tenga no sea salvar a su nación. Pero como Lewis dijo en otra parte de su discurso a los estudiantes de Oxford: «La obra de un Beethoven y la obra de una mujer de limpieza se vuelven espirituales exactamente en la misma condición, la de ser ofrecidas a Dios, de ser realizadas humildemente, "como para el Señor"»[34].

Usted se podría preguntar: *¿Qué sentido tiene que siga haciendo mi trabajito insignificante cuando sobre el mundo se cierne tal fatalidad?* El sentido es que usted está cumpliendo su papel como agente de Dios en esta época particular, y su trabajo podría tener un efecto mayor del que usted se imagina. Pocos vemos el resultado final de nuestras acciones. Pero por el poder del efecto ondulatorio, lo que usted hace como ejecutivo en jefe o vendedor podría unir la corriente del propósito del Señor y hacer que la voluntad de él se realice en maneras enormes que usted nunca imaginaría. De ahí que sea vital que cada uno de nosotros tome en serio nuestras tareas encomendadas por Dios. Debemos cumplir con nuestro trabajo, mantenernos vigilantes y esperar pacientemente en el tiempo del Creador.

El evangelista sureño Vance Havner nos ofrece la verdadera clave para cumplir nuestra tarea y hallar gozo frente a la fatalidad inminente: «No solo estamos esperando que algo pase, ¡estamos esperando que Alguien venga! Y cuando estas cosas empiecen a suceder, no debemos bajar la cabeza desanimados, ni negar con la cabeza en desesperación, sino que debemos levantar nuestras cabezas llenos de alegría»[35].

Moderna Europa... Antigua Roma

NADA BUENO PRESAGIABAN LAS PALABRAS ROJAS ESTAMPADAS *confidencial* que relumbraban en el sobre de manila sobre el escritorio del presidente. Se había ordenado a los altos funcionarios gubernamentales estar puntualmente a las ocho de la mañana en el Despacho Oval. La seguridad se hallaba en su máximo nivel; no debería filtrarse que se habían convocado para esta sesión ejecutiva al presidente de los Estados Unidos, al Consejo Nacional de Seguridad, a los líderes del Congreso, y a miembros selectos del gabinete.

Nunca antes el Presidente había estado más serio. Mientras se reunían los altos funcionarios y asesores —individuos a quienes se confiaban decisiones que podían afectar millones de vidas— el rostro del Presidente permanecía lívido y adusto. Con los dedos presionados juntos debajo de la barbilla, parecía como si estuviera orando. Considerando las noticias que estaba a punto de dar, su actitud era perfectamente apropiada. Cuando el grupo estuvo reunido, el presidente hizo una seña a un guardia armado, que abrió una puerta para dejar entrar a un hombre más. Este titubeó por un momento hasta que el presidente señaló una silla directamente al frente del brillante escritorio ejecutivo. El hombre se sentó ante el liderazgo de asesores de la nación más poderosa del planeta y esperó la señal del presidente.

«Caballeros», expresó con seriedad el presidente, «prepárense para oír noticias que afectarán profundamente a nuestra nación y el futuro del mundo como lo conocemos. Escuchen con mucho cuidado, porque sus mismas vidas están en juego»[1].

Esta escena no ocurrió exactamente como se describe, pero no es totalmente ficción. Sucedió en una época distinta en un lugar diferente y con otros actores. Y podría fácilmente volver a acaecer en el futuro. Empecemos examinando la época en que ocurrió… con un hombre que movido divinamente a escribir las inspiradas palabras, profetizó con toda exactitud ascenso y caída de imperios y sus gobernantes.

La visión del rey

Hace más de dos mil años el Señor concedió a su siervo Daniel una visión del futuro, que reconocemos como el discernimiento profético más completo dado alguna vez a un individuo. Aunque no era poco común que Dios se comunicara con su propio pueblo a través de sueños y visiones, es increíble comprender que otorgara la más grande visión de todos los tiempos no solo a Daniel, sino también a un rey babilonio llamado Nabucodonosor, uno de los gobernantes gentiles más malvados de la historia.

He aquí cómo se proveyó el mensaje. Corría el segundo año del reinado de Nabucodonosor sobre Babilonia. Aunque el rey se hallaba seguro en su trono con todos sus enemigos sometidos o en cautiverio, él sin embargo se encontró con gran ansiedad acerca del futuro. Su ansiedad provenía de un sueño repetitivo enviado por el Dios todopoderoso... un sueño vívido y aterrador que Nabucodonosor no lograba entender, aunque sentía que no presagiaba ninguna consecuencia buena. De ahí que el rey llamara a sus consejeros. Pero ya que él había olvidado importantes detalles del sueño exigió de ellos no solo que le interpretaran el sueño sino que también le dieran una descripción detallada del mismo.

La exigencia del rey no tenía precedentes y, como usted puede imaginarse, sus consejeros opinaron que era un poco injusta. Como ellos no pudieran cumplir la pretensión, Nabucodonosor ordenó por despecho la ejecución de todos los sabios de Babilonia (Daniel 2:12-13).

Cuando el judío cautivo Daniel oyó hablar del edicto real, él y sus amigos oraron a Dios pidiendo conocer el sueño del rey y su interpretación. Entonces Daniel acudió al verdugo y le dijo: «No mates a los sabios de Babilonia; llévame a la presencia del rey, y yo le mostraré la interpretación» (v. 24).

Al poco tiempo Daniel se halló frente a Nabucodonosor, quien le preguntó si podía revelar el significado de su sueño. El judío le explicó que no podía, pero que tenía relación con Alguien que sí podía hacerlo: «El misterio que el rey demanda, ni sabios, ni astrólogos, ni magos ni adivinos lo pueden revelar al rey. Pero hay un Dios en los cielos, el cual revela los misterios, y él ha hecho saber al rey Nabucodonosor lo que ha de acontecer en los postreros días. He aquí tu sueño, y las visiones que has tenido en tu cama» (vv. 27-28).

A medida que Daniel explicaba, exactamente cómo Dios había enviado el sueño al rey, el Señor también revelaba a Daniel el sueño y su interpretación (v. 19). Luego viene la escena en el «despacho oval» de Nabucodonosor, cuando el profeta judío se halla ante el rey y le revela el futuro de su nación.

Daniel describió primero la visión del rey:

Estando tú, oh rey, en tu cama, te vinieron pensamientos por saber lo que había de ser en lo por venir; y el que revela los misterios te mostró lo que ha de ser. [...] Tú, oh rey, veías, y he aquí una gran imagen. Esta imagen, que era muy grande, y cuya gloria era muy sublime, estaba en pie delante de ti, y su aspecto era terrible. La cabeza de esta imagen era de oro fino; su pecho y sus brazos, de plata; su vientre y sus muslos, de bronce; sus piernas, de hierro; sus pies, en parte de hierro y en parte de barro cocido. (Daniel 2:29, 31-33)

El propósito total de esta imagen era enseñar a Nabucodonosor, a Daniel, y a todos los demás en el planeta, lo que sucede cuando el hombre asume el control para sí mismo. Esta visión nos presenta la historia de la civilización humana, no escrita por Will Durant ni Edward Gibbon, sino por el mismísimo Dios.

Aunque podría parecer que los acontecimientos que Daniel revelaba sucedían por el poder de reyes y ejércitos, él entendió que toda la caída y el surgimiento de imperios era hechura de Dios: «*Él* muda los tiempos y las edades; quita reyes, y pone reyes; da la sabiduría a los sabios, y la ciencia a los entendidos» (Daniel 2:21, énfasis añadido).

Daniel comenzó entonces a explicar a Nabucodonosor que el sueño se relacionaba con los reinos de este mundo... el de él y los que lo sucederían. Contó al rey que la colosal imagen metálica representaba cuatro poderes sucesivos gentiles que gobernarían a Israel en días venideros. La palabra *reino* se usa siete veces en estos versículos (vv. 36-45). ¿Qué es exactamente un reino? Es un dominio en que gobierna un rey, o un «dominio-*rey*». Designa a las personas y al territorio bajo las órdenes de un solo gobierno. Como Daniel estaba a punto de explicar, los variados componentes de la estatua representaban los dominios de todo el mundo que seguirían y se reemplazarían uno al otro en el futuro.

Los cuatro imperios mundiales

Por medio de Daniel el Señor dio al rey Nabucodonosor una historia compuesta de los días restantes del mundo. Sabemos esto porque habló específicamente de «los postreros días» y de «lo por venir» (Daniel 2:28, 29).

Daniel comenzó a revelar el significado del sueño de la estatua en cinco secciones: la cabeza de oro, el pecho y los brazos de plata, el vientre y los muslos de bronce, las piernas de hierro, y los pies en parte de hierro y en parte de barro.

El primer imperio mundial, representado por la cabeza de oro de la estatua, era el propio reino de Babilonia de Nabucodonosor. Las palabras de Daniel al rey son claras: «Tú, oh rey, eres rey de reyes; porque el Dios del cielo te ha dado reino, poder, fuerza y majestad. Y dondequiera que habitan hijos de hombres, bestias del campo y aves del cielo, él los ha entregado en tu mano, y te ha dado el dominio sobre todo; tú eres aquella cabeza de oro» (Daniel 2:37-38).

Nabucodonosor no habría dudado que la cabeza de oro se refería a su reino, puesto que la deidad principal de Babilonia era Marduk, conocido como «el dios de oro». El historiador Herodoto describió la imagen de Marduk como una visión deslumbrante: una estatua dorada sentada sobre un trono dorado ante una mesa dorada y un altar dorado. Plinio nos dice que las vestimentas de los sacerdotes de Marduk estaban entrelazadas con oro[2].

El segundo imperio mundial revelado en el sueño del rey está representado por la imagen del pecho de plata, del cual emergían dos brazos de plata (Daniel 2:32). Este es el imperio medo-persa que conquistó a Babilonia en el 539 a.C., y que permaneció en el poder más o menos por doscientos años. No debemos tener dudas acerca de esa interpretación porque más tarde, cuando Daniel reportó los acontecimientos que llevaron al final del imperio babilonio, afirmó con claridad que sería la monarquía dual de los medos y los persas la que tomaría el control del imperio babilonio (Daniel 5:28). Daniel 8:20 confirma de nuevo a las dos naciones como sucesoras de Babilonia.

El tercer imperio mundial revelado dentro de la imagen está representado por el vientre y los muslos de bronce. Daniel informó al rey que sería un «reino de bronce, el cual dominará sobre toda la tierra» (Daniel 2:39). Este es el imperio griego, el reino de Filipo de Macedonia y su famoso hijo, Alejandro Magno. La historia no solo confirma a Grecia como el imperio que sucedió a los medo-persas, sino que el mismo Daniel lo afirmó al nombrar específicamente a Grecia en Daniel 8:21. Bajo Alejandro, el imperio griego fue unificado y abarcó más territorio que cualquiera de los imperios anteriores. Alejandro tenía tales ansias de conquista que después de someter prácticamente a todo el mundo conocido se sentó a llorar, temiendo que no hubiera más territorios para conquistar. Es adecuado que este tercer reino lo caracterice la sección media de bronce de la colosal imagen. Las corazas y los yelmos de las armaduras de los soldados de Alejandro eran de bronce, y además portaban escudos y espadas de bronce y cobre.

El cuarto imperio mostrado en la imagen está simbolizado por piernas de hierro. Daniel describe que este imperio es «fuerte como hierro; y como el hierro desmenuza y rompe todas las cosas, desmenuzará y quebrantará todo» (Daniel 2:40). La historia nos muestra claramente que Roma es el cuarto reino. Roma no solo sucedió al imperio griego, sino que la imagen de las piernas de hierro provee un símbolo poderoso que caracteriza la naturaleza de los romanos. La palabra *hierro* se usa trece veces en el texto que describe a Roma en Daniel 2. A menudo los historiadores utilizan *hierro* como adjetivo para definir al imperio romano: *Mano de hierro* de Roma. *Control de hierro* romano. *Puño de hierro* de Roma. *Talón* romano *de hierro*. *Legiones* romanas *de hierro*.

La historia confirma la evolución de la explicación de Daniel al sueño de Nabucodonosor. Los babilonios fueron derrocados por los medo-persas; los medo-persas fueron conquistados por los griegos; y cuando el imperio griego fue conquistado por Roma, todas las tierras y los pueblos de los reinos anteriores fueron asimilados dentro de un reino conocido como imperio romano. Este imperio apareció cincuenta años antes que naciera Jesús, y siguió en el poder durante todo el ministerio terrenal del Señor y más allá. Fue el gobierno romano el que puso a Jesús en la cruz. Fueron los imperialistas romanos quienes gobernaron sin misericordia en todo el mundo durante los primeros días de la Iglesia.

Que Roma esté representada en la estatua por sus dos piernas de hierro también es importante, como lo explica la siguiente cita:

> Ya en el año 395 d.C. el imperio romano se había dividido en dos regiones políticas de gobierno: la occidental [de habla latina] con su capital en Roma, y la oriental [de habla griega] con su capital en Constantinopla (la moderna Estambul, Turquía), la cual incluía la tierra de Israel. Esta división del imperio está representada en las dos piernas de la estatua[3].

Pero esta escisión del poderoso imperio romano en dos unidades políticas no fue la última división que ese reino sufriría, como lo explicara Daniel a Nabucodonosor al volver su atención a los pies y los dedos. Observó que en el sueño del rey, los pies y los dedos estaban compuestos de una mezcla de hierro y barro. Aunque colocadas en la base de la imagen, estas extremidades aparentemente son muy importantes, porque Daniel dijo tanto acerca de los pies y los dedos como había dicho de todas las otras partes combinadas de la imagen.

He aquí las palabras de Daniel mientras explicaba al rey el significado del material que componía los pies de la imagen:

> Y lo que viste de los pies y los dedos, en parte de barro cocido de alfarero y en parte de hierro, será un reino dividido; mas habrá en

él algo de la fuerza del hierro, así como viste hierro mezclado con barro cocido. Y por ser los dedos de los pies en parte de hierro y en parte de barro cocido, el reino será en parte fuerte, y en parte frágil. Así como viste el hierro mezclado con barro, se mezclarán por medio de alianzas humanas; pero no se unirán el uno con el otro, como el hierro no se mezcla con el barro. (Daniel 2:41-43)

Según Daniel, iba a haber otra división en el imperio romano. No una división de dos, como indicaran las dos piernas de la imagen, sino de diez, como lo simbolizaran sus diez dedos. Daniel predice una época en que el imperio romano constaría de diez reinos o líderes. Puesto que el movimiento descendente de una sección de la estatua a la siguiente representa el paso del tiempo, la etapa de «pies y dedos» debe seguir a la de «piernas». Pero al mirar hacia atrás en la historia que siguió a la predicción de Daniel, no encontramos nada en la historia siquiera remotamente parecido a la coalición romana multiplicada por diez. Eso nos muestra que esta quinta y última «etapa del reino de pies y dedos» aún debe venir y aún debe realizar su papel prescrito en la historia humana.

Daniel nos da otra pieza de información que nos hace entender el tiempo de los sucesos expresados en el sueño de Nabucodonosor. Nos dice que esta forma final del imperio romano estará sobre la tierra cuando Dios establezca su reino terrenal. «Y en los días de estos reyes el Dios del cielo levantará un reino que no será jamás destruido, ni será el reino dejado a otro pueblo; desmenuzará y consumirá a todos estos reinos, pero él permanecerá para siempre» (Daniel 2:44).

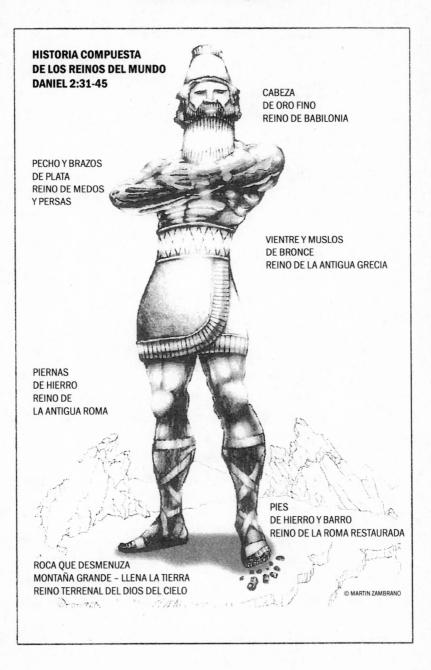

**HISTORIA COMPUESTA
DE LOS REINOS DEL MUNDO
DANIEL 2:31-45**

CABEZA
DE ORO FINO
REINO DE BABILONIA

PECHO Y BRAZOS
DE PLATA
REINO DE MEDOS
Y PERSAS

VIENTRE Y MUSLOS
DE BRONCE
REINO DE LA ANTIGUA GRECIA

PIERNAS
DE HIERRO
REINO DE
LA ANTIGUA ROMA

PIES
DE HIERRO Y BARRO
REINO DE LA ROMA RESTAURADA

ROCA QUE DESMENUZA
MONTAÑA GRANDE – LLENA LA TIERRA
REINO TERRENAL DEL DIOS DEL CIELO

© MARTIN ZAMBRANO

Sueño confirmador de Daniel

Años después del sueño de Nabucodonosor de la altísima imagen, y catorce años antes de la caída de Babilonia ante los medas y los persas, Daniel tuvo una visión que confirma y expande nuestra comprensión del sueño de Nabucodonosor. En la visión de Daniel, un poderoso viento agitaba el océano, «y cuatro bestias grandes, diferentes la una de la otra, subían del mar» (Daniel 7:3). Estas bestias representaban los mismos reinos gentiles descritos en el sueño del rey acerca de la imagen del hombre, pero esta vez se revela el carácter de esos reinos. La primera visión (Daniel 2) caracterizaba a los reinos del mundo según la evaluación humana: majestuosos, enormes, dignos de admiración, gigantescos y abrumadores. El hombre está impresionado con sus logros. En la segunda visión (Daniel 7) se muestran los reinos como bestias salvajes de la selva, acuchillándose y atacándose entre sí y peleando a muerte.

Esta segunda visión nos da la *evaluación divina* de esos reinos gentiles: destructivos, divisorios, violentos y crueles. Aunque las dos visiones eran radicalmente distintas en su presentación, ambas se dieron para el mismo propósito: ¡mostrar a Daniel y su pueblo lo que estaba pasando en el mundo!

¿Por qué Dios escogió esta época particular de la historia para revelar una profecía tan fabulosa? Fue designada para convencer a su pueblo en un momento desesperado de su historia. Asiria había llevado cautivo al reino del norte en el 722 a.C., y ahora, doscientos años después, Judá, el reino del sur, estaba cautivo en Babilonia. Si usted hubiera sido judío durante ese tiempo se pudo haber preguntado: *¿Ha acabado Dios con nosotros? ¿Estaremos abandonados para siempre?* A través de estas dos visiones, el Señor aseguraba a su atribulado pueblo: *Este no es el fin. Hay un momento en el futuro en que me volveré a involucrar con ustedes como nación. Pero quiero que sepan lo que ocurrirá entre hoy y ese momento.*

Ya ha sucedido mucho de lo que se le reveló a Daniel en estos sueños. Pero no todo. Los tres reyes profetizados vinieron y se fueron, y el cuarto también hizo su aparición en la historia. Pero la última visión de Daniel incluía información adicional relacionada con el futuro del cuarto reino, no dada al monarca babilonio... información acerca de acontecimientos que aún están en el futuro. Veamos cómo la describe Daniel: «Después de esto miraba yo en las visiones de la noche, y he aquí la cuarta bestia, espantosa y terrible y en gran manera fuerte, la cual tenía unos dientes grandes de hierro; devoraba y desmenuzaba, y las sobras hollaba con sus pies, y era muy diferente de todas las bestias que vi antes de ella, y tenía diez cuernos» (Daniel 7:7). Daniel tiene cuidado de explicar que los diez cuernos son diez reyes que se levantarán de este reino (v. 24).

Sabemos que esta profecía de estos diez reyes permanece en el futuro porque no solo tiene la forma de diez líderes del imperio romano que no han existido en la historia, sino que tal reino tampoco ha sido destrozado como la profecía indica que sucederá. Según Daniel 2, el imperio romano en su forma final experimentará destrucción repentina. El imperio romano de la época de Jesús no terminó de repente. Se degeneró y decayó gradualmente durante muchos siglos hasta que la parte occidental, el Sacro imperio romano, cayó en el 476 d.C., y la parte oriental, el imperio bizantino, cayó en 1453 d.C. ¡Es difícil imaginar un resbalón más gradual de la gloria al olvido! Debemos concluir entonces que alguna forma del imperio romano debe surgir al final de los tiempos, y según Daniel, será en lugar previo a la venida de Cristo para gobernar y reinar sobre la tierra.

Renacimiento del imperio romano

La futura manifestación del imperio romano que Daniel profetizó hace dos mil quinientos años toma la forma de una coalición o confederación de diez líderes mundiales, y abarcará el mismo territorio que el imperio romano histórico. ¡Y hoy día podemos ver que esa coalición toma forma exactamente ante nuestros ojos! Comenzó en el año 1930, cuando el estadista francés Aristide Briand intentó reunir a veintiséis naciones en lo que denominó primero «los Estados Unidos de Europa» y modificó a «la Unión Europea». En su propuesta afirmó: «Hoy día las naciones de Europa se deben unir para vivir y prosperar». La prensa europea prestó poca atención a la novedosa idea de Briand, y nada resultó de ella[4].

Es decir, nada resultó *en ese tiempo*. Pero el llamado de Briand a la unidad europea estaba a solo una guerra mundial de distancia. Poco menos de veinte años después, uno de los líderes más respetados del mundo formuló el mismo llamado:

En 1946, tras la devastación de Europa durante la Segunda Guerra Mundial, Winston Churchill aseveró con energía que «la tragedia de Europa» solamente se podría solucionar si los antiguos asuntos de nacionalismo y soberanía pudieran dar paso a un sentido de «agrupación nacional» europea. Afirmó que el camino hacia la paz y la prosperidad europea en el escenario mundial estaba claro: «Debemos erigir unos Estados Unidos de Europa»[5].

El llamado de Churchill inició una serie de pasos hacia la unificación; algunos fueron vacilantes, pero otros obtuvieron firmeza. La Conferencia Benelux de 1948, realizada en Bruselas, Bélgica, establecería la base de una nueva organización «para unir económica y políticamente a naciones europeas con el fin de asegurar una paz duradera»[6]. Solo tres diminutas naciones asistieron al encuentro: Holanda, Luxemburgo y Bélgica. Estos países se unieron porque veían la unidad como su única esperanza de sobrevivir en el mundo posterior a la guerra.

En abril de 1951 se dio otro paso, cuando estas tres naciones firmaron el Tratado de París con tres naciones adicionales, Alemania, Francia e Italia, formando un mercado común para el carbón y el acero en un ambiente de paz e igualdad.

El 25 de marzo de 1957 se dio un paso importante hacia la unificación europea al firmarse el Tratado de Roma en Monte Capitolino, una de las siete famosas colinas de Roma. En esta ocasión Italia, Francia y Alemania se unieron a Holanda, Luxemburgo y Bélgica, creando la Comunidad Económica Europea: el Mercado Común.

El Reino Unido, Irlanda y Dinamarca se unieron en 1973 a la CEE, y Grecia se añadió en 1981, formando una confederación de diez naciones. El 1 de enero de 1986 entraron a la unión España y Portugal, y la agenda se expandió más allá de lo económico cuando la CEE adoptó oficialmente la meta de una Europa políticamente unificada. En 1987 se implementó el Tratado de la Unión Europea. Con la caída del Muro de Berlín en 1989, se unificó Alemania, y Alemania Oriental se integró como miembro. En diciembre de 1992 se quitaron las fronteras económicas entre las naciones de la comunidad europea, y se emitió un pasaporte común para viajeros. También se permitió estudiar sin ninguna restricción en universidades dentro de las naciones. Austria, Finlandia y Suecia se unieron en 1995.

En el año 2002 se acuñaron ochenta mil millones de monedas para usar en las doce naciones participantes de la Eurozona, introduciendo por tanto la nueva unidad monetaria: el euro. A pesar de las fluctuaciones esperadas, el aumento del valor del euro ha sido firme y observable. El dólar está decayendo contra el euro, y muchos expertos creen que dentro de cinco años el euro podría reemplazar al dólar estadounidense como la moneda oficial mundial. Como vimos en el capítulo anterior, los iraníes se negaron recientemente a aceptar el dólar estadounidense como pago por petróleo, exigiendo que los pagos se hicieran en euros.

La marcha hacia la unificación europea continuó el 1 de mayo de 2004, cuando se agregaron Chipre, República Checa, Estonia,

Hungría, Letonia, Lituania, Malta, Polonia, Eslovaquia y Eslovenia, llevando el total a veinticinco naciones. Estos países ingresaron setenta y cinco millones de personas a la Unión Europea, con lo que aumentó su población a cuatrocientos cincuenta millones de personas y sobrepasó a Norteamérica como la mayor zona económica del mundo. En enero de 2007 fueron admitidas Rumania y Bulgaria a la UE, y así aumentó a veintisiete el número total de naciones[7].

Aunque Israel fue parte del imperio romano original, en la actualidad no es parte de la Unión Europea. La UE considera a Israel miembro inelegible para la admisión debido a violaciones de derechos humanos, basados en su ocupación de Cisjordania, la Franja de Gaza, las Alturas de Golán, y Jerusalén oriental. Sin embargo, se ha propuesto que si Israel firma un tratado de paz con sus vecinos hostiles se le ofrecería la calidad de miembro a la UE[8].

De manera gradual pero firme las naciones europeas se han unido, creando una réplica moderna del antiguo imperio romano. Europa está hoy más integrada que en cualquier época anterior a los días de la antigua Roma. Muchos consideran a los Estados Unidos de Europa como la segunda fuerza política más poderosa en nuestro mundo.

**IMPERIO ROMANO
ANTES Y AHORA**
Antiguo imperio romano delineado en negro
Naciones de la Unión Europea en gris

FINLANDIA

SUECIA

ESTONIA

LETONIA

DINAMARCA

LITUANIA

IRLANDA

INGLATERRA

HOLANDA

LUXEMBURGO

BÉLGICA

POLONIA

REPÚBLICA
CHECA

ALEMANIA

ESLOVAQUIA

AUSTRIA

HUNGRÍA

ESLOVENIA

FRANCIA   ITALIA

RUMANIA

BULGARIA

ESPAÑA

PORTUGAL

GRECIA

MALTA

ÁFRICA DEL NORTE

CHIPRE

LIBIA

EGIPTO

Consolidación del gobierno europeo

Actualmente el gobierno de la UE está organizado en tres órganos: un Parlamento, el Consejo de Ministros, y la Comisión Europea. Al Parlamento se le considera «la voz del pueblo» porque los ciudadanos de la UE eligen directamente a sus 785 miembros. El Parlamento aprueba leyes europeas en conjunto con el Consejo. Su presidente es elegido para servir durante cinco años.

El Consejo, «la voz de los estados miembros», consta de veintisiete miembros que también son los dirigentes de sus gobiernos nacionales. Este órgano participa con el Parlamento en la aprobación de leyes y también establece políticas comunes exteriores y de seguridad. Mientras escribo la edición en inglés de este libro está en proceso de ratificación la actual reforma al tratado. Este tratado contiene propuestas para dos cambios importantes a la estructura del Consejo. Primero, reducir la cantidad de miembros del Consejo de veintisiete a diecisiete y segundo, elegir un presidente de tiempo completo para un período extensible de dos años y medio, reemplazando la actual presidencia rotativa, la cual cambia cada seis meses. Estos pasos hacia la consolidación del poder podrían tener repercusiones muy graves para el futuro.

El tercer órgano del gobierno europeo, la Comisión Europea, consta de veintisiete comisarios cuya tarea es redactar nuevas leyes e implementar políticas y presupuestos. Su presidente lo nomina el Consejo de Ministros para un período de cinco años[9].

Otras entidades gubernamentales incluyen: el Tribunal de Justicia, el Tribunal de Auditores, el Banco Central Europeo, y el Banco Europeo de Inversiones[10].

Se rumora que el ex primer ministro británico Tony Blair será el probable candidato para ser el primer presidente del Consejo de Ministros de Europa. Estos rumores ya circulaban en el año 2002 y adquirieron fuerza en el año 2007, después que Blair dejara su puesto como primer ministro de Gran Bretaña. El presidente francés Nicolás Sarkozy fue el primer dirigente en proponer a Blair como primer presidente de Europa. En un discurso dado en enero de 2008, Sarkozy dijo esto respecto de Tony Blair:

> Es inteligente, valiente y cordial. Lo necesitamos en Europa. ¿Cómo podemos gobernar un continente de cuatrocientos cincuenta millones de personas si se cambia al presidente cada seis meses y este tiene que gobernar a su país al mismo tiempo? Quiero un presidente escogido desde arriba, no un candidato de compromiso, y que sirva por dos años y medio[11].

A medida que rastreamos estos desarrollos hacia una unidad cada vez mayor y un poder más centralizado entre las naciones europeas, podemos ver un nuevo imperio en ciernes, un imperio que ocupa el mismo territorio del antiguo imperio romano. Volviendo a Daniel para un mayor discernimiento de la naturaleza de esta creciente coalición, nos intriga el modo en que la describe como una mezcla de dos materiales no coherentes. Ya sabemos que el hierro representaba la fortaleza del antiguo imperio romano. No obstante, en el recién constituido imperio la profecía nos dice que el hierro estará mezclado con barro. El barro no se parece a los demás materiales que componen la imagen del sueño de Nabucodonosor. El barro da la imagen de debilidad e inestabilidad.

La mejor interpretación de esta mezcla inestable es que la combinación de hierro y barro representa los diversos elementos raciales, religiosos y políticos que comprenderán esta forma final del imperio romano. Esto en realidad es lo que vemos hoy día en la manifestación inicial de la alianza europea. Aunque la UE tiene gran influencia económica y política, las culturas y los lenguajes de sus variadas naciones son tan increíblemente diversos que no se pueden mantener más unidos que el hierro y el barro, a menos que se imponga la unidad y un líder sumamente poderoso la haga respetar. Mientras la UE se dispone a elegir un presidente fuerte para un período más largo, vemos cómo se podría dar una precaria unidad.

Necesidad de renovar la vigilancia

De este breve estudio de la Europa moderna y la antigua Roma podemos empezar a entender el significado de lo que hoy día sucede en el mundo. De nuestro análisis surgen tres aspectos particulares que deberían aumentar nuestra vigilancia.

Consolidación del poder mundial

Desde la época del imperio romano no ha habido ninguna nación ni imperio con el poder para gobernar o dominar el mundo conocido. Pero esto ya se acerca. En el futuro habrá un corto período en que el mundo será unificado bajo un dirigente dominante.

Vimos en la segunda visión de Daniel que la cuarta bestia tenía diez cuernos que le salían de la cabeza. No necesitamos averiguar el significado de la bestia y de los diez cuernos, porque el mismo Daniel muestra directamente el significado del sueño que le fue dado: «La cuarta bestia será un cuarto reino en la tierra, el cual [...] a toda la tierra devorará, trillará y despedazará. Y los diez cuernos significan que de aquel reino se levantarán diez reyes» (Daniel 7:23-24). La cuarta bestia representa al cuarto reino sucesivo después de Babilonia, el cual la historia identifica con el imperio romano. Pero ya que a Roma nunca la han gobernado simultáneamente diez reyes, sabemos que esos reyes aún deben llegar al escenario de la historia mundial para gobernar un imperio recién formado que recubra el territorio del antiguo imperio romano. Hoy día la concentración de poder en la Unión Europea señala el inicio de este nuevo orden mundial.

La llegada de un nuevo líder mundial

De acuerdo con la profecía de Daniel, un dirigente supremo se levantará entre la confederación de diez naciones en Europa. «Y tras ellos se levantará otro, el cual será diferente de los primeros, y a tres reyes derribará. Y hablará palabras contra el Altísimo, y a los santos del Altísimo quebrantará, y pensará en cambiar los tiempos y la ley; y serán entregados en su mano hasta tiempo, y tiempos, y medio tiempo» (Daniel 7:24-25). Este líder saldrá de un grupo de diez para tomar el control de la nueva Unión Europea. Llegará a ser el último dictador del mundo. Lo conocemos como el anticristo, y en el capítulo 7 tendremos más que decir acerca de él. Pero el punto que ahora no debemos pasar por alto es este: la nueva Unión Europea es uno de los preludios condicionales para la venida del anticristo. Arno Froese, director ejecutivo de los Ministerios Llamada de Medianoche, escribió:

La estructura del nuevo poder europeo cumplirá las predicciones proféticas que nos indican que será implementado un nuevo sistema mundial. Una vez establecido, caerá en manos del anticristo[12].

Además nos deben quedar pocas dudas de que algo así podría ocurrir fácilmente cuando vemos cómo estadistas y políticos de mucha labia pueden gravitar hacia el poder. A Paul-Henri Spaak, primer presidente de la Asamblea General de la ONU, primer presidente del Parlamento Europeo y ex secretario general de la OTAN, se le atribuye haber hecho esta asombrosa declaración:

No necesitamos otro comité. Ya tenemos demasiados. Lo que queremos es un hombre de suficiente importancia para mantener la lealtad de todas las personas, y para sacarnos del laberinto económico en que nos estamos hundiendo. Envíennos tal hombre y sea dios o el diablo, lo recibiremos[13].

Declaraciones como esta nos dejan helados. Muestran que, en su ignorancia, el mundo como un todo abrazará realmente el poder que buscará esclavizarlo. La Unión Europea es la astilla que espera la chispa del anticristo para inflamar el mundo con una maldad sin precedentes. Este es sin dudas un tiempo para estar vigilantes.

Condición para el tratado con Israel

En el capítulo noveno de su profecía, Daniel nos habla de un tratado que se firmará entre su pueblo y el líder mundial que dirigirá el imperio romano re-alineado: «Y por otra semana confirmará el pacto con muchos; a la mitad de la semana hará cesar el sacrificio y la ofrenda» (Daniel 9:27). Daniel nos dice aquí que Israel firmará un tratado con el anticristo, y que este durará una «semana», literalmente en lenguaje profético, una «semana de años», o siete años. Este tratado será un intento de acabar con la controversia árabe-israelí que hoy capta la atención mundial en Oriente Medio. Después de tres años y medio se incumplirá ese tratado, y comenzará la cuenta final hacia el Armagedón.

Prestemos atención a la alarma

El escenario está ahora instalado en Europa para que ocurran estos hechos. Israel está otra vez en su tierra, el petróleo está concentrando la atención mundial en el Oriente Medio, y las naciones del antiguo imperio romano se están reunificando. Están acaeciendo hechos proféticos vaticinados desde hace mucho tiempo. Creo que cualquier persona sincera debe admitir que algo grande está pasando en el mundo. Las profecías de Daniel nos muestran de qué se trata: las manecillas del reloj profético se están moviendo hacia la medianoche. La alarma ya sonó, y debemos prestarle atención.

Vivo en San Diego, y estos días la gente de mi región se pone un poco tensa cuando se acerca el fin de octubre. Mientras en la mayor parte de la nación se cosechan calabazas en el frío, nosotros experimentamos calor extremo, baja humedad, y vientos poderosos... condiciones perfectas para fuegos devastadores que lo devoran todo a su paso.

En el 2003 experimentamos incendios destructores que consumieron más de ciento sesenta mil hectáreas de terreno, destruyeron 2 430 casas, e infligieron 2 200 millones de dólares en daños a la propiedad[14]. En octubre de 2007 el Servicio Meteorológico Nacional emitió un aviso de alerta roja, indicando que estaban dadas las condiciones para otro incendio extenso. El domingo 21 de octubre, mientras estábamos adorando en nuestro primer culto de la mañana, comenzaron a levantarse nubes de humo de mal augurio en las áreas rurales deshabitadas, a cincuenta y tres kilómetros de distancia. Al salir de la iglesia esa mañana pude ver el humo, y recordé las aterradoras imágenes de 2003.

El Cuerpo de Bomberos de San Diego, usando un nuevo y complicado sistema de alarma llamado *Reverse 9-1-1*, envió mensajes telefónicos a hogares que estaban en peligro. Los mensajes eran cortos y directos: «¡Salgan de esta región! ¡Salgan de esta región!». Miles de lugareños evacuaron sus casas, pero como siempre ocurre, algunos se negaron a salir.

En un intento por proteger su casa, un padre y su hijo de quince años decidieron quedarse cuando salió el resto de la familia. A las dos horas y media del fuego, el capitán Ray Rapue del Cuerpo de Bomberos de California les ordenó desalojar inmediatamente la región. El padre se subió a su camioneta, y su hijo a su vehículo todo terreno, y empezaron a salir de la propiedad. Pero por razones desconocidas, cuando el Motor 3387 del Cuerpo de Bomberos ingresó a la propiedad, tanto el padre como el hijo retrocedieron y volvieron a la casa.

El capitán les volvió a advertir que desalojaran debido al denso humo. El padre saltó al todo terreno con su hijo, pero la falta de oxígeno detuvo al vehículo. Los dos treparon al vehículo de los bomberos y se les advirtió que permanecieran en la cabina mientras los bomberos continuaban su trabajo. Pronto, agotado el oxígeno, el intenso calor y el asfixiante humo llevó a los bomberos a intentar su propio escape. Pero el ahora sobrecargado motor de los bomberos también se paró.

A lo que sucedió a continuación se le llama *agotamiento*. Antes que los bomberos pudieran hacer uso de sus refugios de emergencia en el interior de la cabina, las ventanas explotaron por el calor del fuego que avanzaba desde la casa rodante. El bombero Brooke Linman intentaba consolar al aterrado joven, cuando las voraces llamas entraron a la cabina. El muchacho lanzó un terrible grito al quemarse gravemente la mitad de su cuerpo. «Él se mantuvo preguntándole si íbamos a morir —informó más tarde el bombero—. Le aseguré que no íbamos a morir». El capitán ordenó a los bomberos y al joven salir de la cabina que ardía, y buscaron refugio detrás de enormes rocas en la propiedad.

Arriba, en un avión de mando, el jefe de bomberos de California Ray Chaney informó haber oído por la radio gritos irracionales de la tierra abajo. «¡Ayyyy! ¡Ayyyy! ¡Ayyyy!», vino el desgarrador sonido en lastimeros y agonizantes resoplidos. El jefe Chaney logró guiar un helicóptero a través de la densa humareda hasta unos pocos metros del grupo atrapado. Dos minutos después el helicóptero subió con su carga de heridos y rápidamente volvió por los otros dos. Todos los rescatados fueron luego transportados a un centro de traumatismos. El padre murió en ese incendio. El hijo y cuatro heroicos bomberos resultaron con graves quemaduras. Mientras escribo este capítulo, cinco meses después, el joven aún sigue hospitalizado[15].

Importancia de las advertencias

Nunca sabremos por qué este hombre y su hijo decidieron hacer caso omiso de las repetidas advertencias, pero llegó el momento en que todos los avisos fueron inútiles. Ya no había tiempo para huir. Vivir en la zona de incendios del sur de California me ha hecho consciente de la importancia de las advertencias.

Cuando miro los acontecimientos del mundo a través de los lentes de la Palabra profética de Dios me vuelvo plenamente consciente de las señales de aviso. Pero las señales solo son útiles si les hacemos caso. A medida que el reloj profético se mueve hacia su golpe final, no debemos esperar hasta que sea demasiado tarde para movernos del peligro. La admonición de Pablo a los creyentes romanos debería estimularnos a actuar: «Y esto, conociendo el tiempo, que es ya hora de levantarnos del sueño; porque ahora está más cerca de nosotros nuestra salvación que cuando creímos» (Romanos 13:11).

Conocer el significado detrás de los hechos que vemos en las noticias cotidianas nos ayuda a entender lo que está sucediendo en el mundo. Los titulares de hoy muestran la sabiduría de las advertencias de Pablo: es hora de levantarnos del sueño y de darnos cuenta de que las cosas no seguirán indefinidamente como hasta ahora. En realidad, como nos muestran las señales de las profecías de Daniel, las cosas están llegando a un punto crítico. Los acontecimientos nos están moviendo hacia el momento en que las advertencias serán demasiado tarde, y estaremos atrapados en el incendio destructivo de un gran mal que atribulará al mundo antes de que Cristo finalmente regrese para enderezar las cosas.

La pregunta para usted es: ¿Está poniendo atención a las advertencias? ¿Está preparado para presentarse ante Dios? ¿Ha aceptado el ofrecimiento divino de salvación? Él nos está diciendo a través de los sucesos que nos rodean que pronto habrá desaparecido la ventana de la oportunidad. ¡No espere por favor a que sea demasiado tarde!

Terrorismo islámico

GEORGES SADA ERA UN GENERAL DE LA FUERZA AÉREA bajo Saddam Hussein. Aunque étnicamente iraquí, Georges no era musulmán, sino cristiano asirio. Se negó a unirse al partido Baath bajo Saddam, lo cual le obstaculizó su ascenso a los rangos de poder. Pero él era militarmente un héroe, y el hombre al que Saddam acudía para oír la verdad respecto de asuntos militares, porque Saddam sabía que sus hombres, que a todo le decían amén, solo le dirían lo que él deseaba oír.

En su libro, *Saddam's Secrets: How an Iraqi General Defied and Survived Saddam Hussein* [Los secretos de Saddam: Cómo un general iraquí desobedeció a Saddam Hussein y sobrevivió], Sada habla de la creciente influencia del islamismo alrededor del mundo:

A menudo me preguntaban acerca de los militantes islámicos y de la amenaza del terrorismo global. Más de una vez me han preguntado respecto del significado de las palabras árabes *Fatah* [partido nacionalista palestino] y *Yihad* [guerra religiosa contra los que no son

islámicos]. Lo que normalmente respondo es que para los seguidores
de la rama belicosa del islamismo, estas doctrinas expresan la creencia
de que Alá les ha ordenado conquistar las naciones del mundo tanto
por invasión cultural como por medio de espada. En algunos casos
esto significa movilizar miles de familias musulmanas dentro de una
tierra extranjera (construyendo mezquitas, cambiando la cultura de
adentro hacia fuera, y negándose a asimilar o adoptar las creencias o
valores de esa nación) a fin de conquistar la tierra para el islamismo.
Esta es una doctrina odiosa, sin embargo […] se está llevando a cabo
hoy día a través de seguidores de esta clase de islamismo[1].

Sada continuó advirtiendo a los estadounidenses que no deben
creer que la revolución islámica fuera un problema de Oriente Medio
ni Europa. El objetivo final de ellos es conquistar a Occidente y a
Estados Unidos:

No se detendrán por apaciguamiento. No les interesan las soluciones políticas. No quieren ayuda social… su animosidad no la causa
el hambre, la pobreza ni nada semejante. Solo entienden una cosa:
conquista total y completa de Occidente y de cualquiera que no se
incline ante ellos, y ante su peligrosa y obsoleta ideología de odio
y venganza[2].

Los estadounidenses parecen no tomar en serio la amenaza del islamismo. Es más, el Centro de Investigaciones Pew dice que los ciudadanos estadounidenses están totalmente ajenos al peligro potencial de
los musulmanes radicales. «Según los resultados de una encuesta realizada hace poco, el 58% de los estadounidenses indicaron que sabían o
"muy poco" o "nada" respecto de la religión musulmana, el islamismo
[…] la religión de más rápido crecimiento en Estados Unidos»[3].
Según Sada, los estadounidenses son particularmente vulnerables a
la proliferación de islámicos belicosos porque nuestros enemigos sacan
ventaja de características que consideramos socialmente positivas:

No me es fácil decir lo que quiero expresar a continuación, pero creo que de todos modos debo decirlo. Uno de los aspectos más agradables del pueblo estadounidense es que son personas generosas y amigables, y debido a esto a veces son ingenuos y demasiado confiados. Ustedes quieren ser amigables, así que se abren a la gente y luego se sorprenden de que les den una puñalada trapera. Por esto han muerto muchos jóvenes y valientes soldados en Irak, pero creo que esto también es parte del problema con el Departamento de Estado y otros en el gobierno que no entienden la verdadera naturaleza de este enemigo[4].

El libro del general Sada enfoca un fenómeno importante que está pasando hoy en el mundo, y del que todos deberíamos querer saber más. El aumento del islamismo radical ha cambiado las vidas de todos, especialmente desde el 9-11. Lo experimentamos cada vez que esperamos en una línea de seguridad en un aeropuerto, cada vez que oímos los reportes noticiosos de otro bombardeo terrorista, y realmente cada vez que prendemos las noticias y oímos a los periodistas y comentaristas hablar de cómo está creciendo la cultura islámica en nuestra propia tierra. La mayoría de nosotros no sabemos cómo responder. Oímos por una parte que el islamismo es una amenaza importante para nuestro mundo, y por la otra que los musulmanes son incomprendidos y que lo único que desean es estar en paz con nosotros. En este capítulo espero mostrar lo que está pasando en el mundo detrás de los titulares, y dar información sobre cómo comprender y tratar con el novedoso aumento del islamismo.

¿Es belicoso o pacífico el islamismo?

El año pasado la cadena Fox News transmitió un especial llamado «Islamismo radical: Terror en sus propias palabras», el cual reveló «los perversos objetivos del islamismo radical». El documental incluyó fragmentos impactantes de la televisión islámica en que se muestran a líderes políticos y eclesiásticos que recomiendan abiertamente los ataques contra los Estados Unidos e Israel. El documental también incluía muestras de programas de la televisión islámica en que niños cantaban su deseo de participar en la violenta *yihad* o de convertirse en terroristas suicidas. El programa siguió mostrando secuencias nunca antes transmitidas de una concentración islámica en California donde se le dijo a la audiencia: «Un día ustedes verán la bandera del islamismo sobre la Casa Blanca»[5].

Más recientemente, Al-Aqsa, la estación televisiva de Gaza, propiedad del Movimiento de Resistencia Islámica, Hamas, transmitió un programa infantil en que un niño marioneta se escabulle dentro de la Casa Blanca, mata al presidente George W. Bush con «la espada del islamismo», y jura que «la Casa Blanca se convertiría en una mezquita»[6].

Frente a esta clase de reportes, uno de los misterios más sorprendentes y desestabilizadores respecto del islamismo es el constante desacuerdo de parte de algunos líderes musulmanes de ser un pueblo que ama la paz. Pero incluso mientras afirman esto, los terroristas islámicos siguen asesinando brutalmente a cualquier persona o grupo en quienes encuentren falta. En su prólogo al libro de Don Richardson, *The Secrets of the Koran* [Los secretos del Corán], el ex musulmán chiíta radical Reza F. Safa preguntó:

> Si el islamismo es una religión pacífica, ¿por qué Mahoma participó en cuarenta y siete batallas? ¿Por qué en todas las campañas en que los ejércitos musulmanes han peleado a través de la historia han asesinado hombres, mujeres y niños que no se pusieron de rodillas ante el señorío del islamismo? El reinado de terror de hombres como Saddam Hussein, Khomeini, Khadafi, Idi Amín y muchos otros dictadores musulmanes son ejemplos modernos. Si

el islamismo es tan pacífico, ¿por qué hay tantos versículos en el Corán acerca de matar a los infieles y a quienes rechacen el islamismo? Si el islamismo es pacífico, ¿por qué no hay una sola nación musulmana que permita libertad de religión y de expresión? ¡Ni una! Si el islamismo es pacífico, ¿quién está impartiendo esta atroz violencia a centenares de grupos islámicos en todo el mundo que asesinan personas inocentes en nombre de Alá?

Sin embargo, desde que se reconoció a Israel [...] hombres como Khadafi y Osama bin Laden han estado soplando el polvo de la espada de una violenta religión que invade al mundo[7].

Para lograr entender estos dos lados contradictorios del islamismo debemos ahondar en la historia de cómo se formó la religión y qué creencias mantiene hoy día.

Historia del islamismo

Will Durant escribió en su libro *The Age of Faith* [La era de la fe]:

En el año 565 murió Justiniano, emperador de un gran imperio. Cinco años después nació Mahoma en el seno de una familia pobre, en un país con las tres cuartas partes de desierto, escasamente poblado por tribus nómadas cuya riqueza total apenas podría haber amoblado el santuario de Santa Sofía. Nadie en esos días habría soñado que un siglo después estos nómadas conquistarían la mitad del Asia bizantina, toda Persia y Egipto, la mayor parte del norte de África, y que se abrirían camino dentro de España. La explosión de la península árabe en la conquista y conversión de la mitad del mundo mediterráneo es el fenómeno más extraordinario de la historia medieval[8].

El nombre *islamismo* significa literalmente *sumisión*. Un musulmán es «alguien que se somete a Dios». De acuerdo con cálculos conservadores, hoy día hay cerca de mil quinientos millones de musulmanes en el mundo. Aproximadamente un millón cuatrocientos mil viven en los Estados Unidos, y representan más o menos 6% de la población adulta estadounidense. Aunque por lo general asociamos al islamismo con el Oriente Medio, las mayores poblaciones musulmanas en la actualidad están en Asia[9].

Según la tradición islámica, su fundador, Mahoma, nació en La Meca (en la actual Arabia Saudita) en el año 570 d.C. La Meca era un próspero centro de peregrinaje religioso, con numerosos templos y estatuas en dedicación a los muchos dioses que el pueblo árabe adoraba en esa época.

El padre de Mahoma murió antes del nacimiento del profeta, y su madre murió cuando él tenía seis años. Lo crió su tío paterno, y al crecer se volvió conductor de camellos y luego comerciante; a los veintiséis años de edad se casó con la acaudalada propietaria de una caravana llamada Jadiya, quien tenía cuarenta años y se había divorciado cuatro veces. A pesar de la edad de Jadiya, ella y Mahoma tuvieron seis hijos.

Durant observó más adelante: «El yerno de Mahoma, Ali, describió a su suegro como "de mediana estatura, ni alto ni bajo. Tenía el cutis blanco sonrosado, los ojos negros, y el copioso, brillante y hermoso cabello le caía sobre los hombros. La profusa barba le llegaba al pecho. [...] Tenía tal dulzura en el rostro que nadie, una vez en su presencia, podía dejarlo. Si me hallaba hambriento, una simple mirada al rostro del profeta hacía desvanecer el hambre. Ante él todos olvidaban sus penas y sufrimientos"»[10].

Mahoma trabajó en profesiones que lo pusieron en contacto con gran cantidad de cristianos y judíos que lo llevaron a cuestionar la religión de su propio pueblo. Tenía cuarenta años de edad, y meditaba en una cueva en las afueras de La Meca cuando recibió su primera revelación. De ahí en adelante, según su testimonio, Dios le reveló ocasionalmente mensajes, los cuales declaraba al pueblo.

Estos mensajes que Mahoma recibió durante toda su vida forman los versículos del Corán, el cual los musulmanes consideran la divina palabra de Dios.

En el siglo séptimo del mundo árabe de Mahoma, la gente adoraba más de trescientos sesenta dioses distintos, uno por cada día del año lunar. Uno de estos era el dios luna, la contraparte masculina del femenino dios sol. Al dios luna se le llamaba por varios nombres, uno de los cuales era Alá, y este era el dios favorito de la familia de Mahoma. Como lo explica el Dr. Robert Morey, «el nombre literal árabe del padre de Mahoma era Abd-Alá. El nombre de su tío era literalmente Obied-Alá. Estos nombres [...] revelan la devoción personal que la familia pagana de Mahoma expresaba hacia la adoración a Alá, el dios luna»[11].

Cuando Mahoma empezó a promover su nueva religión, fue solo natural que decidiera elevar al dios luna, Alá, y declararlo como el único Dios verdadero. Su devoción a Alá era resuelta y feroz, y en el establecimiento y la extensión de su religión del islamismo, Mahoma masacró a miles de personas que rechazaron la conversión. Como muestran las instrucciones que él da a sus seguidores, no hay sutileza en su técnica proselitista. Abd El Schafi, experto en antigua erudición musulmana, nos informa: «Una de las populares afirmaciones de Mahoma es que Dios le ordenó pelear con los pueblos hasta convertirlos en musulmanes. [...] Todos los eruditos musulmanes sin excepción concuerdan con esto»[12].

La oposición en La Meca obligó a Mahoma y sus seguidores a huir en el 620 d.C. a Medina, donde llegó a ser director de la primera comunidad musulmana. En el 631 regresó a La Meca, donde murió al año siguiente. A su muerte, la comunidad islámica se dividió tremendamente por el asunto de quién sucedería a Mahoma. Aun hoy sobrevive esa división en las dos sectas islámicas, conocidas ahora como chiítas y sunitas. El conflicto entre estas dos sectas es uno de los principales puntos de tensión en Irak y en todo el mundo islámico.

A la muerte de Mahoma, el grupo que conocemos como sunitas siguió el liderazgo de Abu Bakr, sucesor personalmente escogido de Mahoma. Los sunitas componen ahora casi el 90% del mundo islámico. Creen que los dones espirituales de Mahoma murieron con él y que su única autoridad hoy en día es el Corán. El partido Baath de Saddam Hussein era parte de la secta sunita.

Los chiítas sostenían que Mahoma había transmitido un legado de autoridad personal además del Corán, llamado el Hadit, como explica el escritor Winfried Corduan:

> Los chiítas, por otra parte, se identificaron con el yerno de Mahoma, Alí, a quien veían como poseedor de un legado espiritual recibido directamente del profeta. Los chiítas creen que sus líderes, los imanes, tienen autoridad equivalente al Corán. Los chiítas sostienen la creencia de que el decimosegundo imán entró a lo oculto hace centenares de años y sigue viviendo allí hasta que regrese como el Mahdí… ¡el mesías musulmán![13].

Cuando Abu Bakr sucedió a Mahoma, él y sus sucesores lanzaron *yihads* (o guerras santas) que extendieron la religión islámica desde el norte de España hasta India y amenazaron a la Europa cristiana. Los cristianos resistieron la amenaza, y una serie de guerras siguió a esa manada de invasores para devolverlos a los países del Oriente Medio, donde aún dominan. Sin embargo, no ha disminuido el celo de los musulmanes por hacer que su religión domine el mundo, y esta sigue siendo una amenaza para todo el que no se mantiene vigilante.

Prácticas del islamismo

Los musulmanes sunitas establecen cinco actos de adoración, a los cuales frecuentemente se refieren como los cinco pilares del islamismo. La adoración chiíta comprende ocho prácticas rituales, pero estas en parte coinciden y abarcan los mismos cinco pilares del islamismo que son practicados por los sunitas. Estos son los cinco pilares[14]:

1. *Recitar la* shahada: La *shahada* es el credo islámico: «No hay más dios que Alá y Mahoma es su profeta». Recitarla es deber de todo musulmán.

2. *Orar (salat)*: Los musulmanes oran mientras se inclinan hacia La Meca cinco veces cada día: temprano en la mañana, al inicio y a la caída de la tarde, a la puesta del sol, y una hora después de la puesta del sol.

3. *Ayunar (SACM)*: Los musulmanes se abstienen de comer en las horas de luz del día durante el mes del Ramadán. Este mes está dedicado a la meditación y reflexión, y termina con una gozosa celebración.

4. *Dar limosnas (zakat)*: A los musulmanes se les exige dar 2,5% (un cuadragésimo) de sus ingresos para los pobres y aquellos en necesidad. Podrían dar más como medio de obtener más recompensa divina, pero el 2,5% es un mínimo obligatorio. El porcentaje se basa en la cantidad de riqueza acumulada o ingreso tenido durante un año lunar por sobre un mínimo de tres onzas de oro.

5. *Hacer peregrinación (hach)*: Los capacitados física y económicamente deben visitar La Meca al menos una vez durante su vida. Por lo general el viaje dura al menos una semana e incluye muchas paradas en otros sitios santos a lo largo del camino.

El odio del Islam

Sin duda la palabra más aterradora asociada con el islamismo es *yihad*. A veces llamada el «sexto pilar» del islamismo, *yihad* en realidad significa «lucha». La «yihad mayor» es la lucha interior de cada musulmán para someterse a Alá. La «yihad menor» es la lucha exterior para defender la comunidad islámica. Esta es la yihad que infunde temor en el corazón de cualquiera que rechaza el islamismo radical. Estos musulmanes toman la yihad para referirse a la violenta defensa del Islam; les autoriza la expansión de la religión islámica incluso por medio de agresión mortal.

El odio declarado hacia Occidente y expresado en yihad ya ha arrojado muchos ataques mortales, y no ha disminuido el fanatismo que los produjo. En su libro, terminado días antes de que la asesinaran, la ex primera ministra de Pakistán Benazir Bhutto escribió que uno de los principales objetivos de los militantes era:

> ...provocar un choque de civilizaciones entre Occidente y [...] el Islam. La gran esperanza de los militantes es una colisión, una explosión entre los valores de Occidente y lo que los extremistas afirman ser los valores del islamismo. [...] Los ataques del 11 de septiembre de 2001 anunciaron el sueño de confrontación sangrienta [...] si los fanáticos y extremistas se imponen [...] entonces un gran *fitna* (desorden por cisma o división) asolaría al mundo. Aquí yace el objetivo final de ellos: el caos[15].

El odio que tienen los musulmanes por los judíos no necesita documentación. Pero el regreso de Israel a su patria en 1948 llevó este odio a un nivel de furia asesina. Los militantes y radicales se refieren a Israel como «el pequeño Satanás» y a los Estados Unidos como «el gran Satanás», y están decididos a borrar del mapa a los dos países.

Aunque la mayoría de los mil quinientos millones de musulmanes en el mundo no quieren participar de esta violencia mortal, y tratan de vivir en paz con sus vecinos, la cantidad de radicales que predican violencia y terror crece rápidamente en todo el mundo. Los expertos afirman que entre el 15 y el 20% de los musulmanes son lo bastante radicales para atarse una bomba en el cuerpo con el fin de matar cristianos y judíos. Si esta cantidad es exacta, significa que más o menos trescientos millones de musulmanes están dispuestos a morir para eliminarnos a usted y a mí.

Para tener una imagen de cuán amargamente odia el Islam a judíos y cristianos, solo hay que escuchar las alocuciones de sus clérigos y dirigentes. Hace poco, el jeque Ibrahim Mdaires ofreció un sermón en una mezquita en la Franja de Gaza que fue transmitido en vivo al mundo árabe. El texto de ese sermón ha circulado por todo el mundo. Representa las alarmantes doctrinas y actitudes que se enseñan y predican en muchas mezquitas y escuelas islámicas.

> Con el establecimiento del estado de Israel, toda la nación islámica estaba perdida, porque Israel es un cáncer. [...] Los judíos son un virus semejante al SIDA, del cual sufre todo el mundo. Ustedes descubrirán que los judíos han estado detrás de todos los conflictos civiles en este mundo. Los judíos están detrás del sufrimiento de las naciones. [...] Nosotros [los musulmanes] hemos gobernado antes el mundo, y por Alá, llegará el día en que volveremos a gobernar el mundo entero. Llegará el día en que gobernaremos a Estados Unidos. Llegará el día en que gobernaremos a Gran Bretaña y al mundo entero... excepto a los judíos. Los judíos no disfrutarán una vida de tranquilidad bajo nuestro dominio, porque son traicioneros por naturaleza, como lo han sido durante toda la historia. Llegará el día en que todo estará libre de judíos. [...] Escuchen al profeta Mahoma, quien les habla del mal que espera a los judíos. Las piedras y los árboles querrán que los musulmanes acaben con todo judío[16].

Si esta diatriba no le da a usted suficientes motivos para creer que el islamismo es el enemigo de Estados Unidos y del cristianismo, considere que hoy, mientras escribo estas palabras, no hay una sola de las cincuenta y cinco naciones predominantemente musulmanas en que no se persiga a los cristianos. Como lo advirtiera el general Sada, no nos podemos dar el lujo de cesar nuestra vigilancia en nombre de la ingenua tolerancia y del multiculturalismo.

Esperanzas del Islam

Discursos como el de Mdaires nos muestran que el islamismo radical tiene una visión de su futuro que no es nada agradable para quienes se interponen en su camino. A fin de entender mejor esta visión veremos ahora brevemente algunos de los objetivos que el mundo islámico espera lograr.

El Islam espera gobernar el mundo

En su libro *Secrets of the Koran*, Don Richardson narra la escalofriante historia del plan islámico de obtener el control político y religioso de todo el mundo:

> El mundo debe estar advertido. Al menos cuarenta millones de jóvenes musulmanes en seminarios religiosos del mundo musulmán, llamados madrasas, están memorizando ávidamente todo el Corán más un conjunto generalmente extremista de tradiciones relacionadas: los *hadit*. [...] Estos institutos son terrenos de cultivo para potenciales terroristas. [...] El odio hacia los judíos y los cristianos (en gran parte sinónimos de Israel y Estados Unidos), y el desprecio general por todos los no musulmanes [...] se inculcan profundamente. [...] Dicho con sencillez, cuarenta millones de aprendices en madrasas musulmanas son una bomba nuclear social.
>
> Considere esto de parte del profesor Mochtar Buchori, miembro del parlamento indonesio: Si sumamos todas las universidades,

los institutos, los colegios y las escuelas primarias en los Estados Unidos, descubrimos que suman aproximadamente veinticuatro mil instituciones. Sin embargo, ¡Buchori habla de 37.362 madrasas solamente en Indonesia! De estas solo 8% tiene algún aporte del gobierno indonesio. La enseñanza en el 92% restante está controlada por clérigos musulmanes[17].

Tradicionalmente los cursos de idioma árabe en los Estados Unidos se han enseñado solo en universidades, mezquitas y colegios islámicos. Pero esto ha cambiado recientemente. En septiembre de 2006, la Escuela Primaria Carver, escuela de kindergarten al octavo grado de San Diego financiada con fondos públicos, absorbió dentro de su inscripción a cerca de cien estudiantes de una desaparecida escuela que servía principalmente a musulmanes somalíes. Para adaptar las costumbres religiosas especiales de los niños musulmanes, la administración en realidad formó una escuela islámica dentro de una escuela estadounidense. Las adaptaciones incluyeron agregar cursos en idioma árabe, modificar el menú de la cafetería conforme a las restricciones alimentarias islámicas, proveer clases con separación de género, y establecer recesos en la tarde a fin de dar cabida a la oración especificada para esa hora del día… ¡todo a un costo adicional de $450 000 para el distrito escolar!

Exactamente cuando Carver se adaptaba a esta disposición, un maestro sustituto observó que la oración musulmana de la tarde la dirigía un empleado del distrito escolar. El maestro sustituto reportó el aparente «adoctrinamiento» de estudiantes al islamismo en una sesión pública de la junta escolar. Empezaron investigaciones a los acuerdos y a la aparente doble norma que prohíbe el cristianismo en instituciones públicas y sin embargo da cabida a «un intento organizado de presión pública de conformidad con la ley islámica»[18].

Aquí vemos representada en forma tangible la advertencia del general Sada. Los estadounidenses queremos ser agradables. Queremos dar cabida. Queremos creer que si somos tolerantes con los demás, los demás corresponderán. Tendemos a olvidar la advertencia del general de que los belicosos musulmanes no piensan de ese modo, y que cada centímetro que entreguemos en forma de acuerdo, ellos lo tomarán como conquista.

Una cosa es leer acerca de la determinación musulmana de controlar el mundo, otra muy distinta es ver que eso ocurre exactamente delante de nuestros ojos, como pasa en Europa. La más alarmante y no reportada migración social de nuestra época es la islamización de Europa, la cual se realiza considerablemente en los territorios del antiguo imperio romano que analizamos en el capítulo anterior. Tony Blankley del *Times* de Washington dedicó su libro, *The West's Last Chance* [La última oportunidad de Occidente], a hacer sonar una alarma acerca de esta infiltración islámica. Así es como él ve esta amenaza para la cultura occidental:

En gran parte de Occidente, y particularmente en Europa, hay una ciega negación de que el islamismo radical esté transformando el mundo. La mayor parte de las élites europeas y demasiados políticos y periodistas estadounidenses creen que nuestros retos son como de costumbre el comercio y la política. Se trata de ovejas que no logran ver al lobo metido en el bosque. [...] La amenaza de que los islamistas radicales tomen el control de Europa es absolutamente tan grande para los Estados Unidos como fue la amenaza de que los nazis dominaran Europa en la década de 1940. No podemos tolerar la pérdida de Europa. No podemos tolerar la visión de una Europa transformada en plataforma de lanzamiento para la guerra santa islámica.

La amenaza moral que enfrentamos no viene solo de Osama bin Laden y unos cuantos miles de terroristas. Al contrario, estamos lidiando con el mundo islámico —una quinta parte de la humanidad— en confusión e insurrección como no se ha visto al menos en quinientos años, por no decir mil quinientos años. Aún no se ha medido la magnitud de este trastorno cultural. [...] Para señalar lo evidente, el resurgimiento de un islamismo belicoso llevó a Estados Unidos a pelear dos guerras en naciones musulmanas en dos años, trastrocó la alianza de Estados Unidos con Europa, ocasionó la más grande reorganización del gobierno estadounidense en medio siglo (con la creación del Departamento de Seguridad de la Nación), cambió resultados de elecciones en Europa, y amenazó la estabilidad de la mayoría de los gobiernos del Oriente Medio[19].

Podemos ver y resistir fácilmente los efectos de la guerra santa en el belicoso terrorismo, pero no logramos ver y resistir la estrategia más sutil que los musulmanes llaman *fatah*. *Fatah* es infiltración, entrar en un país en cantidades suficientemente grandes para afectar la cultura. Significa sacar ventaja de leyes tolerantes y políticas complacientes para insertar la influencia del Islam. En lugares donde no triunfaría una invasión militar, los métodos lentos, sistemáticos e implacables del *fatah* están conquistando naciones enteras. Dos ejemplos son ilustrativos, el primero relacionado con Francia:

> Lo que estamos viendo en muchos lugares es una «revolución demográfica». Algunos expertos están proyectando que el 80% de la población de Francia será musulmana en el año 2040. En ese momento la mayoría musulmana controlará el comercio, la industria, la educación y la religión en ese país. Por supuesto, también controlará el gobierno, y además ocupará todos los puestos clave en el parlamento francés. Y un musulmán será el presidente[20].

En Inglaterra también está ocurriendo la islamización, pero allí los musulmanes no están esperando que crezca más la población para instituir el *fatah*. Fomentan su meta de dominar sacando ventaja de la política británica de tolerancia pluralista. Un ejemplo ocurrió en septiembre de 2006 cuando John Reid, ministro británico del interior, dio un discurso ante padres musulmanes en el oriente de Londres, animándolos a proteger a sus hijos de la presión para convertirse en terroristas suicidas. En la audiencia se hallaba un líder musulmán fundamentalista con túnica y turbante, que había alabado abundantemente a los terroristas suicidas del horrible ataque al sistema de transporte de Londres. El tipo se levantó y a gritos hizo callar al orador. Despotricó del ministro del interior por cinco minutos, gritando: «¿Cómo se atreve usted a venir a territorio musulmán? [...] Estoy furioso. Estoy absolutamente furioso... John Reid no debería entrar en un territorio musulmán». Los musulmanes no solo están inmigrando en grandes cantidades a naciones occidentales, sino que también reclaman el derecho de mantener fuera de sus asentamientos a los ciudadanos nativos. El aislamiento de Londres en «zonas donde no entran sino musulmanes» es una controversia continua en la prensa británica[21].

A principios de este año en la ciudad de Oxford —donde Hugh Latimer, Nicholas Ridley y Thomas Cranmer sufrieron martirio por su fe cristiana y donde se inició el famoso Movimiento Oxford— los setecientos miembros de una mezquita, la cual está valorada en dos millones de libras británicas, solicitaron «su derecho como ciudadanos británicos a practicar su fe». ¿Qué derecho exigían? El derecho de trasmitir un *adhan* (llamado musulmán a la oración) desde el minarete de la mezquita tres veces al día. El amplificado llamado se oiría a más de kilómetro y medio de distancia, lo que significaba que el volumen perturbaría las vidas de innumerables personas que no son musulmanas. Un profesor de la Universidad de Oxford resumió así la controversia: «No es asunto del derecho de individuos a la libertad religiosa, sino de hacer del islamismo la religión del espacio público»[22].

A inicios de 2008 el arzobispo inglés de Canterbury, Rowan Williams, dio al mundo un asombroso ejemplo de la afirmación del general Sada sobre la ingenuidad occidental en cuanto a las intenciones islámicas. Williams manifestó a un corresponsal de BBC que la creciente población islámica en Gran Bretaña la hacía ventajosa para ser complacientes. Afirmó que «el Reino Unido debía enfrentar la realidad» de que «parece inevitable» que el sistema legal del Islam, la ley *sharia*, «sea incorporado a la ley británica». La frase que usó para esta mezcla de leyes fue «acuerdo constructivo»[23]. La ley *sharia*, derivada del Corán y de las enseñanzas de Mahoma, es el sistema legal por el cual deben vivir los musulmanes. La ley en Occidente es bastante benévola y trata principalmente con la familia y los negocios. Pero en las naciones musulmanas puede incluir aspectos tales como «matar por honor» en casos de presunta inmoralidad.

Algunos prevén la incorporación de la *sharia* en la ley inglesa como un golpe fatal al cristianismo histórico de Inglaterra. Una reciente encuesta del Sínodo General de la Iglesia de Inglaterra reportó que «el 63% teme que dentro de una generación la iglesia resulte deshecha, rompiendo un vínculo que ha existido desde la Reforma entre la Iglesia y el Estado»[24]. La controversia no es simplemente acerca de permitir la libertad religiosa, sino más bien de cuán insoportable debería permitir una nación tolerante que sea una religión inmigrante.

Usted quizá oiga otras expresiones usadas para describir el objetivo islámico de dominio mundial. Por ejemplo, «jihad biológica» o «jihad demográfica» describen la estrategia no violenta de los musulmanes que ingresan a Europa y a Occidente y que tienen más bebés que sus anfitriones. Dentro de algunas generaciones esperan repoblar con su propia gente a culturas tradicionalmente cristianas, y sin duda están bien encaminados para alcanzar ese objetivo. Según un informe del Vaticano emitido recientemente, la Iglesia Católica Romana entiende esto: «Por primera vez en la historia ya no estamos en la cima: los musulmanes nos han superado»[25].

El Islam espera el resurgimiento de su mesías

Esta esperanza islámica surgió en una alocución del presidente iraní Mahmoud Ahmadinejad, discípulo del ayatolá Khomeini, el clérigo que emprendió la triunfal revolución de 1979 que convirtió a Irán en un severo estado islámico. Ahmadinejad fue llamado en el año 2005 ante el Consejo de Seguridad de las Naciones Unidas para que explicara su persistente determinación de desarrollar armas nucleares. Comenzó su discurso declarando: «En el nombre del Dios de misericordia, compasión, paz, libertad y justicia», y lo concluyó con esta oración: «Oro porque ustedes apresuren la aparición de su último depositario, el prometido, ese ser humano perfecto y puro, el que llenará este mundo con justicia y paz»[26]. El «prometido» en la oración de Ahmadinejad era una referencia al decimosegundo imán, un personaje en la enseñanza chiíta que es análogo a la figura de Al-Mahdí en la enseñanza sunita. En esencia, ambos títulos se refieren al mesías islámico que aún está por venir.

El Islam chiíta cree que el decimosegundo imán puede aparecer solo durante una época de caos mundial. Esto explica muchas de las acciones desafiantes de Ahmadinejad: por qué sigue adelante con su programa nuclear a pesar de la censura mundial, y por qué es categórico en cuanto a destruir a Israel. En un vergonzoso discurso en Teherán el 25 de octubre de 2005, expresó: «Israel debe ser borrado del mapa», y advirtió a los dirigentes de las naciones musulmanas que reconocieran al Estado de Israel, que «enfrentarían la ira de su propia gente»[27]. Con estas acciones desafiantes y divisivas, Ahmadinejad está fomentando el ambiente caótico que cree que inducirá a venir al mesías islámico. En un discurso televisado en enero de 2008, reiteró: «Lo que ahora tenemos es exactamente el último capítulo. […] Aceptemos que la vida de los sionistas terminará tarde o temprano»[28]. El 14 de marzo de 2008, Ahmadinejad «barrió en las elecciones con casi un 70% de apoyo»[29].

El mundo en general parece estar empezando a tomar en serio a Ahmadinejad, pero los israelíes están totalmente convencidos. Comprenden que está decidido a destruirlos. Y el profeta Ezequiel respalda esa comprensión; nos dice que el odio que tiene Irán (Irán es el actual nombre de la Persia bíblica) hacia la nación judía representará un papel trascendental en una importante batalla al final de los tiempos.

John Walvoord resume así la escena:

> El aumento del terrorismo islámico está preparando el escenario para los eventos de Ezequiel 38 y 39. Estos capítulos profetizan una invasión a Israel en los tiempos finales mediante una enorme coalición de naciones, todas las cuales hoy día son islámicas a excepción de Rusia. Israel ha dicho que un nuevo «eje de terror» —Irán, Siria y el gobierno palestino gobernado por Hamas— está sembrando las semillas de la primera guerra mundial del siglo XXI. El crecimiento del islamismo, y en especial del terrorismo islámico radical, anuncia de manera sorprendente la gran profecía de Ezequiel[30].

Aunque la esperanza de un mesías islámico sin duda es vana, el caos que los líderes radicales islámicos están creando para producir esa esperanza es demasiado real y mortal. Tan mortal que se dará lugar a muchas de las profecías bíblicas relacionadas con los tiempos finales acerca de las creencias y acciones del islamismo radical. Y estamos empezando a sentir la presión de esos acontecimientos inminentes en el aumento y la rápida expansión del radicalismo islámico en nuestra propia época.

Cómo reaccionar ante la amenaza islámica

¿Cómo estamos respondiendo al incremento del radicalismo islámico? Temo que no muy bien. En general, aquellos que dan forma a nuestra cultura y nuestras políticas parecen confirmar la observación del general Sada de que «no entendemos la verdadera naturaleza de este enemigo». En nuestra prisa por ser democráticos, tolerantes y globales complacemos sin querer la programación radical de la conquista islámica. Debemos dejar de ser engañados por esta amenaza. No debemos ceder terreno, y debemos afirmar verdades a las que muchos parecen dispuestos a renunciar en el nombre de la tolerancia y la complacencia. Si usted está buscando un lugar dónde empezar, he aquí dos verdades en las cuales veo mucha confusión hoy en día. Es importante que afirmemos estas verdades para mantener un claro entendimiento del enorme cisma entre el cristianismo y el islamismo.

«Alá» no es otro nombre del Dios de la Biblia

Fox News promovió a mediados de agosto de 2007 un verdadero festín en usuarios del blog al reportar que el obispo católico holandés de setenta y un años de edad Muskens de Breda «quiere que todo el mundo llame "Alá" a Dios». Fox citó la entrevista de Muskens en un programa de la televisión holandesa en que afirmaba: «Alá es una palabra muy hermosa para Dios. ¿No deberíamos todos decir que de ahora en adelante debemos llamar "Alá" a Dios?». Más adelante el obispo añadió: «¿Qué le importa a Dios cómo lo llamemos?». El analista de noticias de Fox, católico romano, discrepó del obispo, declarando: «Las palabras y los nombres significan cosas. Referirse a Dios como Alá significa algo»[31].

¡Claro que sí! Según el periodista Stan Goodenough recordara a sus lectores del *Newswire* de Jerusalén, individuos secuestran aviones en el nombre de Alá y los usan para sembrar indescriptible devastación, para volarse ellos mismos en lugares públicos llenos de gente con el objetivo de aniquilar personas inocentes, y en el nombre de Alá «millones de sujetos oran por la destrucción de Israel y de los Estados Unidos». Goodenough observó que cuando Dios se presentó a Moisés le dio su nombre como YHWH: Jehová. Luego siguió diciendo: «Él también tiene otros nombres que describen aspectos de su naturaleza y carácter. "Alá" no es ninguno de ellos»[32].

El obispo Muskens seguramente conoce los nombres bíblicos de Dios; por tanto, ¿en qué pensaba cuando instó a los cristianos a llamar Alá a Dios? Él mismo explicó: «Si los musulmanes y los cristianos se dirigen a Dios con el mismo nombre, eso contribuye a la convivencia armónica entre ambas religiones»[33]. Las mezquitas de los líderes islámicos debieron haber resonado con las palmas en alto al oír esto. Su política de *fatah* estaba funcionando a las mil maravillas. Y les debió haber ascendido el éxtasis inenarrable cuando el vocero del consejo sobre relaciones islámicas-estadounidenses aceptó de inmediato la propuesta de Muskens, manifestando: «Esto refuerza el hecho de que tanto los musulmanes como los cristianos y los judíos adoran al mismo Dios»[34].

A menudo oímos esta vergonzosa afirmación en estos días, pero nada podría estar más lejos de la verdad. ¡Categóricamente Alá y Dios no son el mismo! Afirmar lo contrario solo es una calumnia contra el verdadero Dios. Así lo explica Hal Lindsey:

> La doctrina de Satanás es que todas las religiones son igualmente válidas, que todos los caminos llevan a Dios, que Dios es impersonal, que no se le puede conocer, y que por tanto para él es irrelevante cómo lo llamemos o cómo lo adoremos. Si Alá y Dios son uno y el mismo, ¿adorar entonces a las grandes deidades hindúes, Visnú y Siva, también sería adorar a Alá y a Dios, solo que con nombres diferentes? Muy pronto todo el mundo es Dios [...] lo cual es lo mismo que decir que nadie lo es[35].

El Dios de la Biblia y el Alá del Corán no se parecen en nada. Las diferencias son enormes y no permiten posibilidad de síntesis. El Dios de la Biblia se puede conocer. Según el Corán, Alá es tan exaltado que no se puede conocer. El Dios de la Biblia es un Ser personal con intelecto, emociones y voluntad. La teología musulmana nos dice que a Alá no se le puede entender como persona. El Dios de la Biblia es espíritu. Para los musulmanes tal pensamiento es blasfemo y degrada a Alá. El Dios de la Biblia es un Dios trino. El Corán niega la Trinidad y la ve como una gran herejía. El Dios de la Biblia es un Dios de amor. Alá no tiene sentimientos emocionales hacia el hombre. El Dios de la Biblia es un Dios de gracia. Según el Corán, no hay salvador ni intercesor. Es claro que el Dios de la Biblia y Alá no son lo mismo, ¡y nunca se debe equiparar al uno con el otro![36].

El Corán no es un libro divino equivalente a la Biblia

Así como muchos dicen que el Dios de la Biblia y Alá son la misma persona, muchos también afirman que deberíamos considerar que el Corán está al mismo nivel de la Biblia. En realidad, los musulmanes creen que el Corán es la madre de todos los libros y que la Biblia le es servil. Una comparación de los dos libros mostrará lo absurdo de tal afirmación. La Biblia es una pieza maestra de cohesión, profundidad, calidad literaria, y congruencia. Dios inspiró a más de cuarenta hombres durante más de 1400 años para escribir las palabras de inspiración divina que llevan su mensaje unificado desde Génesis hasta Apocalipsis (2 Timoteo 3:16).

El Corán, por otra parte, es un libro que se contradice y que dicen que fue transmitido por el ángel Gabriel a Mahoma. Puesto que Mahoma no sabía leer ni escribir, los dichos fueron trascritos y recopilados de los recuerdos de quienes lo habían oído.

Los lectores objetivos que han leído tanto la Biblia como el Corán pueden darse cuenta enseguida de la diferencia entre la calidad y comprensibilidad de los dos libros. El historiador Edward Gibbon (1737-1794) es un ejemplo de uno de estos lectores; jamás se le podría haber acusado de cristiano, sin embargo describió el Corán como «una incoherente rapsodia de fábula, un precepto, y una declamación, que unas veces se arrastra entre el polvo, y otras se pierde en las nubes»[37].

Los musulmanes no están más allá de la gracia de Dios

Hace poco vi una calcomanía de parachoques que me hizo reflexionar; decía así: «¿Has orado hoy por Osama bin Laden?». Debo confesar que yo no lo había hecho. No obstante, Pedro nos recuerda que el Señor no quiere «que ninguno perezca, sino que todos procedan al arrepentimiento» (2 Pedro 3:9). No tengo ninguna duda de que «todos» en este versículo incluye a los musulmanes. Quizás encontremos difícil orar por enemigos confesos que amenazan con destruirnos, pero una de las características que nos asemejan a Cristo, dada por el mismo Jesús, es: «Amad a vuestros enemigos, bendecid a los que os maldicen, haced bien a los que os aborrecen, y orad por los que os ultrajan y os persiguen» (Mateo 5:44). Creo que eso incluye a Osama bin Laden y sus equivalentes islámicos radicales.

Tenemos buena evidencia de que tales oraciones son eficaces. A través del milagro de la transmisión vía satélite, nuestro programa semanal *Momento Decisivo* está disponible en casi todas las naciones árabes. De forma rutinaria nos llegan correos electrónicos y cartas de individuos que han llegado a Cristo a través del ministerio de la Palabra de Dios transmitida a sus vidas vía televisión satelital. Hace poco recibí una carta de un país árabe. El remitente nos dijo que había aceptado a Cristo y expresaba gran gratitud por el aliento que le brindaba la verdad de Dios. Una nota al final de la carta nos rogaba que no le enviáramos ningún material a su dirección. Esa posdata nos hizo comprender a cabalidad el valor que se necesita para que un musulmán en una nación islámica confiese a Cristo como Salvador.

Dios está obrando en el mundo islámico. Tenemos informes de que muchos musulmanes están siendo confrontados en sus sueños con el Evangelio. He aquí el testimonio de un árabe saudita que nació cerca de La Meca y que se crió yendo a la mezquita cinco veces al día. Durante muchas noches tuvo una aterradora pesadilla en que lo lanzaban al infierno. Este sueño, siempre vívido y horripilante, destruía la paz del hombre noche tras noche. De repente una noche Jesús se le apareció en el sueño y le dijo: «Hijo, yo soy el camino, y la verdad y la vida. Y si me entregas tu vida te salvaré del infierno que has visto».

Este joven sabía algo de Jesús por medio de las enseñanzas distorsionadas del Corán, pero no tenía idea del Jesús del Nuevo

Testamento. Así que empezó por buscar un cristiano que le pudiera ayudar. Puesto que el cristianismo está prohibido en Arabia Saudita, y puesto que pueden decapitar al cristiano que sorprendan testificando a un musulmán, la búsqueda del joven tardó bastante tiempo. Pero finalmente el Señor lo dirigió a un cristiano egipcio que le proporcionó una Biblia. Comenzó a leer, y al llegar al Nuevo Testamento fue movido a entregar totalmente su vida a Jesucristo.

Poco después un opositor del joven descubrió su conversión y lo acusó de ser cristiano. Las autoridades lo arrestaron y lo encarcelaron. En la cárcel lo torturaron y lo sentenciaron a morir decapitado. Pero en la mañana de la ejecución no apareció nadie para escoltarlo desde la celda. Dos días después las autoridades le abrieron la puerta de la celda y le gritaron: «¡Tú, demonio! ¡Sal de este lugar!»[38].

El hombre se enteró más adelante de que no se había realizado su ejecución porque el mismo día en que lo debían decapitar había muerto de manera misteriosa el hijo de su acusador. El nuevo cristiano está ahora trabajando silenciosamente para llevar a otros musulmanes a la fe en Cristo.

En este capítulo hemos explorado uno de los inquietantes hechos que están ocurriendo en el mundo actual: el aumento de la amenaza del islamismo radical. En la historia verdadera que relaté tenemos la clave para la respuesta cristiana a esta amenaza. Así lo expresó Abraham Lincoln: «La mejor manera de destruir a un enemigo es convertirlo en amigo». La mejor manera de contrarrestar la amenaza del Islam es convertir en cristianos a los musulmanes. No afirmo que esto invalidará las profecías de acontecimientos seguros por venir, pero nos dará un papel en el drama que debe representarse. Nuestras oraciones, nuestros testimonios, nuestro amor y cuidado por nuestros prójimos islámicos quizás no alejen la inevitable ola que viene sobre el mundo, pero pueden alejar la ola de determinados individuos y permitirles escapar a la ira venidera. Y eso por supuesto que vale la pena.

Desaparecidos
sin rastro alguno

UNO DE LOS PROGRAMAS DE TELEVISIÓN MÁS POPULARES es el drama *Without a Trace* [Sin rastro alguno]. Está ambientado en la unidad especial del FBI de personas extraviadas en la Ciudad de Nueva York. Cada episodio está dedicado a hallar a alguien perdido, y por lo general uno de los agentes asignados al caso desarrolla un profundo interés emocional que mantiene la historia en suspenso. En realidad el FBI no tiene unidad de personas extraviadas; las investigaciones de desaparecidos se asignan a agentes en una base «caso por caso». Sin embargo, al final de cada episodio el programa ofrece un toque de realidad proveyendo un servicio público de información para ayudar al FBI a localizar a las personas extraviadas.

Otro programa de televisión con el mismo tema de personas extraviadas fue la obra dramática de Fox Broadcasting, *Vanished* [Desaparecidos]. El argumento se centró en un senador de Georgia cuya esposa aparentemente se había esfumado. Esa serie no atrajo suficiente audiencia para sobrevivir la temporada, e hizo enojar a quienes seguían el drama cuando los trece episodios transmitidos no resolvieron el misterio.

Y misterio es exactamente lo que significa la palabra *desaparecidos*. Los titulares acerca de personas que desaparecen nos llaman la atención: «Parientes esperan noticias de marineros desaparecidos»; «Hombre desaparece después de concierto»; «Continúa búsqueda de mujer desaparecida»; «Policía habla de hombre desaparecido sin rastro alguno». Leemos tales titulares con inquietante asombro: *¿Qué le pudo haber sucedido a la persona desaparecida? ¿Cómo pudo haber estado allí un momento y no el siguiente?*

Según la Biblia, viene un momento en que esto mismo ocurrirá a gran escala mundial. ¡Viene un día en que mil millones de personas se esfumarán súbitamente de la faz de la tierra sin dejar rastro! Y cuando eso suceda será inútil llamar al FBI. Una serie de televisión basada en el misterio nunca tendría conclusión, porque nunca se volverá a ver a estas personas desaparecidas hasta que el Señor mismo regrese. ¿Cómo será este fenómeno mundial? Esa es una pregunta en las mentes de muchos que —por medio de novelas populares, sermones o escritos religiosos— han oído de este acontecimiento pero no lo entienden. Saben que los cristianos lo llaman el arrebatamiento, pero tienen muy poca idea de lo que significa o de lo que está pasando en el mundo que pueda provocar este acontecimiento. En este capítulo trataré de resolver esta confusión común.

La gran desaparición

Para algunos de nosotros son conocidas las evacuaciones masivas que dejan grandes regiones vacías y desoladas, como si sus habitantes simplemente se hubieran esfumado. Como mencioné en un capítulo anterior, pastoreo una iglesia ubicada en la zona de incendios del sur de California. En octubre de 2007 presenciamos la mayor evacuación de hogares en la historia del estado, y el más grande desalojo por incendio en la historia de Estados Unidos. El personal de emergencia evacuó 350 mil hogares, desplazando un millón de californianos mientras dieciséis incendios simultáneos se extendían por nuestra comunidad[1].

Imagine a alguien que no oyera la orden de desalojo, despertando después de que todos se hubieran ido y tropezando en medio del fastidioso humo y las calles vacías, confundido y asombrado, preguntándose por qué se ha quedado. La reacción de ese individuo no sería nada comparada con el impacto de aquellos que presencien el próximo desalojo en todo el mundo.

La Biblia nos dice que un día millones de personas se esfumarán de la faz de la tierra en menos de un milisegundo. El propósito de ese desalojo es parecido al de las evacuaciones de emergencia en el sur de California: evitar una horrible devastación. Esta evacuación sacará al pueblo de Dios de los desastrosos efectos de venideros terremotos e incendios, así como del caos mundial. Bruce Bickel y Stan Jantz explican que la evacuación misma creará caos y destrucción considerables:

> Los Jumbo Jets caen a tierra al ya no tener piloto en los controles. Autobuses, trenes, metros subterráneos y autos sin conductores ocasionan inimaginables desastres. Salas de clases se quedan de repente sin maestros. [...] Médicos y enfermeras parecen abandonar a sus pacientes en medio de operaciones quirúrgicas, y los pacientes desaparecen de mesas de operaciones. Los niños se esfuman de sus camas. Las personas corren por las calles buscando a familiares desaparecidos que solo momentos antes estaban allí. El pánico se apodera de toda casa, ciudad y nación[2].

Tratando de poner realismo en este acontecimiento para mi primer grupo de jóvenes como pastor en ciernes, utilicé la idea de un imaginario periódico que cubriera el reciente arrebatamiento. El artículo decía:

> Anoche a las 12:05 una operadora telefónica reportó tres llamadas frenéticas relacionadas con familiares desaparecidos. A los quince minutos todas las comunicaciones estaban atestadas con indagaciones parecidas. Una inspección al azar en toda la nación descubrió la misma situación en cada ciudad. Esposos sollozantes buscaban información acerca de misteriosas desapariciones de esposas. Un esposo informó: «Prendí la luz para preguntar a mi esposa si había puesto la alarma del reloj, pero ella no estaba; allí se encontraba su ropa de dormir, su reloj se hallaba en el piso […] ¡había desaparecido!». Una angustiada mujer que llamaba de Brooklyn reportó en medio de lágrimas: «Mi esposo acababa de regresar del último turno […] lo besé […] y de repente desapareció en mis brazos».

Estas dos descripciones de la venidera desaparición son muy inquietantes. Al pensar en la devastación, la pérdida, el sufrimiento y la confusión que ocasionará el suceso, podría parecer extraño que se le llame arrebatamiento. Según el diccionario en mi computadora, la palabra *arrebatamiento* significa «furor, enajenamiento causado por la vehemencia de alguna pasión; éxtasis»[3]. Todo el mundo desea esa clase de deleite eufórico, de ahí que los expertos en mercadotecnia hayan hecho de *arrebatamiento* un término popular en la cultura moderna.

Hay un perfume llamado Arrebatamiento, y también una conocida banda de rock con base en la Ciudad de Nueva York. Muchas novelas y películas llevan la palabra *arrebatamiento* en sus títulos. ¡Una empresa de productos deportivos incluso vende un juego de palos de golf llamado Arrebatamiento! El mundo está buscando arrebatamiento, así que los comerciantes lo ofrecen en todas partes.

¿Por qué entonces los cristianos usaríamos *arrebatamiento*, de entre todos los términos, para denotar un hecho caótico, cuando mil millones de personas desaparecerán súbitamente de la tierra? La palabra *arrebatamiento* es la versión latina de una expresión que la Biblia usa para describir la extracción de todos los cristianos antes del fin de los tiempos.

El enfoque está en mirar el suceso no desde el punto de vista de quienes se quedan, sino del de los que son evacuados. Todo cristiano verdadero será levantado de la tierra y llevado a la presencia del Señor antes que estalle en toda la tierra el período de siete años de maldad, la tribulación. Esto cumplirá la promesa que Jesús hiciera a sus discípulos en Juan 14:1-3:

> No se turbe vuestro corazón; creéis en Dios, creed también en mí. En la casa de mi Padre muchas moradas hay; si así no fuera, yo os lo hubiera dicho; voy, pues, a preparar lugar para vosotros. Y si me fuere y os preparare lugar, vendré otra vez, y os tomaré a mí mismo, para que donde yo estoy, vosotros también estéis.

Los seguidores de Cristo que son arrebatados serán librados del trauma de la muerte y de los desastres venideros que ocurrirán cuando estalle la tribulación sobre la tierra. Esa es en realidad una causa para el verdadero arrebatamiento de parte de aquellos que aman al Señor y anhelan estar con Él.

Recientemente hablé una mañana acerca del arrebatamiento, durante una serie de mensajes sobre profecía. Más tarde, al salir de la iglesia, me contaron que una muchacha había expresado a su madre confusión respecto de algo que yo había dicho. «El Dr. Jeremiah se pone a hablar de todas las señales que se están desarrollando relacionadas con el regreso del Señor. Y a continuación dice que nada debe suceder antes que Jesús regrese y nos lleve a casa para estar con él. ¡No entiendo!». A esta muchacha le pareció que yo me había contradicho. Primero le pareció que yo había afirmado que ocurrirían ciertas señales profetizadas antes de la venida de Cristo; luego le pareció que había dicho que nada debía ocurrir antes que Jesús viniera a reclamar a los suyos. La sincera confusión de la muchacha merece ser tratada, porque creo que ella habla por muchos que están igualmente desconcertados respecto de los acontecimientos relacionados con el arrebatamiento.

La mayor parte de los malentendidos viene de confundir dos acontecimientos: el arrebatamiento y la segunda venida. Cuando hablamos de las señales que indican el regreso de Cristo no hablamos del arrebatamiento, sino del regreso definitivo del Señor a la tierra con todos sus santos. De acuerdo con el libro del Apocalipsis, esta venida de Cristo ocurre después del arrebatamiento y difiere de este al menos en dos formas: Primera, el arrebatamiento será un «hecho sigiloso» en el cual Cristo será visto solo por creyentes. Por otra parte, su segunda venida será un suceso público. Todo el mundo lo verá. «He aquí que viene con las nubes, y todo ojo le verá, y los que le traspasaron; y todos los linajes de la tierra harán lamentación por él» (Apocalipsis 1:7; vea también Zacarías 14:1, 3-5; Apocalipsis 19:11-21).

Segunda, todos los creyentes serán arrebatados. Jesús los llevará inmediatamente de vuelta al cielo con Él. Pero cuando Cristo regrese a la tierra siete años después en la segunda venida, viene para quedarse. Este regreso, al que generalmente se le denomina «segundo advenimiento», se llevará a cabo al final del período de tribulación y marca el comienzo del milenio… un reinado de mil años de Cristo sobre esta tierra. Por tanto, primero: el arrebatamiento ocurrirá siete años antes del Segundo Advenimiento. En ese tiempo Cristo nos llevará para estar con Él en el cielo, inmediatamente antes del período de siete años de tribulación. Después, volveremos a la tierra con Él en su segunda venida.

EL ARREBATAMIENTO Y LA SEGUNDA VENIDA

PRIMERA VENI-   ARREBATA-   SEGUNDA VENIDA
DA DE CRISTO   MIENTO   DE CRISTO

IGLESIA   TRIBULACIÓN   MILENIO   ETERNIDAD
           7 AÑOS   1000 AÑOS

Existe otra diferencia importante. No hay acontecimientos que se deban realizar antes de que ocurra el arrebatamiento. Todo es asunto del tiempo perfecto de Dios. Cuando prediqué que se estaban desarrollando señales relacionadas con el regreso del Señor, me referí a sucesos que aún debían ocurrir antes del regreso de Cristo en el Segundo Advenimiento.

Las profecías de las que hablé se relacionan con la segunda venida, pero eso no significa que el arrebatamiento no figure dentro de la profecía. Los hechos futuros esparcen sombras que son predecesoras de que estos llegarán. Puesto que el arrebatamiento se efectúa siete años antes del Segundo Advenimiento, las señales que indican esta segunda venida esparcen sombras que nos dan claves del inminente arrebatamiento. El hecho de que el arrebatamiento preceda al Segundo Advenimiento hace inmediatas y de mal augurio todas las señales que presagian esa venida. Para quienes se queden, el arrebatamiento les dará confirmación irrefutable de los acaecimientos del fin de los tiempos siete años antes de que estos ocurran.

El Nuevo Testamento indica que el arrebatamiento de quienes han puesto su confianza en Cristo es el próximo suceso importante en el calendario profético. Es decir, el arrebatamiento nos espera en el horizonte… podría ocurrir en cualquier momento. Este es el claro mensaje de la Biblia, y es una verdad que he enseñado constantemente por más de treinta años.

Desentrañemos el arrebatamiento

El apóstol Pablo fue el primero en revelar los detalles del arrebatamiento. Escribió al respecto en su primera epístola a los corintios, pero fue en su primera carta a la iglesia en Tesalónica que presentó su enseñanza más concisa sobre el tema.

Igual que muchos hoy en día, los cristianos en esa ciudad estaban confundidos acerca de los sucesos que se llevarían a cabo en el futuro. Ellos también se preguntaban qué rayos estaba pasando. Aunque creían que Jesús iba a volver algún día, no se podían imaginar qué les pasaría a sus padres cristianos y seres amados que ya habían muerto. Por tanto Pablo les mostró por escrito lo relacionado con el plan de Dios en el arrebatamiento, tanto para los vivos como para los muertos. En este escrito explicó en detalle exactamente de qué se trata el arrebatamiento.

> Tampoco queremos, hermanos, que ignoréis acerca de los que duermen, para que no os entristezcáis como los otros que no tienen esperanza. Porque si creemos que Jesús murió y resucitó, así también traerá Dios con Jesús a los que durmieron en él.
>
> Por lo cual os decimos esto en palabra del Señor: que nosotros que vivimos, que habremos quedado hasta la venida del Señor, no precederemos a los que durmieron. Porque el Señor mismo con voz de mando, con voz de arcángel, y con trompeta de Dios, descenderá del cielo; y los muertos en Cristo resucitarán primero. Luego nosotros los que vivimos, los que hayamos quedado, seremos arrebatados juntamente con ellos en las nubes para recibir al Señor en el aire, y así estaremos siempre con el Señor. Por tanto, alentaos los unos a los otros con estas palabras. (1 Tesalonicenses 4:13-18)

Este pasaje nos dice todo lo que necesitamos saber acerca del arrebatamiento. Profundicemos un poco más en lo que manifestó Pablo, punto por punto. Primero, él escribió: «Tampoco queremos, hermanos, que ignoréis acerca de los que duermen, para que no os entristezcáis como los otros que no tienen esperanza» (v. 13). En esta declaración el apóstol enfoca la ignorancia de los tesalonicenses respecto del estado de quienes habían muerto creyendo en Cristo. La palabra que utilizó para describir ese estado tiene hoy día gran importancia para todo creyente. Pablo dijo que ellos dormían. Para la palabra traducida *duermen* usó el término griego *koimao*, que tiene como uno de sus significados «dormir en la muerte». La misma palabra se usó para describir las muertes de Lázaro, Esteban, David y Jesucristo (*énfasis añadido en los siguientes ejemplos*):

Lázaro: «Dicho esto, les dijo después: Nuestro amigo Lázaro *duerme*; mas voy para despertarle» (Juan 11:11).

Esteban: «Y puesto de rodillas, clamó a gran voz: Señor, no les tomes en cuenta este pecado. Y habiendo dicho esto, *durmió*» (Hechos 7:60).

David: «Porque a la verdad David, habiendo servido a su propia generación según la voluntad de Dios, *durmió*, y fue reunido con sus padres, y vio corrupción» (Hechos 13:36).

Jesucristo: «Mas ahora Cristo ha resucitado de los muertos; primicias de los que *durmieron* es hecho» (1 Corintios 15:20).

Este concepto de la muerte se resalta en la maravillosa palabra que los primeros cristianos adoptaron para los lugares de sepultura de sus seres queridos. Se trata del vocablo griego *koimeterion*, que significa «una casa de descanso para extranjeros, un lugar para dormir». Es la palabra de la cual obtenemos la voz española *cementerio*. En la época de Pablo se usaba este término para posadas o lo que llamaríamos hotel o parador. Nos registramos en un Hotel Hilton o un Ramada Inn, esperando dormir la noche antes de despertar en la mañana, descansados y ansiosos de seguir el viaje. Este es exactamente el pensamiento que Pablo expresó en palabras tales como *koimao* y *koimeterion*. Cuando los cristianos mueren es como si estuvieran durmiendo pacíficamente en un lugar de descanso, listos para ser despertados al regreso del Señor. Las palabras tienen gran importancia porque transmiten el concepto cristiano de muerte, no como un trágico final, sino como un sueño temporal.

En la parte siguiente del pasaje a los tesalonicenses encontramos a Pablo afirmándoles las esperanzas de que sus seres queridos volverían a vivir. Hizo esto vinculando esa esperanza a la resurrección y al arrebatamiento: «Para que no os entristezcáis como los otros que no tienen esperanza. Porque si creemos que Jesús murió y resucitó, así también traerá Dios con Jesús a los que durmieron en él» (vv. 13c-14). Aquí Pablo dice a los tesalonicenses (y a nosotros) que el plan de Dios para nuestro futuro nos brinda una perspectiva tan novedosa sobre la muerte, que cuando muere alguien a quien amamos, no nos abruma la tristeza y la desesperación, porque en ese día en que quienes estén vivos en Cristo sean arrebatados, aquellos que murieron en Cristo serán resucitados para estar con Él.

Pablo razonó que los cristianos podían creer esta promesa de resurrección porque estaba respaldada por la resurrección del mismo Cristo. La lógica es sencilla: si creemos que Jesús murió y resucitó, ¿será difícil creer su promesa de que Él pueda realizar el mismo milagro con nosotros y nuestros seres amados?

Pablo no nos prohíbe acongojarnos; es natural sentir tristeza cuando muere un ser querido, aunque este sea cristiano. Extrañamos tremendamente a esa persona, y como lo expresara Tennyson, anhelamos «el toque de una mano desaparecida y el sonido de una voz que se acalló»[4]. El propio Jesús lloró ante la tumba de Lázaro. Pero a causa de la promesa de resurrección hecha por nuestro Señor, no debemos afligirnos del modo que sufren los no cristianos —es decir como personas para quienes la muerte es la tragedia final— porque a diferencia de nosotros, ellos no tienen motivos de esperanza.

Tim LaHaye es coautor de la famosa serie *Dejados atrás*, la cual en el último recuento había vendido más de sesenta y cinco millones de libros. Él se fascinó con la doctrina del arrebatamiento cuando era un niño de nueve años de edad ante la tumba de su padre, y escribió:

> Mi amor por las enseñanzas de la segunda venida, en particular el arrebatamiento de la Iglesia, despertó cuando me hallé a los nueve años de edad ante la tumba de mi padre. Su súbita muerte por un

ataque cardíaco me dejó devastado. Mi pastor, que también era mi tío, señaló con el dedo hacia el cielo y proclamó: «Este no es el final de Frank LaHaye. Debido a su fe personal en Cristo, un día Frank resucitará mediante el grito del Señor; seremos trasladados para reunirnos con él y con nuestros otros seres amados en las nubes, y estaremos con ellos y con nuestro Señor para siempre». Esa promesa de la Biblia fue la única esperanza ese día para mi corazón abatido. Y esa misma promesa ha consolado a millones más a través de los años[5].

Como dijera el Dr. LaHaye, la promesa del arrebatamiento ha consolado a millones de personas; y eso es exactamente lo que debería hacer, porque puesto que es totalmente sensata, se trata de una promesa de la que podemos depender.

Programa cronológico del arrebatamiento

Pablo siguió diciendo en su carta a los tesalonicenses: «Por lo cual os decimos esto en palabra del Señor» (1 Tesalonicenses 4:15a).

Aquí el apóstol afirma que lo que está a punto de decir es por razón de autoridad divina. Él está autorizado para manifestar esto «en palabra del Señor». Esta valiente aseveración sugiere que lo que seguía no era para tomarse a la ligera, porque era revelación dada directamente al apóstol por medio de Dios mismo. Pablo se refiere en 1 Corintios al arrebatamiento como un misterio (15:51). Y la definición bíblica de un misterio es «una verdad que no ha sido revelada antes».

Habiendo establecido la autoridad que tenía para revelar lo que antes había sido un misterio, Pablo continúa explicando la primera de las secuencias de los sucesos que componen el arrebatamiento.

Habrá un orden de prioridad

El apóstol dijo luego a los tesalonicenses: «Que nosotros que vivimos, que habremos quedado hasta la venida del Señor, no precederemos a los que durmieron» (1 Tesalonicenses 4:15*b*). Aquí Pablo estaba diciendo que quienes han muerto en Cristo no solo estarán presentes en el regreso del Señor, sino que en realidad tendrán un lugar prioritario. Indicó que quienes estuvieran vivos en el arrebatamiento no serían llevados a Cristo antes que «los que durmieron», lo cual incluye a todos los creyentes que hayan muerto antes del arrebatamiento. Quienes hayan muerto creyendo en Cristo se nos adelantarán en el arrebatamiento.

Habrá un regreso

Pablo sigue diciendo: «Porque el Señor mismo con voz de mando, con voz de arcángel, y con trompeta de Dios» (v. 16*a*).

Mientras usted está leyendo estas palabras, el Señor Jesucristo está sentado en los cielos a la diestra del Padre todopoderoso. Pero cuando llegue el momento adecuado, él iniciará el arrebatamiento levantándose del trono de manera física y literal, entrando a los corredores de luz, y entrando de veras en la atmósfera del planeta Tierra del cual Él resucitó de los muertos sobre el monte de los Olivos hace dos mil años. No son los ángeles ni el Espíritu Santo, sino el Señor mismo quien estará viniendo para llevar a los creyentes al cielo en el arrebatamiento.

Los detalles de este pasaje pintan una imagen sensorial completa del arrebatamiento. Pablo hasta proporciona los sonidos que se oirán: un grito, la voz de un arcángel, y la trompeta de Dios. El propósito y la relación de estos tres sonidos han generado considerable discusión. Algunos han afirmado que el grito es para la Iglesia, la voz del arcángel para los judíos, y la trompeta para todos los creyentes gentiles. Pero estas afirmaciones son erróneas. Las tres alusiones a los sonidos no se deben tomar como coordinadas sino más bien como subordinadas.

Pablo no estaba describiendo estos tres sonidos separados; solo describía un sonido en tres maneras distintas.

Este sonido será como un grito, y resonará con autoridad de mando como la voz de un arcángel. También será como el estruendo de una trompeta en su volumen y claridad. Y el sonido estará dirigido exclusivamente… será oído solo por aquellos que han puesto su confianza en Cristo. Cuando Jesús resucitó de los muertos a Lázaro, gritó: «¡Lázaro, ven fuera!» (Juan 11:43). He oído a estudiantes de la Biblia especular respecto a lo que pudo haber ocurrido si Jesús hubiera olvidado mencionar el nombre de Lázaro. ¿Habrían salido de las tumbas todos los muertos dentro del alcance de la voz de Jesús? Esto es exactamente lo que pasará en el arrebatamiento. El grito de «¡Salgan fuera!» no nombrará a nadie en particular, sino que será oído por todo creyente en toda tumba alrededor del mundo. Todas esas tumbas se vaciarán, y los creyentes resucitados volarán hacia el cielo.

Levantarse de la tumba era la esperanza que Winston Churchill expresó de manera emotiva en la planificación de su propio funeral. Después de la oración del arzobispo de Canterbury y de entonar la canción «Dios salve a la reina», un trompetista ubicado en los tramos más elevados de la cúpula de la catedral de San Pablo hizo sonar «El último puesto» (o «Toque de silencio» como lo conocemos). Cuando se desvaneció la última nota de aflicción, «en lo alto de otra galería retumbó el sonido del "Toque de diana"»[6]. El llamado a dormir fue seguido por un llamado a levantarse.

Habrá una resurrección

Al continuar Pablo con su escrito a los tesalonicenses afirmó que no es vana la expectativa expresada por creyentes tales como Churchill. La venidera resurrección es una realidad. El apóstol escribió: «Y los muertos en Cristo resucitarán primero» (1 Tesalonicenses 4:16*b*). Como él señala aquí, el llamado a la resurrección en el arrebatamiento no convocará a todos los muertos, sino solo a los creyentes. Vendrá un día más adelante en que *todos* los muertos serán resucitados para estar en juicio delante del trono blanco. Pero en esta primera llamada, nuestros seres queridos creyentes que hayan muerto se levantarán en primer lugar en la programación del arrebatamiento.

Habrá un rapto

Pablo explicó el acontecimiento que sigue en la secuencia del arrebatamiento: «Luego nosotros los que vivimos, los que hayamos quedado, seremos arrebatados» (v. 17*a*). La palabra *arrebatados* está traducida de una expresión griega que tiene como uno de sus significados «raptados rápidamente». Esta expresión resalta la repentina naturaleza del arrebatamiento. Pablo describió esta situación repentina en su carta a los corintios: «En un momento, en un abrir y cerrar de ojos, a la final trompeta; porque se tocará la trompeta, y los muertos serán resucitados incorruptibles, y nosotros seremos transformados» (1 Corintios 15:52).

En una fracción de segundo el Señor llamará hacia sí a todos los creyentes para hacerlos partícipes de su gloria; ni uno solo quedará rezagado. Simplemente es difícil imaginar cómo será esto, pero hace poco leí un párrafo que creaba esta vívida imagen:

Millones de personas de todas partes del planeta sienten una sensación de cosquilleo que les recorre el cuerpo. De repente todos se sienten pletóricos de energía. Aquellos con deformidades físicas son sanados. De pronto los ciegos ven. Las arrugas desaparecen en los ancianos al mismo tiempo que se les restaura la juventud. Mientras estas personas se maravillan de su transformación física, son levantadas hacia el cielo. Quienes están en edificios atraviesan el cielo raso y el techo sin sufrir ningún daño. La carne y los huesos de estas personas parecen desmaterializarse, desafiando todas las leyes conocidas de la física y la biología. Mientras viajan en dirección al cielo, algunos de ellos ven y saludan a quienes han resucitado de las tumbas. Después de una breve unión mística [...] todos desaparecen de la vista[7].

En caso de que tales imágenes nos lleven a creer que el arrebatamiento es un sueño descabellado y futurista, descubrimos históricamente validadas tales experiencias. De principio a fin en la Biblia hallamos registros de varias personas que tuvieron experiencias reales muy parecidas al arrebatamiento:

Enoc: «Por la fe Enoc fue traspuesto para no ver muerte, y no fue hallado, porque lo traspuso Dios; y antes que fuese traspuesto, tuvo testimonio de haber agradado a Dios». (Hebreos 11:5)

Elías: «Y aconteció que yendo ellos y hablando, he aquí un carro de fuego con caballos de fuego apartó a los dos; y Elías subió al cielo en un torbellino». (2 Reyes 2:11)

Pablo: «Conozco a un hombre en Cristo, que hace catorce años (si en el cuerpo, no lo sé; si fuera del cuerpo, no lo sé; Dios lo sabe) fue *arrebatado* hasta el tercer cielo. Y conozco al tal hombre (si en el cuerpo, o fuera del cuerpo, no lo sé; Dios lo sabe), que fue *arrebatado* al paraíso, donde oyó palabras inefables que no le es dado al hombre expresar». (2 Corintios 12:2-4, *énfasis añadido*)

Me parece importante que en este pasaje Pablo usara dos veces la palabra *arrebatado*, la cual se traduce de la expresión que en el idioma griego significa «raptado».

Jesucristo: «Y estando ellos con los ojos puestos en el cielo, entre tanto que él se iba, he aquí se pusieron junto a ellos dos varones

con vestiduras blancas, los cuales también les dijeron: Varones galileos, ¿por qué estáis mirando al cielo? Este mismo Jesús, que ha
sido tomado de vosotros al cielo, así vendrá como le habéis visto ir
al cielo» (Hechos 1:10-11).

Estos registros afirman la total realidad del arrebatamiento al
proporcionarnos varios prototipos que demuestran que Dios puede
lograr este acontecimiento venidero que promete a su pueblo.

Habrá un reencuentro

Pablo continuó su explicación del arrebatamiento: «Luego nosotros los que vivimos, los que hayamos quedado, seremos arrebatados
juntamente con ellos [los creyentes muertos que han resucitado] en
las nubes para recibir al Señor en el aire, y así estaremos siempre con
el Señor» (1 Tesalonicenses 4:17). Observe que el apóstol empieza
aquí con la palabra *luego*, la cual es un adverbio que indica secuencia;
relaciona los acontecimientos previos del arrebatamiento que ya hemos considerado con este suceso final en el siguiente orden definido
de reuniones secuenciales:

1. Los cuerpos de los muertos se reúnen con sus espíritus.
2. Los creyentes resucitados se reúnen con los creyentes vivos.
3. Los creyentes resucitados y los creyentes arrebatados se
   reúnen con el Señor.

Como señala Pablo, la consecuencia final de esta reunión con el
Señor es que no habrá despedida subsecuente. Después que Él regrese,
nuestra unión y comunión con Él será ininterrumpida y eterna. Este
solo hecho glorioso nos muestra por qué la palabra *arrebatamiento* es
un término totalmente apropiado para este acontecimiento.

Reconfortante propósito del arrebatamiento

Después de completar la descripción del arrebatamiento a los tesalonicenses, Pablo finalizó el pasaje con esta advertencia práctica: «Por tanto, alentaos los unos a los otros con estas palabras» (1 Tesalonicenses 4:18).

El apóstol estaba indicándoles tanto a los tesalonicenses como a los creyentes de hoy que no basta solo con entender pasivamente lo que acababa de explicar acerca del arrebatamiento, de la muerte de los cristianos, y de la resurrección. Nuestro entendimiento nos debería estimular hacia una acción segura: alentarnos unos a otros. Y en los versículos precedentes Pablo nos da exactamente la clase de información que hace posible ese aliento. Cuando los creyentes sufren la pérdida de familiares o la muerte de amigos amados, tenemos en las descripciones que Pablo hace de la muerte y la resurrección cristiana todo lo necesario para consolarnos unos a otros en estas pérdidas. La muerte cristiana no es permanente; es simplemente un sueño. Viene una época en que nosotros y nuestros seres queridos tendremos un calurosísimo reencuentro, cuando el mismo Cristo nos llame a salir de este mundo o de nuestras tumbas para estar con él eternamente en una radiante relación de amor eterno. El maestro bíblico del siglo XIX, A. T. Pierson hizo esta interesante observación acerca de estos aspectos:

> Es notable el hecho de que, hasta donde recuerdo, después de la resurrección de Cristo el Nuevo Testamento no dice ni una sola vez que un discípulo muriera… es decir, sin algún requisito: Esteban *durmió*. David, después de haber servido a su propia generación por la voluntad de Dios, *durmió, y fue reunido con sus padres*. Pedro dice: «Sabiendo que en breve debo *abandonar el cuerpo*, como nuestro Señor Jesucristo me ha declarado». Pablo expresa: «El tiempo de *mi partida está cercano*». (Aquí la idea se ha tomado de

un barco que, al salir del muelle, cobra los cabos que lo sujetan, y abre sus velas al viento para partir hacia el cielo). [...] La única vez en que se usó la palabra «muerte» es con requisito: «Los *muertos en Cristo*», «los *que murieron en el Señor*»[8].

Como Pierson sugiere, Cristo abolió la defunción de manera tan completa que hasta el término *muerte* ya no es apropiado para los creyentes. Por eso Pablo escribió que debíamos consolarnos unos a otros con recordatorios de que lo que los cristianos llamamos muerte no es más que un sueño temporal antes de ser llamados a nuestra relación ininterrumpida y eterna con Cristo.

Como nunca antes, hoy empezamos a ver las señales del inminente regreso de nuestro Señor. Ya hemos analizado algunas de estas señales: el renacimiento de Israel como nación, la acentuación de la crisis petrolera, la reforma de Europa según la profecía de Daniel, y la extensión del islamismo agresivo y radical. Todos estos acontecimientos señalan hacia ese día en que nuestro Señor vendrá para sacar a sus seguidores de este mundo.

Creo que el arrebatamiento detonará ese violento período que hará estragos durante los siete años que lo siguen. La tribulación resultará como la ley de consecuencias naturales. Según Jesús, los cristianos son la sal y la luz del mundo (Mateo 5:13-14). La sal evita la descomposición; la luz proclama la verdad. Cuando todos los cristianos en todo el mundo sean quitados de la tierra en un día, de pronto se habrá ido toda la sal y toda la luz. El resultado es previsible. Usted podría creer que el mundo moderno se está degenerando hacia la codicia y la inmoralidad desenfrenadas, y en realidad así es. Pero por malas que se estén volviendo las cosas, difícilmente podemos exagerar el horror que ocurrirá cuando la sociedad pierda la suavizante influencia de los cristianos.

Como enseña la Biblia, el Espíritu Santo vive en todo aquel que cree en Cristo. Esto significa que el Espíritu Santo ministra al mundo actual por medio de los seguidores de Cristo. Cuando todos los cristianos sean quitados de la tierra, estará totalmente ausente el ministerio del Espíritu Santo que detiene a la maldad. ¡Nada de sal! ¡Ninguna presencia permanente del Espíritu de Dios! El resultado será horripilante. Jesús mismo describió lo que acontecerá a continuación: «Habrá entonces gran tribulación, cual no la ha habido desde el principio del mundo hasta ahora, ni la habrá. Y si aquellos días no fuesen acortados, nadie sería salvo» (Mateo 24:21-22).

Mientras estas palabras funestas se estén cumpliendo durante el período de tribulación, los seguidores de Cristo ya habremos sido arrebatados al cielo. Esta es otra fuente de gran consuelo para los cristianos. Ninguna promesa ha sido más valiosa para los creyentes que la hecha a la iglesia de Filadelfia en el Apocalipsis: «Por cuanto has guardado la palabra de mi paciencia, yo también te guardaré de la hora de la prueba que ha de venir sobre el mundo entero, para probar a los que moran sobre la tierra» (Apocalipsis 3:10).

Observe por favor que la promesa de nuestro Señor no es guardarnos *en* la hora de la prueba sino más bien *de* la hora de la prueba. Así lo expresó Pablo: «Porque no nos ha puesto Dios para ira, sino para alcanzar salvación por medio de nuestro Señor Jesucristo» (1 Tesalonicenses 5:9). La promesa es que quienes somos creyentes no experimentaremos los horrores de la tribulación, y esta es una enorme fuente de aliento.

¿Cómo viviremos entonces?

Se nos dan dos directrices en cuanto a cómo deberíamos vivir mientras esperamos el regreso de Cristo. Deberíamos estar esperándolo y vivir para Él.

Debemos estar esperando al Señor

Pablo nos advirtió en tres de sus cartas que estemos alertas y atentos al regreso del Señor:

> Aguardando la esperanza bienaventurada y la manifestación gloriosa de nuestro gran Dios y Salvador Jesucristo. (Tito 2:13)

> Mas nuestra ciudadanía está en los cielos, de donde también esperamos al Salvador, al Señor Jesucristo. (Filipenses 3:20)

> Y esperar de los cielos a su Hijo, al cual resucitó de los muertos, a Jesús, quien nos libra de la ira venidera. (1 Tesalonicenses 1:10)

Wayne Grudem sugiere que el grado con que anhelemos de veras el regreso de Cristo constituye una medida de nuestra condición espiritual. Así lo explica él:

> Mientras más atrapados estén los cristianos en complacerse en las cosas buenas de esta vida, y mientras más rechacen la verdadera comunión cristiana y la relación personal con Cristo, menos anhelarán el regreso del Señor. Por otra parte, muchos cristianos que están experimentando sufrimiento o persecución, o que son los más ancianos y enfermos, tendrán deseos más intensos del regreso de Cristo[9].

Como sugiere el Dr. Grudem, la idea no solo es aguardar la venida de Jesús como podríamos esperar una tormenta en una nube negra, sino más bien anticipar esa venida como algo que anhelamos con ansias.

Debemos estar viviendo para el Señor

Los tres grandes apóstoles, Pablo, Pedro y Juan, tuvieron algo que decir acerca de cómo deberíamos vivir ante el inminente regreso de Cristo:

> Porque la gracia de Dios se ha manifestado para salvación a todos los hombres, enseñándonos que, renunciando a la impiedad y a los deseos mundanos, vivamos en este siglo sobria, justa y piadosamente, aguardando la esperanza bienaventurada y la manifestación gloriosa de nuestro gran Dios y Salvador Jesucristo, quien se dio a sí mismo por nosotros para redimirnos de toda iniquidad y purificar para sí un pueblo propio, celoso de buenas obras. (Tito 2:11-14)

> Puesto que todas estas cosas han de ser deshechas, ¡cómo no debéis vosotros andar en santa y piadosa manera de vivir! (2 Pedro 3:11)

> Amados, ahora somos hijos de Dios, y aún no se ha manifestado lo que hemos de ser; pero sabemos que cuando él se manifieste, seremos semejantes a él, porque le veremos tal como él es. Y todo aquel que tiene esta esperanza en él, se purifica a sí mismo, así como él es puro. (1 Juan 3:2-3)

Podría parecer lógico que ya que las señales nos indican que Cristo viene pronto, las personas se esmerarían más en vivir como Dios quiere: con pureza y santidad. Si usted sabe que van a llegar invitados a su casa, pero no sabe exactamente cuándo llegarán, en expectativa mantendrá la casa barrida, en orden, y desempolvada. Usted no desea que ellos toquen el timbre de la puerta mientras los platos aún están apilados en el fregadero, las camas sin tender, y sobre la alfombra hay huellas de barro. Las advertencias de Pablo, Pedro y

Juan, de estar listos, viviendo de manera pura y santa no son más que simple sentido común. Pero no siempre el sentido común domina las vidas de humanos caídos, y por eso estos apóstoles sintieron que valía la pena amonestarnos a vivir como si Jesús regresara en cualquier momento. El hecho es que él puede hacerlo.

Dos años después de los arrasadores incendios en San Diego, las autoridades establecieron Reverse 9-1-1. El sistema de alarma se usó por primera vez para advertir a los residentes sobre los próximos incendios abrasadores del 2007. Sin embargo, algunos dueños de casas no recibieron la llamada o tenían sistemas telefónicos que eliminaron la llamada de advertencia como si se tratara de un número desconocido. Otros recibieron la llamada pero decidieron hacerle caso omiso. Algunos de los que no oyeron la alarma no desocuparon sus casas y en consecuencia perdieron la vida[10].

Dios ha hecho sonar las alarmas con claridad y potencia. Estas han venido a través de sus profetas en el Antiguo Testamento, por medio de escritores del Nuevo Testamento, e incluso mediante Jesús mismo. El fuego destructivo viene en forma de siete años de tribulación, en que ninguna influencia cristiana atenuará el mal que sumergirá a la tierra en una situación de desdicha y devastación. Pero usted puede evitar la destrucción y ser evacuado. Usted puede ingresar su nombre en la lista de quienes oyen el llamado de la trompeta del arrebatamiento volviéndose a Cristo y comenzando a llevar la vida pura y santa que caracteriza a quienes entrarán al cielo. Así lo describió el apóstol Juan: «No entrará en ella [la ciudad celestial de Dios] ninguna cosa inmunda, o que hace abominación y mentira, sino solamente los que están inscritos en el libro de la vida del Cordero» (Apocalipsis 21:27).

Si su nombre no se encuentra en ese libro, cuando ocurra el arrebatamiento usted se quedará para experimentar horrores peores que cualquier cosa que el mundo haya visto hasta ahora. Mi esperanza es que usted no espere otro día; vuélvase a Jesucristo ahora, antes que sea demasiado tarde, y conviértase en uno de los que oiremos el llamado de Cristo ese día grande y terrible.

¿Juegan los Estados Unidos un papel en la profecía?

CADA DÍA EN QUE SALE EL SOL SOBRE WASHINGTON D.C., sus primeros rayos caen sobre el costado oriental de la estructura más alta de la ciudad, el monumento a Washington, de 169 metros de altura. La primera parte de ese obelisco en reflejar el ascendente sol es el lado oriente de su losa de aluminio, donde están inscritas estas palabras: *Laus Deo*, latín para «Alabado sea Dios». Esta oración compacta de alabanza, visible solo a los ojos del cielo, es una declaración tácita del reconocimiento exclusivo de nuestra nación por el lugar de Dios en la fundación y marcha de este país[1].

¿Fueron estas palabras solo una grandiosa pero vacía afirmación de la piedad nacional, o reflejan una verdadera realidad? En la introducción del libro *The Light and the Glory* [La luz y la gloria], los escritores Peter Marshall y David Manuel hacen la misma pregunta profunda:

¿Y si el descubrimiento de América por Colón de ningún modo hubiera sido accidental? ¿Y si solo se abrió la cortina de un drama extraordinario? ¿Tenía Dios un plan especial para los Estados Unidos? [...] ¿Y si él tratara con todas las naciones como trata con los individuos? ¿Y si él tuviera un plan en particular para aquellas personas que traería a Estados Unidos, un plan que veía este continente como una etapa para una nueva era en el drama de la redención de la humanidad?[2]

El presidente Ronald Reagan creía que Dios tenía un plan para nuestra nación. Así escribió: «Siempre he creído que esta tierra ungida fue apartada en una manera poco común, que un plan divino puso a este continente aquí entre los océanos para que lo encontraran personas de todo rincón de la tierra que tuvieran un amor especial por la fe y la libertad»[3].

Soberanía de Dios en la fundación de los Estados Unidos

Estoy convencido de que referencias como las tres anteriores no son en vano. Parece claro que Dios *sí* tiene un plan para los Estados Unidos. Es verdad que no tenemos referencia directa para ese plan en el Antiguo ni en el Nuevo Testamento, pero eso no descarta el hecho evidente de que Dios tiene un propósito soberano para los Estados Unidos en su plan redentor.

Como sugieren los autores Marshall y Manuel, la mano de Dios sobre América empezó con su descubrimiento. En la rotonda del edificio del Capitolio hay una gran pintura denominada *El desembarco de Colón*, que describe su llegada a las playas de América. Como afirma Marshall, el gran explorador descubrió el nuevo mundo «por accidente», sin embargo *no* por casualidad. Dios tenía su mano sobre el timón del barco y lo trajo aquí.

Colón no era ajeno a la providencia divina en el descubrimiento. En su diario manifestó su creencia literal de que «sus viajes marcaban el inicio de una época milenaria [...] y empezaban un período mesiánico». Él estaba firmemente convencido de que las palabras de Isaías: «Y temerán desde el occidente el nombre de Jehová» (Isaías 59:19), se referían a las tierras al occidente de Europa que aún no se habían descubierto. El diario del primer viaje de Colón muestra que el propósito principal de sus exploraciones fue llevar el mensaje de salvación por medio de Jesucristo a la gente de esta tierra desconocida[4].

En toda la historia de nuestra nación vemos a los líderes pidiendo guía divina. Vemos a Washington arrodillándose en la nieve de Valley Forge. Vemos de rodillas a nuestros padres fundadores en el Primer Congreso Continental. Vemos al enjuto Lincoln orando en momentos de crisis nacional. Vemos a Woodrow Wilson leyendo su Biblia a altas horas de la noche bajo las luces de la Casa Blanca. Washington resumió esta dependencia nacional de Dios, que era evidente antes de su época y que continuó después de él, cuando expresó: «A ningún pueblo se le puede relacionar más con conocer y adorar la mano invisible que dirige los asuntos del hombre que a los Estados Unidos»[5].

Es claro que Estados Unidos no se convirtió en la tierra de los libres y la patria de los valientes por un destino ciego ni por una serie de coincidencias afortunadas. Un Dios benévolo estuvo sobre esta nación desde su misma concepción, de modo que hoy día, aunque el país solo posee 5% de la población mundial, tiene más de 50% de los lujos modernos que caracterizan a la civilización.

¿Por qué ha bendecido Dios a esta nación por sobre todas las demás? ¿Por qué en su corta historia los Estados Unidos han sobrepasado la riqueza, el poder y la influencia de todas las civilizaciones antiguas y modernas? ¿Puede Dios haber bendecido a una nación de manera tan abundante, sin tener para ella un propósito fundamental? ¿Cuál es el plan del Señor para los Estados Unidos? ¿Cuál es su lugar en la profecía de los últimos tiempos? Estas son preguntas que muchas personas se hacen hoy día al ver cómo se aglutinan los sucesos hacia la crisis mundial. Se preguntan cómo los Estados Unidos calzan en lo que sucede en el mundo.

Para comprender el lugar de los Estados Unidos en la profecía del fin de los tiempos debemos responder primero la pregunta que hicimos en el párrafo anterior: ¿Por qué se ha bendecido a esta nación por sobre todas las demás? Exploremos las razones para el favor de Dios sobre los Estados Unidos, y luego mostraremos lo que esto significa en cuanto a los acontecimientos venideros.

Estados Unidos ha sido la fuerza detrás de las misiones mundiales

«A Estados Unidos le pertenece la distinción de proporcionar tres cuartas partes de los misioneros del último siglo, y aproximadamente el mismo porcentaje en dinero y ayuda material»[6]. Esto significa que el 75% de todos los misioneros han venido de un país que solo cuenta con el 5% de la población mundial. El Señor bendice a quienes ponen en primer lugar las prioridades de Dios. La iglesia que dirijo en California es un buen ejemplo. Esa iglesia se comprometió hace más de quince años a dar a las misiones mundiales la primera quinta parte de cada dólar recibido en ofrendas. Cuando empezamos ese programa por allá a inicios de la década de 1990, nuestro presupuesto de misiones no excedía $250 000 por año. Hoy día esa cantidad es diez veces superior. Dios ama al mundo. Ama a las personas que aún no han oído el Evangelio. Cuando amamos lo que Él ama, Él nos bendice. Y creo que ese principio se aplica tanto a nuestra nación como a nuestra iglesia.

El Señor ha bendecido a Estados Unidos porque hemos sido la plataforma de lanzamiento del movimiento misionero más grande del mundo. Después de la Segunda Guerra Mundial los estadounidenses crearon 1 800 agencias misioneras y enviaron más de 350 000 misioneros[7]. Y como resultado, «hoy el 95% de la población del mundo tiene acceso no solo a alguna porción de las Escrituras en sus idiomas, sino también a transmisiones radiales cristianas, grabaciones de audio, y a la película *Jesús*»[8]. Ese logro se debe en gran parte al celo misionero de iglesias de los Estados Unidos.

Estados Unidos ha sido amigo del pueblo judío

Aún desde el inicio del siglo XX los judíos conformaban el 3% del total de la población de Estados Unidos, donde han sido protegidos del acoso y el antisemitismo. Nuestra nación ha dado a los judíos la oportunidad de lograr avances económicos, educativos y culturales sin el temor de perder su libertad religiosa.

El apoyo histórico de Estados Unidos a Israel no se basa tanto en esfuerzos de miembros judíos de grupos de presión en Washington, ni en la presencia de grupos judíos dentro de nuestra sociedad, sino en la herencia judeocristiana de nuestro país. La determinación del presidente Truman de reconocer a Israel como un estado moderno fue sustentada por su creencia de toda una vida de que en el libro de Deuteronomio el Señor había dado a perpetuidad la tierra de Israel al pueblo judío.

Al fundarse el moderno Estado de Israel, las naciones árabes vecinas declararon al instante la guerra contra esta nueva nación. Pocos creían que Israel sobreviviría, y las naciones occidentales no querían verse enredadas en el conflicto. Truman fue presionado a no intervenir. En un dramático discurso para buscar apoyo ante las Naciones Unidas, el estadista judío Abba Eban manifestó:

> Israel es producto de la tenacidad histórica más sostenida que las edades recuerdan. El pueblo judío no se ha esforzado hacia este objetivo durante veinte siglos para que, habiéndolo logrado, renuncie a él como reacción a ataques ilegítimos e infructuosos. Cualquier otra cosa cambia, esto no. El estado de Israel es parte inmutable

del panorama internacional. Planear el futuro sin Israel es construir castillos en la arena[9].

A pesar del elocuente ruego de Eban, el joven estado estuvo en gran peligro. El reconocimiento de Israel tanto por parte de Estados Unidos como de la ONU estuvo en grave incertidumbre. Después de su discurso, Eban voló a París para reunirse con una delegación estadounidense respecto del reconocimiento. El ministro de estado George Marshall, cuyo apoyo hacia Israel fue muy poco entusiasta, debió regresar a casa para un tratamiento médico. Su suplente, John Foster Dulles, asumió el liderazgo de la delegación.

Más tarde Eban escribió que Dulles tenía la clave para el éxito de las conversaciones. «Detrás de una actitud seca al estilo de las salas de tribunales con paneles de roble en los Estados Unidos, había *una curiosa variante de misticismo protestante* que lo llevó a otorgar a los asuntos de Israel más importancia de lo que indicaría el peso geopolítico de ese Estado»[10] (*énfasis añadido*).

Lo que Eban llamó «una curiosa variante de misticismo protestante» es en realidad el amor histórico que los cristianos tienen por la tierra y la gente de Israel, basado en la herencia religiosa que les ha sido impartida y en las Escrituras. Esto, más que cualquier otra cosa, ha fortalecido la amistad entre Estados Unidos e Israel por más de sesenta años.

Como descubrimos en el primer capítulo de este libro, Dios ha prometido bendecir a quienes bendicen a Israel (Génesis 12:1-3). Él ha cumplido ampliamente esa promesa. Los Estados Unidos han sido bendecidos en gran manera como nación debido a que hemos bendecido a los judíos.

Estados Unidos ha sido una nación libre

En mis estudios del Antiguo y del Nuevo Testamento he observado que los principios de la libertad están unidos con los del cristianismo. Los Estados Unidos de hoy son el laboratorio donde esos principios mezclados pueden prosperar, desarrollarse y convertirse en ejemplo para todo el mundo. La Biblia dice: «Conoceréis la verdad, y la verdad os hará libres» (Juan 8:32).

Nunca se puede dar por sentada la libertad en nuestro mundo. Freedom House dio a conocer a principios de 2007 su encuesta anual, *Libertad en el mundo*, la cual estableció que tres mil millones de personas (el 46% de la población mundial) vivían en un país libre o parcialmente libre. Por otro lado, el 54% (más de la mitad de la población mundial) no vive en libertad[11]. Es más, la tendencia en un mundo caído siempre es alejarse de la libertad e ir hacia el despotismo y la tiranía.

En su discurso inaugural de 1981, el presidente Ronald Reagan habló de nuestra libertad en estas conmovedoras palabras: «Por sobre todo, debemos comprender que ningún arsenal ni ninguna arma de los arsenales del mundo es tan formidable como la voluntad y el valor moral de los hombres y las mujeres libres. Esta es un arma que no tienen nuestros adversarios en el mundo moderno. Es un arma que tenemos como estadounidenses. Que lo entiendan quienes practican el terrorismo y se aprovechan de su prójimo»[12].

Estados Unidos ha aprendido lo que no entienden nuestros adversarios represivos y terroristas: que libertad sin ley es anarquía, que libertad para desacatar la ley es rebelión, pero que la libertad limitada por la ley es la piedra angular de la civilización. Los estadounidenses hemos tratado de compartir lo que tenemos al exportar libertad adondequiera que hemos ido en el mundo. Hemos intentado ayudar a la gente a entender que la libertad es lo que crea la vida que Dios quiso que tuviéramos desde el mismísimo principio.

Los Estados Unidos se han convertido en el paraíso de la libertad humana: un gran oasis en medio de un desierto global de problemas, sufrimiento, represión y tiranía. ¡Nuestra nación es un signo dramático de admiración de que la libertad funciona!

Hoy nuestro precioso legado de libertad está desafiado internacionalmente por la erosión de nuestra cultura. Mientras las libertades mantenidas por mucho tiempo caen bajo fuego, algunos estadounidenses, especialmente aquellos con riquezas, están decidiendo que los Estados Unidos ya no son el mejor lugar para vivir. Según el libro *Getting Out: Your Guide to Leaving America* [Escape: Guía para salir de Estados Unidos], cerca de trescientos mil estadounidenses al año están decidiendo salir del país. Esta es la primera vez en la historia que la cantidad de personas que salen de esta nación se ha hecho suficientemente grande como para ser importante, y la aparición de esa tendencia llama nuestra atención hacia el deterioro del carácter de los Estados Unidos. Si nuestra cultura sigue echando por la borda los principios que engrandecieron a nuestra nación, difícilmente podemos esperar que continúen las bendiciones del Dios todopoderoso.

Estados Unidos fue fundado en Dios y su Palabra

Es bien sabido que los fundadores de Estados Unidos insistieron en el principio de la libertad. Su dependencia en el Dios de la Biblia los llevó a sujetarse a él como la autoridad final para la ley, en lugar de ponerse ellos mismos como autócratas con el descaro de controlar las vidas de sus súbditos. Y puesto que se sometieron a la autoridad de Dios, Él ha bendecido a esta nación como ninguna otra ha sido bendecida alguna vez. El salmista escribió: «Bienaventurada la nación cuyo Dios es Jehová, el pueblo que él escogió como heredad para sí» (Salmos 33:12). El libro de Proverbios agrega: «La justicia engrandece a la nación; mas el pecado es afrenta de las naciones» (Proverbios 14:34).

Empecé este capítulo con una breve mirada a cómo los fundadores de Estados Unidos y los primeros dirigentes exhibieron humilde confianza en el Dios todopoderoso. Ahora deseo mostrar cómo esa dependencia piadosa caracterizó nuestra filosofía gubernamental a través de varias generaciones, y dio como resultado bendiciones divinas sobre nuestro país. Nuestros líderes estabilizaron el gobierno con una cuerda salvavidas entre su nación y su Dios, con flujo de autoridad y bendición hacia abajo a medida que la dependencia y las acciones de gracias fluían hacia arriba.

George Washington estableció el tono para la autoridad gubernamental del país cuando dijo: «Es imposible gobernar correctamente el mundo sin Dios y la Biblia»[13]. Esa filosofía permaneció intacta durante la época de Abraham Lincoln, a quien se le atribuyen estas palabras: «Dios es testigo de mi constante ansiedad y oración porque tanto esta nación como yo estemos del lado del Señor»[14].

Benjamín Franklin explicó por qué exigía que la convención constitucional se abriera cada día en oración, expresando: «Mientras más vivo, más pruebas convincentes veo de la verdad de que Dios gobierna en los asuntos de los hombres. Y sin la ayuda divina en esta edificación política no triunfaremos más que los constructores de Babel»[15].

Henry Wilson (1812-1875) fue senador y vicepresidente bajo el gobierno de Ulysses S. Grant desde 1873 a 1875. El 23 de diciembre de 1866 habló ante una congregación de la YMCA en Natick, Massachusetts, donde manifestó:

> Recuerden siempre, y continuamente, que su nación no fue fundada por la «más superficial, grácil e irreflexiva de todas las razas europeas», sino por antiguos y severos puritanos que hicieron de la cubierta del *Mayflower* un altar del Dios vivo, y cuya primera acción al tocar la tierra del nuevo mundo fue ofrecer de rodillas acción de gracias al Dios todopoderoso[16].

El presidente Woodrow Wilson declaró en 1911:

> La Biblia [...] es la única fuente suprema de revelación del significado de la vida, de la naturaleza de Dios y de la naturaleza espiritual

y las necesidades humanas. Es la única guía de vida que realmente lleva al espíritu por el camino de paz y salvación. Estados Unidos nació como país cristiano. Emergió para ejemplificar esa devoción a los elementos de justicia que se derivan de las revelaciones de las Santas Escrituras[17].

Hoy día mientras escribo estas palabras está bajo fuego nuestro legado de dependencia nacional de Dios. Fuerzas dentro de esta nación amenazan su cuerda divina de salvamento. La actitud de muchos en nuestra cultura moderna parece simbolizada por las poderosas olas jurídicas que ahora tratan de quitar las palabras *bajo Dios* de la jura de la bandera. Estas dos palabras fueron insertadas en 1954, en parte para distinguir a nuestra nación del comunismo ateo de la Unión Soviética. Pero aunque estas palabras llegaron tarde a la jura, sin duda reflejaban lo que había sido parte de la herencia estadounidense desde el comienzo.

Por ejemplo, el 2 de julio de 1776 el general George Washington escribió las órdenes generales a sus hombres ese día: «El destino de millones de aún no nacidos dependerá ahora, *bajo Dios*, del valor y la conducta de este ejército»[18]. Casi cien años después, Abraham Lincoln consagró el cementerio militar en el campo de batalla de Gettysburg, diciendo: «Aquí hemos decidido sin reservas que estas muertes no habrán ocurrido en vano; que esta nación, *bajo Dios*, tendrá un nuevo nacimiento de libertad; y que el gobierno del pueblo, por el pueblo, y para el pueblo, no deberá perecer de la tierra» (*énfasis añadido*)[19].

Este reconocimiento de que nuestra nación estaba fundada en principios piadosos de libertad y autoridad divina siguió siendo la asunción básica del gobierno durante la mitad del siglo XX. Nuestros líderes comprendieron que una vez que Estados Unidos dejara de reconocer que estábamos bajo Dios, se derrumbaría nuestro fundamento para la libertad y para un gobierno equitativo. El presidente

Calvin Coolidge lo afirmó muy bien: «La base de nuestra sociedad y de nuestro gobierno reposa tanto en las enseñanzas de la Biblia, que sería difícil apoyarlos si la fe en estas enseñanzas dejara de ser prácticamente universal en nuestro país»[20]. En otras palabras, cuando Estados Unidos cambie su postura de estar bajo Dios, ya no podremos esperar que continúen las bendiciones divinas sobre esta nación. Habremos roto nuestra cuerda de salvamento.

Al estar escribiendo este libro se pusieron al descubierto dos intentos de cortar esta cuerda salvavidas. En una escuela primaria del área de Dallas, un padre de familia se quejó de que en la pared del gimnasio estaba pintado el lema nacional, «En Dios confiamos». De inmediato la junta escolar tapó con pintura las ofensivas palabras. Cuando varios padres se quejaron de esta repentina eliminación, prevaleció la Ley de Texas y el Código de Educación de Texas, obligando al representante del distrito escolar a admitir que el distrito había «cometido una equivocación», y anunciaron: «Se debe volver a pintar en la pared "En Dios confiamos"»[21].

¿Recuerda usted la losa del monumento a Washington de la que hablé al principio de este capítulo? Puesto que la inscripción real no es visible en su majestuosa altura, el Servicio de Parques Nacionales ha mantenido una losa de réplica en una exposición en el nivel 163. Situada cerca de una pared que detalla la construcción del monumento, la caja de la losa se encuentra ubicada de tal manera que el público pueda ver la inscripción. Sin embargo, a finales del año pasado se cambió la exhibición. Volvieron a colocar la caja contra la pared y la giraron hacia el oriente, de tal modo que la inscripción lateral *Laus Deo* ya no era visible. Una referencia anterior a esa inscripción también se omitió de la nueva etiqueta descriptiva de la exhibición. Cuando algunos ciudadanos se quejaron de las inaceptables modificaciones, un funcionario del Servicio de Parques Nacionales respondió de este modo: «Cometimos una equivocación y la estamos enmendando»[22].

Más que una equivocación, estas extracciones son un asalto. En estos días se realizan casi por rutina ataques sobre cualquier recordatorio público de nuestra dependencia en la gracia de Dios para nuestra existencia nacional. Temo que nuestra cuerda salvavidas se esté deshilachando.

El silencio de la Biblia sobre el futuro de los Estados Unidos

El Dr. Tim LaHaye escribió: «Uno de los aspectos más difíciles de aceptar para los estudiantes de profecía estadounidenses es que los Estados Unidos no se mencionan claramente en la profecía bíblica; sin embargo, nuestra nación es la única superpotencia en el mundo actual»[23]. En realidad, en la Biblia no se menciona específicamente a los Estados Unidos ni a ningún otro país de América del Norte o del Sur. Esto se podría deber a que en el gran orden histórico, los Estados Unidos son un chico nuevo en la cuadra. Como nación tiene menos de doscientos cincuenta años… mucho menos que las naciones de la época bíblica que aparecen en la profecía bíblica. Es más, la Biblia no menciona a la mayoría de naciones del mundo moderno. Los antiguos profetas se preocuparon principalmente de la Tierra Santa y sus vecinos inmediatos. Regiones alejadas de Israel no figuran en la profecía y no se mencionan en la Biblia.

El Dr. LaHaye siguió planteando esta inquietud:

«¿Tienen los Estados Unidos un lugar en la profecía de los últimos tiempos?» Mi respuesta inicial es no, en la profecía no existe nada acerca de los EE.UU. Al menos nada que sea específico. Hay una alusión a un grupo de naciones en Ezequiel 38:13 que se podría aplicar, pero incluso eso no es específico. La pregunta es: ¿Por qué? ¿Por qué el Dios de la profecía no se referiría a la máxima superpotencia en los tiempos finales, en preparación para el gobierno único mundial del anticristo?[24].

La pregunta no tiene una respuesta única y sencilla, pero nos ayuda a entender qué pasa hoy día en el mundo si revisamos algunas de los mejores ideas que los estudiantes de la profecía nos han dado sobre por qué Estados Unidos está ausente de las profecías de los tiempos finales.

Estados Unidos se incorporará a la coalición europea

Nuestra primera respuesta viene del renombrado experto en profecía John Walvoord, quien escribió:

> Aunque las Escrituras no dan ningún mensaje claro concerniente al papel de los Estados Unidos en relación con el reanimado Imperio Romano, está claro que este será una consolidación del poder de Occidente. A diferencia de las coaliciones dirigidas por Estados Unidos, esta será dirigida por otros: el grupo de diez. [...] La mayoría de los ciudadanos de los Estados Unidos de América han venido de Europa, y sus simpatías estarían más naturalmente con una alianza europea que con Rusia, Asia y África. [...] Europa y Estados Unidos podrían estar en alianza formal con Israel, en oposición a las radicales naciones islámicas de Oriente Medio[25].

Según esta teoría, aunque en la profecía no se mencione a Estados Unidos por nombre, estará en la mezcla de realineamientos políticos que anuncia el fin de los tiempos. Y hoy día podemos ver señales de ese realineamiento.

Con la habitual fanfarria presidencial, el presidente Bush recibió al presidente de la Comisión Europea, Jos Barroso y a la presidenta miembro del Consejo Europeo de Ministros, la canciller alemán Ángela Merkel, en el jardín rosado de la Casa Blanca en abril de 2007.

El presidente agradeció a los dos por su participación en el «plan trasatlántico de integración económica que los tres firmamos hoy. Esta es una afirmación de la importancia del tratado; de un compromiso para eliminar barreras comerciales; de un reconocimiento de que mientras más unidos estén Estados Unidos y Europa, mejor estará nuestro pueblo. De ahí que sea un acuerdo importante y lo aprecio»[26]. El presidente siguió diciendo: «Creo que es en los intereses de esta nación que rechazamos el aislamiento y el proteccionismo, y estimulamos el libre comercio».

El acuerdo que estos tres líderes firmaron se denominó «Marco para la integración económica trasatlántica entre los Estados Unidos de América y la Unión Europea», título adecuadamente largo para lo que se esperaría que fuera un largo proceso. Pero se movió con rapidez. En menos de siete meses el consejo económico trasatlántico sostuvo su primera reunión oficial en Washington D.C. En una declaración conjunta se anunció: «Desde abril los Estados Unidos y la Unión Europea han hecho avances importantes en la exclusión de barreras comerciales y de inversiones, y en disminuir cargas regulatorias»[27].

Aparentemente no hay nada de mal augurio respecto de esta clase de acuerdo; en apariencia solo se trata de un tratado de libre comercio entre naciones. Pero en marzo de 2008 se llevó a cabo una reunión similar y menos publicitada en el departamento de estado, la cual se centró en unir a Estados Unidos, México y Canadá en una «comunidad norteamericana con la Unión Europea» esperando la «creación de una "Unión Económica Transatlántica" entre la Unión Europea y Norteamérica»[28]. Un participante, cuya identidad está protegida por la regla de «se dice el pecado pero no el pecador» que permite difundir información sin la atribución de garantizar confidencialidad, hizo esta reveladora afirmación:

Norteamérica debería ser un escenario de estreno para establecer instituciones continentales. Por eso debemos mover los perímetros de seguridad para incluir a todo el continente, en especial a medida que abrimos las fronteras entre las naciones de Norteamérica para extender el libre comercio[29].

Declaraciones como estas revelan una intención hacia la unión que tiene consecuencias mucho más allá del simple comercio económico. Y al considerar la velocidad en que los líderes presionan la unión entre naciones, parece que no pasará mucho tiempo antes de que veamos instituida tal unión. ¿Qué significa esto para Estados Unidos?

Estados Unidos será invadido por fuerzas externas

Quizás el silencio de las Escrituras sobre el futuro de Estados Unidos indica que para cuando llegue el período de la tribulación, el país habrá perdido su influencia en el mundo y ya no será un participante de jerarquía. Como hemos observado, la sed de petróleo de Estados Unidos, y nuestra incapacidad de cerrar la brecha entre el suministro y la demanda, podría estropearnos la capacidad de defender nuestras fronteras y proteger nuestra nación. John Walvoord enfoca el asunto una vez más:

> Algunos sostienen que la ausencia total de cualquier referencia a Estados Unidos al final de los tiempos es evidencia de que el país será paralizado por un ataque nuclear, por armas de destrucción masiva, o por alguna otra catástrofe importante. [...] En el mundo posterior al 9/11 la detonación de una bomba convencional, un dispositivo nuclear, o un arma biológica sobre el suelo estadounidense es una posibilidad pavorosa pero nada desdeñable. Un ataque así podría matar millones de personas y de la noche a la mañana reducir a Estados Unidos a una potencia de segunda clase[30].

Desde la utilización de la primera bomba atómica sobre la ciudad de Hiroshima en agosto de 1945, Estados Unidos ha gozado de una segura aura de invencibilidad basada en el temor. En ese momento teníamos el «gran garrote» y éramos los reyes de la colina. Tanto amigos como enemigos sabían que usaríamos cualquier arma, y todas, en nuestro formidable arsenal para proteger a nuestra nación. Incluso hoy, según Ed Timperlake, quien sirvió en el despacho del Secretario de Defensa durante la administración de Ronald Reagan, «el personal de la Fuerza Aérea y la Marina sigue vigilando veinticuatro horas al día, siete días por semana, en la tríada estratégica de bombarderos, misiles balísticos intercontinentales con base en tierra, y submarinos "boomers"»[31].

Sin embargo, en el mundo de hoy tal poder y vigilancia quizás ya no disuada a enemigos decididos a atacar a los Estados Unidos. Timperlake siguió observando en una aterradora columna en el *Washington Times*: «Ha surgido una dimensión totalmente nueva relacionada con un ataque nuclear sobre Estados Unidos. La gran tragedia del asesinato de Benazir Bhutto captó la atención mundial hacia la posibilidad de que caigan bombas nucleares sueltas en manos de fanáticos que podrían usarlas». En otras palabras, la inestabilidad política en Pakistán podría llevar a que ojivas nucleares caigan en manos de belicosos islamistas radicales. Timperlake continuó. «No hay duda de que agresivos fanáticos podrían usar un arma nuclear si esta cayera en sus manos. El único persuasivo actual contra el uso de un arma nuclear es una búsqueda mundial del artefacto antes de que Israel, Londres, Nueva York o Washington D.C. desaparezcan de repente»[32].

Timperlake sigue expresando que los islámicos beligerantes no son nuestra única amenaza de una perversa nación armada con armas nucleares. Él pregunta: «¿Qué decir del estado criminal de Corea del Norte o del ponzoñoso país antisemita de Irán? Por cualquier motivo, cualquier nación podría entregar un dispositivo nuclear a un grupo terrorista»[33]. Como para recalcar el punto de Timperlake, a finales de marzo de 2008 Corea del Norte «disparó una serie de pruebas con misiles de corto alcance» solo un día después de que «expulsaran a funcionarios surcoreanos de un complejo industrial conjunto al norte de la frontera». Los tres «misiles barco a barco [fueron] lanzados al mar»[34].

Estos enemigos tienen distintos planes, pero comparten un irrespeto por la vida humana y un odio violento por los Estados Unidos. Aunque nos gustaría cerrar los oídos a predicciones de desastre inminente, expertos como Timperlake y otros ven en el futuro cercano un inevitable ataque importante sobre nuestra nación.

Estados Unidos será infectado con decadencia moral

El promedio de vida de las más grandes civilizaciones desde el comienzo de la historia ha sido aproximadamente de doscientos años. Cada una de estas naciones progresó durante ese lapso de dos siglos en la siguiente secuencia: de esclavitud a fe espiritual; de fe espiritual a gran valor; de valor a libertad; de libertad a abundancia; de abundancia a complacencia; de complacencia a apatía; de apatía a dependencia; y de dependencia otra vez a esclavitud[35].

¿En qué punto está Estados Unidos en este ciclo? La popular *blogger* La Shawn Barber respondió esta pregunta en un artículo titulado «Estados Unidos en decadencia». Ella escribió:

> En *Decadencia y caída del imperio romano*, el escritor Edward Gibbon analiza varias razones de la desaparición de la gran civilización, que incluyen el debilitamiento de la dignidad y la santidad del hogar, y la decadencia de la religión. Estados Unidos se ha comparado al imperio romano en maneras seculares y religiosas. A pesar de su definitivo legado, Estados Unidos es una civilización en decadencia. Dentro de un par de siglos (o menos) alguien lamentará la pérdida de la una vez grandiosa civilización que trajera prosperidad al mundo y tratara de hacer las cosas de manera que resultara en seguridad de la democracia. La gloria que fue Estados Unidos

quedará en ruinas, derribada no por terroristas, sino por su propio libertinaje y su complacencia[36].

El análisis de Barber es correcto en cuanto al dinero, con una excepción: dada la actual situación en nuestro mundo, otro «par de siglos» para Estados Unidos no es la ecuación. No obstante, su análisis es perspicaz, y ella lo continúa refiriéndose a un experto de décadas pasadas. El progresista sociólogo Dr. Carle Zimmerman escribió en 1947 un texto llamado *Familia y civilización*. Allí identificó once «síntomas de decadencia final» que se pueden ver en la caída de las civilizaciones griega y romana. Vea cuántos son típicos de nuestra sociedad:

1. Divorcio sin designación de culpa
2. Escasez de nacimientos; aumento del irrespeto por la paternidad y los padres
3. Ceremonias y ritos matrimoniales sin sentido
4. Difamación de los héroes nacionales del pasado
5. Aceptación de formas alternativas de matrimonio
6. Actitudes extendidas de feminismo, narcisismo y hedonismo
7. Propagación de sentimientos contra la familia
8. Aceptación de la mayor parte de formas de adulterio
9. Hijos rebeldes
10. Aumento de delincuencia juvenil
11. Aceptación común de todas las formas de perversión sexual[37]

Es imposible leer listas como estas y dudar que los Estados Unidos estén desechando su preciada posición como la nación más bendecida sobre la faz de la tierra. Recuerde, como observamos antes, que Dios bendijo a este país por un motivo: fue fundado en sumisión a Él. Pero ahora, a medida que se deterioran las razones para las bendiciones divinas sobre Estados Unidos, podemos esperar que también decaigan las bendiciones mismas. Es un simple asunto de causa y efecto: elimine la causa y cesa el efecto. Antes, invitamos a Dios a entrar en nuestra nación; desde los primeros instantes de nuestra existencia le abrimos nuestras puertas nacionales y lo recibimos como nuestro huésped más honrado. Pero ahora nuestra cultura parece inclinarse por dejarlo afuera, como lo lamenta el escritor Mike Evans:

> La mayoría logra recordar el cuadro clásico de Jesús parado fuera de una puerta, esperando que lo dejen entrar. Esa conmovedora representación de Cristo en el exterior, esperando tener comunión con su creación, nunca ha sido más poderosa que hoy. La oración se ha eliminado de las escuelas, se han presentado demandas para obligar al Congreso a quitar «bajo Dios» de la jura a la bandera, se han quitado muestras de los Diez Mandamientos de los edificios públicos, y el lema «En Dios confiamos» está en peligro de extinción. A los maestros les han prohibido llevar una Biblia personal a la vista de los estudiantes, han sacado literatura cristiana de los estantes de las bibliotecas, se han prohibido villancicos cristianos en los programas escolares, y la «Semana Santa» se ha reemplazado por las vacaciones de Semana Santa[38].

Hace casi seis décadas el ex presidente Herbert Hoover escribió una advertencia a la que temo que Estados Unidos no ha hecho caso. Después de llamar la atención hacia varios programas y conceptos nuevos, incluyendo «nueva libertad» y «nueva religión», Hoover declaró: «Hemos abusado demasiado de la palabra "nuevo". [...] Lo práctico que podemos hacer, si queremos reformar el mundo, es poner a prueba por un tiempo la palabra "antiguo". Hay algunas cosas "antiguas" que formaron a este país. [...] Algunas cosas antiguas se están saliendo ruidosamente de la vida estadounidense, y si se salen demasiado, ¡se apagarán las luces para los Estados Unidos!». Entre las cosas antiguas enumeró: «Antiguas virtudes de fe religiosa, integridad y verdad total [...] honor en las oficinas públicas, economía en el gobierno, libertad individual [...] disposición al sacrificio. [...] Nuestro mayor peligro no es la invasión de ejércitos extranjeros. Nuestros peligros son que nos suicidemos desde adentro debido a la complacencia con la maldad»[39].

Me apena decirlo, pero creo que las señales certifican que Estados Unidos está ahora infectado con la enfermedad mortal de la decadencia moral. Y como esa infección corroe nuestros cimientos, podemos esperar que entre en juego la ley de causa y efecto. La Biblia nos advierte a menudo que incluso un Dios sufrido no luchará para siempre con los hombres. Si hacemos caso omiso a las directrices divinas no podemos esperar la bendición de Dios. Un miembro que se desprende del tronco no seguirá con vida.

Estados Unidos estará impotente debido al arrebatamiento

Si el arrebatamiento ocurriera hoy, y todos los verdaderos creyentes en Jesucristo desaparecieran en el cielo en un instante, Estados Unidos como lo conocemos se podría anular por completo. Se calcula que en el arrebatamiento la nación perderá millones de habitantes... todos sus cristianos con sus hijos pequeños[40]. Esto significa que el país no solo perdería un mínimo del 25% de su población, sino que también perdería lo mejor: la «sal» y la «luz» de la nación. ¿Quién puede imaginar el caos en nuestro país cuando desaparezca toda la gente piadosa —suficiente para poblar muchas ciudades enormes— quedando solo aquellos que han rechazado a Dios? Esta no es una imagen atractiva. Quienes amamos a Cristo seremos bendecidos por el arrebatamiento en más de una manera. No solamente conoceremos el gozo de estar con nuestro amado Señor, sino que también evitaremos los horrores que el mundo sufrirá debido a la maldad de las personas que se queden en el arrebatamiento. Es como una operación quirúrgica al revés, en la cual se extirpan las células sanas y se dejan las cancerosas para que se consuman entre sí.

Pero al volver la mirada a todo lo que hemos estado aprendiendo, lo menos que podemos hacer quienes seremos rescatados es sentir tensión en nuestros corazones. Sí, Dios nos salvará, pero están a punto de ocurrir cosas que nunca antes hemos experimentado, y en el horizonte se avecinan cambios como nunca hemos imaginado. Es importante comprender que el Señor entiende esta tensión interior. No pecamos al sentir inquietud. Quizás es un poco como casarse. Prevemos el acontecimiento con gozo pero también con nerviosismo. No es asunto de tener temor o de querer echarnos atrás; es solo un asunto de nuestra incomodidad natural al enfrentar nuevas experiencias. Pero a pesar de la intranquilidad enfocamos con confianza los sucesos que estamos anticipando porque sabemos que el Creador del universo fue quien los puso en juego. Él conoce el final desde el principio, y debido a que somos sus amigos, nos permite entrar a los secretos eternos de su voluntad determinada.

En un artículo acerca de los Estados Unidos en la profecía, Herman A. Hoyt hizo una excelente afirmación que resulta adecuada para concluir este capítulo. Él escribió:

> Puesto que la promesa de la venida de Cristo por la Iglesia siempre ha sido presentada al pueblo de Dios como un acontecimiento que podría ocurrir en cualquier momento, sin duda los sucesos del momento actual relacionados con los Estados Unidos deberían brindar un nuevo estímulo para esperar de un momento a otro la venida del Señor. En estos días de crisis nuestra confianza no debería reposar en una nación que podría desaparecer en poco tiempo, sino en Dios, que hace obrar todo según el consejo de su propia voluntad[41].

El Dr. Hoyt tiene razón; ¿Por qué preocuparnos? Nuestra confianza nunca ha estado en gobiernos, civilizaciones o culturas. Desde el punto de vista de la eternidad, estas instituciones no duran más que un instante, convirtiéndose en polvo al ser arrastradas por los vientos de la historia. Son útiles mientras están aquí, pero nunca han sido dignas de nuestra confianza. Siempre hemos puesto nuestra confianza en el Único que está por sobre instituciones, por sobre la historia y hasta por sobre el mismísimo tiempo... el Único por cuyo poder y permiso existen estas cosas, y quien conoce los tiempos que estas instituciones duran y los términos de sus días. Solamente Él es digno de nuestra lealtad definitiva.

Cuando un hombre gobierne al mundo

AL EMPEZAR A ESTUDIAR PROFECÍA BÍBLICA HACE CASI CUARENTA años descubrí la predicción de que a la larga un hombre tomaría el control de todo el mundo. Francamente no lograba imaginar cómo podría suceder algo así. Pero ya que la Biblia presentaba esto como parte importante en el panorama de los últimos tiempos, lo creí, y lo prediqué aunque no podía comprenderlo.

Hoy en día es mucho más fácil prever la posibilidad de tal gobernador mundial. La tecnología nos ha dado una comunicación global al instante. CNN se ve en todas partes del mundo. Internet y los teléfonos celulares llegan a cada nación en la faz de la tierra. El transporte aéreo ha achicado el planeta hasta el punto en que podemos pisar el suelo de cualquier país en cuestión de horas. Me han dicho que ahora hay misiles que pueden alcanzar cualquier parte del mundo en menos de treinta minutos. Los hombres y las naciones ya no viven en aislamiento.

También existen otros factores que hacen más verosímil que nunca el ascenso de un líder mundial. La Biblia predice que a medida que nos acerquemos al fin de esta era aumentarán el caos mundial, la inestabilidad y los desórdenes. Jesús mismo advirtió que habría guerras, rumores de guerras, hambres y terremotos en varios lugares (Mateo 24:6-7). Exactamente antes de que estallen estas tensiones en el caos mundial, el arrebatamiento de la Iglesia despoblará gran parte del planeta. Solamente de nuestra nación podrían desaparecer súbitamente como setenta millones de personas.

Los estragos causados por estos desastres alentarán una protesta por alivio y orden a casi cualquier costo. Eso creará el marco para la emergencia de un nuevo dirigente mundial que, como un charlatán carismático, atraerá con la promesa de solucionar todos los problemas. Negociará la paz mundial y prometerá orden y seguridad. A este líder, que saldrá de la recién formada Unión Europea, la Biblia se refiere comúnmente como el anticristo.

La misma palabra *anticristo* provoca estremecimiento en el corazón de los cristianos. Todos han oído o leído acerca de él, y el temor que algunos sienten ante la mención de su nombre viene en gran parte de malentendidos y confusión acerca de quién es este personaje, cuándo aparecerá, y qué poderes puede ejercer sobre el pueblo de Dios. En este capítulo quiero disipar esos temores y aclarar la confusión. Deseo mostrar que lo que ocurre en el mundo se relaciona con las profecías y descripciones bíblicas del anticristo y su obra.

La palabra *anticristo* se usa cuatro veces en el Nuevo Testamento, cada una por el apóstol Juan, y solo se halla en sus epístolas (1 Juan 2:18, 22; 4:3; y 2 Juan 7). Como sugiere la expresión, el anticristo es un individuo que está contra Cristo. El prefijo *anti* también puede significar «en lugar de», y ambos significados se aplicarán a este dirigente mundial venidero. Él se opondrá abiertamente a Cristo y al mismo tiempo se hará pasar por Cristo.

El anticristo estará agresivamente a la altura de su terrible nombre. Será el súper hombre de Satanás, que persigue, tortura y mata al pueblo de Dios y que lleva los ejércitos del mundo a la culminante batalla de Armagedón. Será el dictador más poderoso que el mundo alguna vez haya visto, haciendo parecer a César, Hitler, Mao y Saddam débiles y mansos en comparación.

Aunque el anticristo está identificado por nombre solo cuatro veces en la Biblia, aparece en muchas más ocasiones bajo numerosos alias. También se le llama:

- «un príncipe que ha de venir» (Daniel 9:26)
- «un rey altivo» (Daniel 8:23)
- «maestro de la intriga» (Daniel 8:23)
- «un hombre despreciable» (Daniel 11:21)
- un «pastor inútil» (Zacarías 11:16-17)
- «destructor por naturaleza» (2 Tesalonicenses 2:3, *NVI*)
- el «inicuo» (2 Tesalonicenses 2:8)
- el «malvado» (2 Tesalonicenses 2:9, *NVI*)
- la «bestia» (Apocalipsis 13:1)

Como muestra un estudio de estas referencias, la Biblia presenta y describe con gran detalle al anticristo, pero no revela su identidad. Sin embargo, que no se le identifique de manera específica no ha detenido las especulaciones sobre quién podría ser, y hasta lo han afiliado abiertamente con ciertos individuos. Se han sugerido muchos nombres. Si usted pregunta en Google: «¿Quién es el anticristo?», obtiene como millón y medio de respuestas. Algunas de las páginas Web muestran artículos increíblemente largos y detallados… una señal de la extrema fascinación generada por este sujeto sensacional.

A finales de la década de 1930 y principios de la de 1940, cuando Hitler se movía por Europa y se tragaba naciones enteras, muchos creían que se trataba del anticristo venidero.

Hitler se presentó como un mesías con la misión divina de salvar a Alemania. En una ocasión mostró el látigo que cargaba a menudo para demostrar que «expulsar a los judíos me recuerda a Jesús en el templo». Declaró: «Así como Cristo, tengo un deber hacia mi propio pueblo». Llegó incluso a jactarse de que así como el nacimiento de Cristo había cambiado el calendario, igualmente la victoria de Hitler sobre los judíos sería el inicio de una nueva era. Afirmó: «Terminaré […] lo que comenzó Cristo». Una gigantesca foto de Hitler en una de las concentraciones en Núremberg llevaba la inscripción: «En el principio era el Verbo»[1].

Tengo en mi archivo un folleto llamado *La bestia: El falso profeta y Hitler*. Fue publicado en 1941, el año en que nací. Este folleto presentaba el método para identificar a Hitler como el anticristo, al mostrar cómo las letras en la palabra *Hitler* lo vinculaban de forma numérica con el «número de la bestia» dado en Apocalipsis 13:16-18:

Y hacía que a todos, pequeños y grandes, ricos y pobres, libres y esclavos, se les pusiese una marca en la mano derecha, o en la frente; y que ninguno pudiese comprar ni vender, sino el que tuviese la marca o el nombre de la bestia, o el número de su nombre. Aquí hay sabiduría. El que tiene entendimiento, cuente el número de la bestia, pues es número de hombre. Y su número es seiscientos sesenta y seis.

El folleto basa su conclusión en una fórmula de numerología. Quienes se dedican a esta ciencia creen que se puede asignar significado a los números. Algunos numerólogos bíblicos nos dicen que cuando al número 666 se le transpone por una asignación de números a letras alfabéticas, identificaremos a cierto individuo. En el pasaje del Apocalipsis solo tenemos tres numerales (666), pero según la numerología, a través de estos dígitos podemos encontrar el nombre del sujeto. El primer paso es dar valor numérico al alfabeto: A equivale a 100, B a 101, C a 102, y así sucesivamente por el resto de letras. Luego se toma el nombre Hitler y se da a cada letra su valor numérico: H=107, I=108, T=119, L=111, E=104, R=117. Ahora se suman estos números y, ¡bingo! ¡El total es 666! De ahí que Hitler obviamente debe ser el anticristo.

Ahora, para sacarle la mayor diversión al juego de «¿Quién es el anticristo?» es necesario efectuarlo mediante estas tres reglas: Si el nombre propiamente dicho no alcanza el total necesario, añada un título. Si la suma no se logra encontrar en español, intente inglés, hebreo, griego o latín. No sea demasiado particular respecto a la ortografía.

Por sobre todo, sea persistente. Si persevera en el asunto, ¡usted puede hacer anticristo a cualquiera!

Si para usted no funciona la numerología, no se desespere. Existen otras formas de identificar al anticristo, como vemos al buscar otro candidato favorito para el papel: el presidente John F. Kennedy. ¿Qué señales apuntan hacia él? Él pasó por «muerte» y «resurrección» como comandante naval en el Pacífico Sur durante la Segunda Guerra Mundial. En la convención demócrata de 1956 recibió 666 votos. Lo eligieron también presidente y le dispararon en la cabeza, que es lo que la Biblia dice que ocurrirá a este futuro dictador. Hubo quienes esperaban que, mientras se hallaba en la rotonda del Capitolio, el presidente Kennedy saliera de su ataúd y se reafirmara como el gobernante del mundo […] lo cual, desde luego, no hizo. Por tanto, a pesar de las elaboradas razones para creer que estos dos hombres y otros más en la historia debieron haber sido el anticristo, fallaron todos los esfuerzos por identificarlos.

Y seguirán fallando. Como observé antes, la Biblia no nos dice quién será el anticristo. Es más, Pablo nos dice en 2 Tesalonicenses 2 que este gobernante mundial no será revelado hasta después del arrebatamiento de la Iglesia. «De modo que si alguna vez llega el momento en que usted cree saber quién es el anticristo, eso podría significar que usted se ha quedado»[2].

Pero aunque no es posible conocer la identidad del futuro gobernante mundial, sí es posible saber qué clase de hombre será, porque la Biblia nos da abundante información al respecto. Revisemos algo de esta información y aprendamos un poco más acerca del anticristo.

La personalidad del futuro dirigente mundial

Será un líder carismático

El profeta Daniel describió al anticristo en estos detallados calificativos: «Después de esto miraba yo en las visiones de la noche, y he aquí la cuarta bestia [...] y he aquí [...] tenía ojos como de hombre, y una boca que hablaba grandes cosas. [...] Y hablará palabras contra el Altísimo» (Daniel 7:7-8, 25).

En estos pasajes Daniel nos ofrece una de las características del venidero gobernante mundial: su personalidad carismática resaltada por su facilidad de expresión, la cual usará para influir en las masas con palabras cautivantes de poder y promesa. Poco comprendemos el poder de una buena capacidad de expresión. Un actor que clásicamente no es apuesto, como James Earl Jones, puede influir en grandes regiones y cautivar audiencias solo por el poder de su voz resonante y articulada. Candidatos políticos con poco que ofrecer influyen a menudo en las personas, pero hacen ofrecimientos en el hermoso empaque de su sintaxis y su fluida entonación. Como Daniel afirma, el dirigente mundial venidero será conocido por esta clase de elocuencia, la cual captará la atención y la admiración del mundo.

Daniel sigue diciéndonos que este excelente orador no solo proferirá insolencias, sino que hablará contra Dios. El apóstol Juan lo describió de forma parecida: «También se le dio boca que hablaba grandes cosas y blasfemias» (Apocalipsis 13:5).

Al considerar estas y otras profecías no es difícil entender por qué a Hitler se le vincula a menudo como un prototipo del anticristo. Hitler era un individuo con carisma, gran oratoria y fastuosidad. Charles Colson describió en su libro clásico *Kingdoms in Conflict* [Reinos en conflicto] los acontecimientos bien organizados que terminaron en innumerables salones repletos cuando Hitler manipulaba al pueblo alemán:

> Solemne música sinfónica iniciaba el montaje. Luego se detenía la música, reinaba el silencio, y empezaba un himno nacional patriótico y «desde la parte trasera, y caminando lentamente por el pasillo central», se pavoneaba Hitler. Finalmente el mismo *Führer* empieza a hablar. Al principio con voz baja y melodiosa, que obliga inconscientemente a la audiencia a inclinarse hacia delante para oír, expresa su amor por Alemania […] y de modo gradual su tono aumenta hasta alcanzar un grito culminante. Pero su audiencia no considera excesivos sus ásperos gritos. Todos gritan con él[3].

La fastuosidad y el carisma de Hitler no fueron las únicas comparaciones entre él y la profecía bíblica.

> La Biblia profetiza una época en que surgirá en Europa un gobernante mundial que prometerá paz mientras se prepara a batallar. Fascinará al mundo y exigirá adoración de las masas a cambio del derecho de comprar pan. Él, al igual que Hitler, estará poseído por fuerzas demoníacas, y más probablemente por el mismo Satanás. Las analogías son tan impresionantes que Robert Van Kampen en su libro *The Signs* [Las señales] afirma creer que el anticristo será

realmente Hitler levantado de los muertos. Aunque esta suposición es improbable, Hitler nos proporciona un preestreno que muestra en formato minúsculo la clase de individuo que probablemente será el anticristo[4].

Daniel continúa su descripción del anticristo informándonos que es un sujeto que «parecía más grande que sus compañeros» (Daniel 7:20). En cuanto a su apariencia externa, este hombre será alguien impresionantemente atractivo. La combinación de personalidad atractiva, facilidad de expresión, y apariencia apuesta en extremo lo harán prácticamente irresistible a las masas. Cuando entre al escenario, las personas correrán a él como abejas a la miel y se desvivirán por hacer todo lo que les pida.

Será un líder astuto

A Daniel se le dio una imagen de este dirigente mundial en su famoso sueño registrado en el capítulo siete de su libro. He aquí lo que informó: «Mientras yo contemplaba los cuernos, he aquí que otro cuerno pequeño salía entre ellos, y delante de él fueron arrancados tres cuernos de los primeros» (Daniel 7:8).

Al leer cuidadosamente y comprender el símbolo profético de los cuernos nos enteramos por este versículo que el líder mundial venidero domina a los otros tres reyes, arrancándolos. Este hombre acabará lo antiguo para dar paso a lo nuevo. Derrocará tres reinos, uno por uno, no a través de la guerra sino de clara manipulación política. Comienza como el cuerno pequeño, pero luego tiene éxito en arrancar a tres de los primeros cuernos y por ende les deroga el poder hacia sí mismo. Daniel reiteró este suceso en el capítulo once de su profecía, diciéndonos que este líder mundial futuro «vendrá sin aviso y tomará el reino con halagos» (Daniel 11:21). El anticristo será un genio político, un diplomático de porte autoritario, y un hábil líder. Arthur W. Pink escribió de él:

> A Satanás se le había ofrecido total oportunidad de estudiar la naturaleza humana caída. [...] El diablo sabe muy bien cómo fascinar a las personas por medio de la atracción del poder. [...] Sabe cómo gratificar las ansias de conocimiento. [...] Puede deleitar los oídos con música y los ojos con fascinante belleza. [...] Sabe cómo exaltar a la gente hasta vertiginosas alturas de grandeza y fama, y cómo controlar la grandeza para que se pueda emplear contra Dios y su pueblo[5].

Todo líder en el mundo actual quiere ser quien solucione la crisis perpetua en el Oriente Medio. Los presidentes estadounidenses sueñan con agregar esa distinción a su legado. Jimmy Carter creyó haberlo logrado en Camp David. Bill Clinton intentó desesperadamente lograr un acuerdo durante los últimos meses de su administración. Hoy día, en un renacer de esa diplomacia al estilo Kissinger, el presidente Bush también intenta negociar tal acuerdo de paz. Si este intento falla, y si discursos de campaña son algún indicio, es muy probable que el próximo presidente de los Estados Unidos se una a la lucha por completar el «mapa de la paz mundial».

Quizás ningún diplomático luchó más por este objetivo que el secretario de estado Henry Kissinger durante las épocas de Nixon y Ford. El mismo Kissinger era un judío cuya familia escapara de Alemania durante los años nazis, y quien negociara el final de la Guerra del Yom Kipur. Kissinger manejó en septiembre de 1970 una crisis en el Oriente Medio entre Israel, Jordania y Siria, durante la cual prácticamente vivió en el Salón de Situaciones de la Casa Blanca. A uno de los funcionarios superiores que participaba en las sesiones le preguntaron si al Dr. Kissinger le gustaba la manipulación del poder estadounidense. El funcionario exclamó: «¿Que si le gusta? A Henry le encanta el poder, le encanta absolutamente. Para Henry, la democracia no es nada sin el poder». Un asesor del Pentágono relató cómo Kissinger se inclinaba sobre enormes mapas, moviendo acorazados y portaaviones de juguete de un extremo al otro del Mediterráneo, analizando aspectos con almirantes, discutiendo tácticas militares y luego levantando el teléfono para ordenar al comando de jefes conjuntos que cambiara el despliegue de la sexta flota. El sargento de la Segunda Guerra Mundial se había convertido al instante en todo un general y un almirante y, durante esa crisis, una clase de vicecomandante en jefe[6].

Puesto que Kissinger era un judío muy brillante nacido en Europa, que llegó a ser la voz más poderosa en el mundo político en la década de 1960, algunas personas especulaban que podría ser el anticristo. No lo era, por supuesto, ni pudo resolver el conflicto árabe-israelí. Pero el amor de Kissinger por el poder nos da un registro de una de las características del futuro dirigente mundial. Un día un astuto y genial líder, un individuo que adora el poder, se levantará y usará su habilidad manipuladora para triunfar donde todos los demás diplomáticos han fallado. Resolverá el conflicto árabe-israelí.

Será un líder cruel

Volvamos una vez más a los escritos de Daniel para comprender la personalidad de este tirano venidero.

> Dijo así: La cuarta bestia será un cuarto reino en la tierra, el cual será diferente de todos los otros reinos, y a toda la tierra devorará, trillará y despedazará. [...] Y hablará palabras contra el Altísimo, y a los santos del Altísimo quebrantará, y pensará en cambiar los tiempos y la ley; y serán entregados en su mano hasta tiempo, y tiempos, y medio tiempo. (Daniel 7:23, 25)

Daniel nos narra aquí que el anticristo despedazará a todo el mundo; trillará al planeta entero. Lo hará pedazos. Estas palabras insinúan algo tremendamente horrible. ¿Qué sucederá que molestará tanto al anticristo para desatar esta inmensa crueldad? Aunque todos los creyentes de la época actual serán llevados al cielo antes del reinado de este hombre, durante los años de tribulación llegarán a Cristo nuevos convertidos. Esto enfurecerá al anticristo, y descargará su ira sobre esos nuevos cristianos. Muchos seguidores de Cristo serán torturados por su fe.

La palabra *quebrantará* en Daniel 7:25 significa literalmente «agotará, desgastará». El mismo significado se aplica a desgastar la ropa. El uso de la expresión aquí indica un agotamiento lento y doloroso del pueblo de Dios... una cruel persecución que hará recordar los horrores que Nerón infligió a los cristianos en la antigua Roma, pero aun peor. Sería más fácil para los santos durante la tribulación que simplemente los mataran en el acto, pero en vez de eso los «agotarán»: este inconcebiblemente cruel sujeto los hará torturar sin misericordia.

Repito, en el régimen de Hitler encontramos un prototipo de lo que ha de venir. Charles Colson nos brinda una escalofriante descripción de lo que sucedió en los campos nazis de concentración:

El primer campo nazi de concentración se abrió en 1933. En un campamento, cientos de prisioneros judíos subsistían en barracones infectados de enfermedades, con poca comida y trabajo horrible y agotador. Cada día los conducían a la gigantesca fábrica del complejo, donde destilaban toneladas de desperdicios y basura para convertirlas en alcohol que se usaba como aditivo del combustible. Peor aun que el nauseabundo olor era darse cuenta que estaban alimentando la maquinaria nazi de guerra[7].

Colson sigue diciendo que, como resultado de la humillación y la pesadumbre de sus vidas, «docenas de prisioneros enloquecían y huían del trabajo, solo para recibir balazos de parte de los guardias o ser electrocutados en las inmediaciones de la cerca»[8].

Hitler y los nazis no aniquilaron a todos los judíos a la vez; deliberada y sistemáticamente les agotaron el alma. Y eso nos da una imagen de lo que sucederá en la tribulación cuando el anticristo esté en el poder. Será un líder cruel y sediento de sangre, que derramará su ira sobre los santos que lleguen a Cristo bajo su régimen.

Perfil del futuro dirigente mundial

En Apocalipsis 12 leemos acerca del dragón, o Satanás, que es lanzado del cielo en una gran guerra. Luego en el capítulo 13 descubrimos que el dragón viene a la tierra para comenzar sus actividades encarnando a su agente, el anticristo. Al unir este capítulo con versículos de Daniel obtenemos un perfil de este líder, y vemos cómo llega al poder desde varios puntos diferentes de vista. Cada uno de estos puntos de vista —el político, el nacional, el espiritual y el providencial— nos ofrece una buena imagen de cómo será el anticristo. Por tanto, exploremos brevemente lo que la Biblia nos narra respecto de cómo él llega al poder.

Políticamente pasará desapercibido

Daniel 7 nos informa que el anticristo no causará revuelo al llegar a la palestra política. No entrará con fanfarria, anunciando: «¡Aquí estoy! ¡Ahora tomaré el poder!». En vez de eso se introducirá poco a poco, comenzando como uno entre muchos líderes políticos menores. Él es en la imaginería profética el cuerno pequeño que crece hasta convertirse en el cuerno grande. Atraerá poca atención mientras metódicamente empieza a agarrar más y más poder.

El apóstol Juan resaltó este hecho cuando escribió que esta personalidad de mal augurio se levantará de entre la masa de personas comunes y corrientes. «Me paré sobre la arena del mar, y vi subir del mar una bestia que tenía siete cabezas y diez cuernos; y en sus cuernos diez diademas; y sobre sus cabezas, un nombre blasfemo» (Apocalipsis 13:1). El *mar* en simbolismo bíblico significa una concentración general de individuos, o más específicamente las naciones gentiles. En Apocalipsis 17 hallamos confirmación de ese significado para el mar: «Me dijo también: Las aguas que has visto donde la ramera se sienta, son pueblos, muchedumbres, naciones y lenguas» (v. 15).

De lo que nos enteramos en estos pasajes es que en un principio el anticristo pasará desapercibido. No entrará a escena en total poder y gloria, sino más bien saldrá de la multitud común de personas, o surgirá bajo malos augurios de entre gente común y corriente, como pasó con Napoleón y Hitler.

Emergerá de una nación gentil

¿De qué nación saldrá el futuro gobernante mundial? A menudo oímos que debe venir de la nación judía. Puesto que hará un pacto con la nación de Israel, muchas personas creen que tal vez será el judío que Israel prevé como su mesías. Pero la Biblia no ofrece evidencias para determinar que el anticristo sea judío. Es más, tenemos fuerte evidencia para creer lo opuesto. El Dr. Thomas Ice analizó el origen étnico del anticristo, y concluyó:

> Una creencia ampliamente sostenida en toda la historia de la Iglesia ha sido la idea de que el anticristo será de origen judío. Esta opinión tiene cierta popularidad aun en nuestra época. No obstante, al examinar más de cerca no encontramos verdadera base bíblica para esa idea. Es más, la Biblia enseña exactamente lo opuesto: que el anticristo será de descendencia gentil[9].

Como vimos en el capítulo anterior, alguna forma del imperio romano debe revivir antes del final de los tiempos, y esto parece estar ocurriendo mediante la formación de la Unión Europea. El anticristo aparecerá de una de las naciones europeas unificadas. La revelación de Juan afirma que el gobernante mundial surgirá de las multitudes dentro de una nación gentil.

Será espiritualmente blasfemo

Daniel aseveró de este líder mundial: «Y hablará palabras *contra* el Altísimo, y a los santos del Altísimo quebrantará, y pensará en cambiar los tiempos y la ley» (Daniel 7:25, *énfasis añadido*). Pablo lo describió en 2 Tesalonicenses 2 como alguien que «se opone y se levanta contra todo lo que se llama Dios o es objeto de culto; tanto que se sienta en el templo de Dios como Dios, haciéndose pasar por Dios» (2 Tesalonicenses 2:4).

Como Pablo escribiera en Romanos 1, y como la historia de Israel nos advierte una y otra vez, es algo terrible adorar a una *criatura* en vez de al *Creador*. Pero como nos advirtiera Daniel, este tipo desafiará al Señor y exigirá que lo adoren en vez de Dios. Y se cumplirá su exigencia. Así lo escribió Juan: «Y la adoraron todos los moradores de la tierra cuyos nombres no estaban escritos en el libro de la vida del Cordero que fue inmolado desde el principio del mundo» (Apocalipsis 13:8).

Como si declararse como Dios le diera poder sobre la naturaleza y la naturaleza humana, este gobernante también intentará cambiar la moral y las leyes naturales del universo. A inicios de la Revolución Francesa los nuevos líderes trataron de obtener el control de las multitudes cambiando todo lo relacionado con el cristianismo o con la tradición cristiana. Establecieron un nuevo calendario por el cual se contaban los días, no desde el nacimiento de Cristo sino desde la fecha de la revolución. Emitieron decretos para cambiar todas las iglesias cristianas a «templos de razón» y para fundir campanas de iglesias por el metal. En realidad intentaron reemplazar la semana de siete días establecida por Dios con una semana de diez días[10]. Esas acciones extremas que muestran hostilidad para todo lo relacionado con Dios caracterizará al futuro gobernante mundial. ¡Sin duda hasta cambiaría la duración del año si de algún modo pudiera tener el control de la rotación de la tierra!

Mientras al anticristo se le representa como «una bestia que sube del *mar*», Juan escribió que «la bestia que sube del *abismo*», a la que lanzarán al abismo en el final del milenio, es nada menos que el mismísimo Satanás (Apocalipsis 9:11; 11:7; 20:1-3, *énfasis añadido*). Al anticristo, con sus siete cabezas, diez cuernos con sus diez diademas, y su boca blasfema, de quien toda la tierra se maravilló y adoró, le fue dado poder a través de Satanás (Apocalipsis 13:1-4).

Será limitado de manera providencial

Como nos muestran tanto Daniel como Juan, el anticristo es un sujeto aterrador. Es la personificación del mal, la negación definitiva de todo lo bueno, el enemigo declarado que desprecia a Dios. Todo seguidor de Cristo debe inclinarse ante Dios en este momento y agradecerle porque durante el reinado del anticristo no estará en esta tierra. Al mismo tiempo, no debemos olvidar que esta criatura satánica no es igual a Dios. No tiene poder absoluto ni nada parecido. Dios lo tiene encadenado. Es más, en Apocalipsis 13 se nos recuerda una y otra vez que el anticristo solo puede hacer lo que se le permite.

Dos veces en este capítulo encontramos la pequeña frase, *se le dio*. «Se le dio boca que hablaba grandes cosas y blasfemias; y se le dio autoridad para actuar cuarenta y dos meses» (v. 5). También encontramos en este capítulo que «se le permitió hacer guerra contra los santos, y vencerlos. También se le dio autoridad sobre toda tribu, pueblo, lengua y nación» (v. 7). Como en la historia de Job, Satanás (y su marioneta, el anticristo) solo podrán hacer lo que Dios les permita. El anticristo podrá crear terrible caos y confusión, pero finalmente Dios sigue siendo Dios, y ningún enemigo suyo pasará los límites que él establece.

Tendrá una intimidante presencia

Los cuatro reinos principales descritos en la otra visión profética de Daniel estaban vinculados a ciertos animales: Babilonia era como un león, Medo-Persia como un oso, Grecia como un leopardo, y Roma como la bestia de diez cuernos (Daniel 7). En las descripciones de la bestia en Apocalipsis 13 tenemos todas estas características combinadas en una espantosa criatura (Apocalipsis 13:2). Esta semejanza del anticristo con bestias feroces se propone mostrarnos la intimidante presencia de esta criatura satánica, que combina en su persona todas las características amenazantes de los reinos que han pasado antes que él. El Dr. W. A. Criswell escribió:

> Piense en la dorada majestad de Babilonia. En la laboriosa y fuerte solidez de Ciro el persa. Reflexione en la belleza, la elegancia y el intelecto del antiguo mundo griego. En los romanos con sus leyes, su orden y su idea de justicia. Todas estas glorias se sintetizarán en la majestad de este *anticristo* final que será como Nabucodonosor, Ciro, Tiglat-Pileser, Salmanasar, Julio César, César Augusto, Alejandro Magno, Napoleón Bonaparte, Federico el Grande y Carlomagno, unidos todos en uno solo[11].

No asombra que la gente se maraville de este individuo y lo adore. En nuestras propias campañas políticas vemos cuán rápido les atrae a las personas el carisma y el poder. Dennos un candidato de aspecto agradable, con excelente voz, poderosa presencia y habilidad para cautivar a la gente con vaga retórica acerca de un mejor futuro indefinido, y lo seguimos como ovejas mientras los medios masivos de comunicación repiten las alabanzas al candidato. Lo esencial del programa del hombre se pasa totalmente por alto. La presencia y el carisma del anticristo serán similares, lo que hace inevitable su ascenso al poder.

Programa del futuro gobernante mundial

Una de las primeras acciones de este dirigente mundial será hacer la paz con Israel. Y mantendrá este pacto durante los primeros tres años y medio de su mandato. Sin embargo, en ese momento cambiará sus tácticas. Abandonará todas sus pretensiones de paz y adoptará un programa de poder aplastante. Romperá su pacto con Israel y someterá a los judíos a gran persecución (Daniel 9:27; Isaías 28:18).

Entonces llegará el momento más sensacional del dirigente. Finalmente matarán al anticristo, pero para el asombro de todo el mundo será resucitado por el poder de Satanás en un grotesco remedo de la resurrección de Jesucristo (Apocalipsis 13:3-4).

Después de la muerte y resurrección satánicas del anticristo, este asesinará a los líderes de tres naciones en la Unión Europea, y todos los demás estados le conferirán inmediatamente el poder. Es entonces cuando establecerá que todas las personas del mundo lo adoren. Por medio del socio del anticristo, el falso profeta, se pondrá la marca de la bestia a todos los seguidores de este hombre. Todo aquel que no lleve esta marca no podrá comprar ni vender en la economía mundial.

En tiempos pasados la idea de una marca que identificara individualmente a todos en el mundo para control gubernamental parecía una fantasía exagerada solo posible en la ciencia ficción. Sin embargo, hoy en día nadie cuestiona la posibilidad de tal proceso de personalización. Cada día se inventan nuevos métodos de identificación. Hace poco supe del FIDR, o Frecuencia de Identificación de Radio. El FIDR está en la cima de la actual ola tecnológica. El sistema involucra la implantación de un chip diminuto (0,05 por 0,05 mm) en artículos para la venta, a fin de burlar a los ladrones. También los han implantado en mascotas para seguirles la pista si se extravían, y más recientemente en pacientes de Alzheimer. Estos microchips también se pueden utilizar como marcadores de identificación personal implantados de forma quirúrgica debajo de la piel, y cargados con montones de información registrada de la persona[12]. El anticristo tendrá a su disposición esta tecnología y muchas otras opciones cuando intente implementar la marca de la bestia.

En un acto final de rebelión contra Dios, este sujeto vil se establecerá personalmente en Jerusalén y profanará el templo reconstruido en lo que se le llama la «abominación desoladora». Luego tratará de aniquilar a todo judío sobre la tierra, haciendo sonar por tanto la primera nota de mal augurio en el preludio de la batalla de Armagedón.

Este déspota de déspotas será finalmente destruido cuando venga Jesucristo para pelear contra el anticristo y sus ejércitos. En esa guerra culminante morirá el anticristo, y sus fuerzas serán destruidas. El Cristo victorioso asumirá el trono como legítimo rey y gobernante del universo.

Más importante que especular acerca de la identidad del anticristo es recordar que su agente de poder, Satanás, no es la antítesis del Dios todopoderoso. Solo Dios conoce el día, la hora, el milisegundo que será el preludio del reinado satánico sobre la tierra cuando Cristo arrebate a la Iglesia. Igual que nosotros, Satanás solo puede identificar las señales y esperar. Durante los milenios que ha estado esperando, es probable que haya estado leyendo informes exploratorios y evaluando algunos candidatos escogidos y quizás hasta enviando algunas cartas de intención a fin de estar listo cuando llegue este momento.

¿Está merodeando el anticristo ahora mismo en alguna parte entre la humanidad? ¿Está ya su entenebrecida mente conspirando las maldades que hará en los últimos tiempos? Creo que esto es totalmente posible, si no probable.

Gary Frazer nos ofrece un panorama posible:

En alguna parte en este momento podría haber un joven haciéndose adulto. Lo más probable es que sea un individuo reflexivo y meditabundo. No obstante, su corazón está atestado de ira. Hierve como un caldero de plomo fundido. Odia a Dios. Desprecia profundamente a Jesucristo. Detesta a la Iglesia. En su mente toma forma un sueño de conquista. Falsamente se presentará como amigo de Cristo y de la Iglesia. Sin embargo [...] una vez en el poder verterá el mismo infierno dentro de este mundo. ¿Puede el mundo producir tal prodigio? Hitler fue niño. Stalin fue muchacho. Nerón fue un pequeño. La ternura de la infancia el diablo la convertirá en el terror del *anticristo*[13].

Comprendo que no es atractiva la imagen del futuro que he presentado en este capítulo. Pero yo también me pregunto a menudo acerca de la identidad del anticristo, y existe por ahí tanta información falsa que me sentí forzado a enfocar la inquietud. Los cristianos deben saber qué está pasando en el mundo con relación a este individuo aterrador. Pero de mucha mayor importancia que buscar al anticristo es estar «aguardando la esperanza bienaventurada y la manifestación gloriosa de nuestro gran Dios y Salvador Jesucristo» (Tito 2:13).

Jesús nos dijo qué hacer durante este tiempo de espera. Debemos evitar que nuestros corazones estén innecesariamente atribulados. Si creemos en Jesús, él nos llevará un día a ese hogar que ha estado preparando para nosotros, ¡y estaremos con él! Solo hay una manera de tener esa seguridad. Jesús afirmó: «Yo soy el camino, y la verdad, y la vida; nadie viene al Padre, sino por mí» (Juan 14:6).

Entregar la vida a Jesucristo es la única garantía absoluta y segura de que cuando él venga, usted se librará de experimentar personalmente la maldad del anticristo por medio de ese audaz rescate aéreo llamado arrebatamiento. Usted será sacado del mundo y entrará a la gloriosa presencia de Jesús para no experimentar los horrores que Daniel y Juan describieron en sus profecías.

¡Mantenga la mirada en lo alto!

El nuevo Eje del Mal

EL 29 DE ENERO DE 2002, EN SU DISCURSO DEL ESTADO de la Unión, el presidente George W. Bush usó por primera vez la expresión *Ejes del Mal*. Identificó a Irán, Irak y Corea del Norte como «Estados [...] [que están] armándose para amenazar la paz del mundo. [...] Estos regímenes representan una grave amenaza y un peligro creciente, pues podrían proporcionar armas a los terroristas, facilitándoles los medios que armonicen con el odio que ellos muestran»[1]. El presidente Bush fue criticado duramente por llamar *diabólicas* a estas naciones, pero como veremos en este capítulo, la descripción que hizo fue más que exacta.

El 6 de mayo de 2002, John Bolton, embajador estadounidense ante las Naciones Unidas, dio un discurso titulado «Más allá del Eje del Mal», en el cual añadió al eje otros tres estados sanguinarios: Libia, Siria y Cuba. Hoy día la expresión *Eje del Mal* incluye a los seis estados.

Una nación de este Eje del Mal es de especial interés para nosotros porque descubrimos que también está en la lista de Dios. Esa nación y esa lista se encuentran en Ezequiel 38 y 39. Dichos capítulos, escritos hace como tres mil seiscientos años, nos ofrecen una de las profecías más importantes y dramáticas de toda la Biblia. Comúnmente se le menciona como la profecía contra Gog y Magog, y es la más detallada en toda la Biblia relacionada con la guerra. La profecía predice una invasión a Israel en los últimos tiempos… una invasión compuesta de enormes cantidades de tropas de una coalición de naciones dirigidas por Rusia e Irán.

Es probable que esta invasión ocurra después que Israel firme un tratado con el nuevo líder de la Unión Europea. Debido a este acuerdo, Israel estará en paz con sus vecinos islámicos. Los habitantes de Israel creerán que las potencias europeas los protegerán de cualquier agresor o invasor extranjero… especialmente de Rusia, que habrá unido fuerzas con Irán en el desarrollo de armas con el propósito de destruir totalmente a Israel.

Identidad de las naciones

Vino a mí palabra de Jehová, diciendo: Hijo de hombre, pon tu rostro contra Gog en tierra de Magog, príncipe soberano de Mesec y Tubal, y profetiza contra él, y di: Así ha dicho Jehová el Señor: He aquí, yo estoy contra ti, oh Gog, príncipe soberano de Mesec y Tubal. Y te quebrantaré, y pondré garfios en tus quijadas, y te sacaré a ti y a todo tu ejército, caballos y jinetes, de todo en todo equipados, gran multitud con paveses y escudos, teniendo todos ellos espadas; Persia, Cus y Fut con ellos; todos ellos con escudo y yelmo; Gomer, y todas sus tropas; la casa de Togarma, de los confines del norte, y todas sus tropas; muchos pueblos contigo.

Prepárate y apercíbete, tú y toda tu multitud que se ha reunido a ti, y sé tú su guarda. (Ezequiel 38:1-7)

Aquí vemos que la profecía de Ezequiel empieza con una lista de nombres propios, muchos de los cuales identifican a ciertos nietos y bisnietos de Noé que fueron los padres de las naciones que por un tiempo llevaron sus nombres (Génesis 10). Estas naciones, que hoy día ya no ostentan sus nombres originales, formarán finalmente una coalición que marchará contra Israel. A medida que identificamos estas naciones por sus nombres actuales, y las localizamos en el mapa actual del mundo, podemos ver cómo se está tendiendo el escenario para esta pronosticada invasión ruso/islámica a Israel.

Gog es una excepción en la lista de Ezequiel. Gog no es uno de los descendientes de Noé enumerados en Génesis 10. No obstante, este nombre se encuentra once veces en Ezequiel 38—39. No se trata del nombre de una nación, sino más bien del título de un gobernante. Es más, la palabra significa «gobernador» o «el hombre en lo alto». Es claro que Gog es un individuo en vez de una nación porque Dios se dirige así a él en esta profecía (Ezequiel 38:14; 39:1). Además, Ezequiel 38:2 y 39:1 llama explícitamente «príncipe» a Gog.

El siguiente nombre en la profecía de Ezequiel es Magog. John F. Walvoord escribió en su libro *The Nations in Prophecy* [Las naciones en la profecía]: «A Magog se le identifica mejor con los escitas. [...] El antiguo historiador Josefo hace esa identificación y no tenemos motivo para cuestionarla. Según parece, los escitas vivían inmediatamente al norte de [...] Israel, luego algunos de ellos emigraron al norte, llegando hasta el Círculo Asiático»[2]. Curiosamente, Herodoto escribe que estos escitas eran de origen indo-ario y hablaban un lenguaje iranio relacionado con el persa[3]. Usando estas claves podemos identificar al Magog de hoy como parte de las naciones que antes formaban la Unión Soviética: Kazajstán, Kirguizistán, Uzbekistán, Turkmenistán, Tayikistán, Azerbaiyán, Georgia y posiblemente Afganistán.

Según la *Biblia de las Américas*, el siguiente nombre en la lista de Ezequiel es Ros, al que el Antiguo Testamento hace varias referencias. Durante la época de Ezequiel la palabra *Ros* identificaba a una nación que incluía gente que moraba al norte del Mar Negro. En las profecías de Ezequiel se hace referencia en tres ocasiones a que parte de las fuerzas que invaden a Israel vendrán «de los confines del norte» (Ezequiel 38:6), de «las regiones del norte» (v. 15), y de «las partes del norte» (Ezequiel 39:2). La tierra que está en los confines del norte de Israel es Rusia.

John F. Walvoord escribió:

> Si tomamos un mapa del mundo y trazamos una línea hacia el norte de la tierra de Israel, esta llegará inevitablemente a la nación de Rusia. Tan pronto como la línea se traza hacia el lejano norte más allá de Asia Menor y el Mar Negro, la línea tropieza con Rusia y sigue estando en Rusia por centenares de kilómetros hasta el Círculo Ártico. [...] Solo basados en la geografía parece muy claro que la única nación a la que posiblemente se refiera como que viene del remoto norte sería la rusa[4].

Cuando se derrumbó la Unión Soviética en la década de 1990, muchos creyeron que los días de importancia y poder de Rusia habían acabado. Pero poco menos de dos décadas después encontramos una resurgida Rusia que intenta reclamar la tierra estratégica que perdió. Alguien dijo que desde la época del derrumbamiento de la Unión Soviética, el gran oso ruso ha sido como una osa madre a quien le han robado sus oseznos[5]. Si Magog incluye los países de la derrumbada Unión Soviética, Ros identifica específicamente a la nación de Rusia, la cual en la actualidad intenta volver a reunir su perdido imperio.

Edward Lucas, un periodista que durante más de veinte años ha cubierto la Europa Oriental para la revista *Economist*, escribió hace poco un aterrador libro titulado *The New Cold War* [La Nueva Guerra Fría]. Advierte que Rusia se está levantando de nuevo como una potencia hostil. Está volviendo a afirmar su influencia militar, buscando intensamente mercados globales de energía, acallando a periodistas y disidentes, y haciendo el trabajo preliminar con armas modernizadas para restablecer su antiguo poderío e influencia. Lucas escribió que Occidente duerme ante el creciente peligro, y que está perdiendo la Nueva Guerra Fría. Tengo que estar de acuerdo.

La página Web de Lucas nos proporciona algunos ejemplos atiborrados de imaginación:

> Los gobernantes vengativos, xenófobos y despiadados de Rusia han convertido al enfermo de Europa en un amenazador bravucón. La subida al poder de Vladímir Putin y sus antiguos colegas de la KGB coincidió con que los precios del petróleo subieran diez veces. Aunque el incompetente y autoritario gobierno de este hombre es una trágica oportunidad perdida para el pueblo ruso, el Kremlin, Inc. ha cancelado las paralizantes deudas estatales y está restaurando interna y externamente su influencia. Dentro de Rusia se ha aplastado toda restricción, se ha amordazado a los medios de comunicación, se ha desdeñando a la oposición política, se ha quitado poder a las cortes, y se han cerrado los grupos críticos de presión[6].

Rusia está regresando con tanto éxito al escenario mundial que la revista *Time* eligió al presidente ruso Vladímir Putin como su Personaje del Año 2007 por «llevar a Rusia del caos a una posición de importancia en el mundo moderno»[7]. Aunque el líder ruso parece haber sofocado el caos dentro de su propio país usando poder autocrático, parece tratar de fomentar el caos en el escenario mundial al promover una nueva guerra fría. Él «acusó a Occidente de invadir las fronteras rusas e iniciar una nueva carrera armamentista»[8], y a «los Estados

Unidos de tratar de imponer su voluntad en el mundo por medio de la fuerza militar»[9].

Intentando justificar su hostilidad hacia Occidente, Putin afirmó: «[Los rusos] estamos luchando por crear un mundo más justo, basados en los principios de igualdad. [...] El tiempo ha demostrado que nuestros puntos de vista encuentran apoyo en los países árabes y otras naciones musulmanas»[10]. Es más, «Rusia está decidida a profundizar más sus relaciones con las naciones musulmanas [...] Todos somos aliados del reino al esforzarnos por suplir la necesidad energética del mundo»[11].

En octubre de 2007, durante la primera visita de Putin a Irán, un periódico iraní informó que el presidente de Rusia «reaseguró a Irán que se concluiría el reactor nuclear de Bushehr, un proyecto de mil millones de dólares que Rusia construye y que ha sido acosado por demoras». El informe sigue sugiriendo: «Quizás la consecuencia más importante del viaje de Putin es mostrar la independencia de Rusia con relación a Estados Unidos y Occidente»[12]. Putin hizo otras visitas que fueron las primeras de un líder ruso a las naciones musulmanas de Arabia Saudita, Qatar, Jordania, Emiratos Árabes Unidos, Indonesia y más recientemente, Libia. Según todos los reportes, esas visitas fueron económicamente satisfactorias, y dieron como resultado lucrativos acuerdos y contratos para unir esfuerzos en la producción de petróleo y la exploración de reservas de gas natural.

Aparentemente el presidente ruso también triunfó en lo político. En Libia, los presidentes Khadafi y Putin coincidieron en que las Naciones Unidas «se deben reformar para enfrentar internacionalmente un "desequilibrio de fuerzas"», y en especial «el Consejo de Seguridad, con el cual podemos trabajar juntos para resolver problemas»[13].

Europa no está ciega a lo que está pasando en Rusia. Con creciente inquietud y consternación, los líderes europeos han tomado nota del resurgimiento ruso. De acuerdo con un ex ministro alemán del exterior, «hoy día es el Kremlin el que fija la agenda para las relaciones entre la Unión Europea y Rusia, y lo hace de tal modo que aumenta la desobediencia a las reglas del juego»[14]. Según una fuente, «Rusia parece estar ganando el juego del dominio energético, firmando tratados individuales con estados miembros de la Unión Europea, y moviéndose hacia delante con [...] oleoductos»[15]. Entre estos estados miembros de la Unión Europea están varios de los antiguos cachorros de Rusia. A medida que la madre osa recupera sus fuerzas, busca de modo activo volver a meter a su camada en la guarida.

Mesec y Tubal, los siguientes nombres en la lista de Ezequiel, por lo general se mencionan juntos cuando aparecen en la Biblia. En el pasado se suponía ampliamente que estos eran nombres antiguos de las modernas ciudades de Moscú y Tobolsk. Pero muy pocos eruditos modernos identifican a Mesec y Tubal como ciudades rusas. Una razón está en la afirmación de Ezequiel de que estos eran socios comerciales de la antigua Tiro: «Javán, Tubal y Mesec comerciaban también contigo; con hombres y con utensilios de bronce comerciaban en tus ferias» (Ezequiel 27:13). Es muy improbable que la antigua Tiro (moderno Líbano) comerciara con Moscú y la ciudad siberiana de Tobolsk. Lo más probable es que Mesec y Tubal sean parte de la actual Turquía.

La siguiente nación que enumera Ezequiel es Persia, nombre que aparece veintiséis veces en el Antiguo Testamento. Nos resulta fácil identificar a Persia porque conservó el nombre que tenía desde tiempos antiguos hasta marzo de 1935, cuando se convirtió en la nación de Irán. Casi cuatro décadas y media después, Irán cambió oficialmente su nombre al de República Islámica de Irán. Hoy día, con sus setenta millones de habitantes, Irán se ha convertido en el semillero de militantes del islam y del odio antisemita.

El gobierno de Irán es oficialmente una república teocrática cuya autoridad política final reside en el dirigente supremo, actualmente el ayatolá Ali Khamenei. Este hecho sorprende a muchas personas que suponen que el presidente Mahmud Ahmadineyad, que se hace oír de manera persistente y visible, es el hombre principal en Irán. Pero a pesar de las expresiones violentas, de las amenazas y del repiqueteo del sable de Ahmadineyad, este no es más que una figura decorativa bajo Khamenei. La ubicación geográfica de Irán en el Golfo Pérsico y el vital Estrecho de Ormuz otorgan gran poder a esta nación. Según informes de la CIA de 2007, enormes reservas de petróleo y los precios del petróleo crudo que suben en espiral le brindan a Irán sesenta mil millones de dólares en reservas de moneda extranjera. Sin embargo, su gente sigue viviendo con enorme desempleo e inflación. A Irán se le identifica como el jugador principal en el comercio de tráfico humano. También es un «punto de envío de remesas» para heroína dentro de Europa, y posee el «más alto porcentaje de población mundial adicta al opio»[16]. Adicionalmente, los Estados Unidos han identificado a Irán como un estado que patrocina el terrorismo.

En un juego del gato y el ratón que se está dando desde agosto de 2002, los gobiernos del mundo han estado en una continua confrontación «una y otra vez» con Irán, debido a los potenciales incrementos de uranio de este país. Pero la opinión mundial parece no tener más efecto sobre Irán que el agua sobre el lomo de un pato. Como comentara hace poco un vocero del Departamento de Estado de los Estados Unidos, «el régimen iraní está continuamente en una senda de desobediencia a la comunidad internacional»[17]. A pesar de dos series de sanciones y la posibilidad de una tercera, en febrero de 2008 un desafiante Ahmadineyad mostró desprecio a la exigencia del Consejo de Seguridad de las Naciones Unidas, de que Irán no incrementara más su uranio. Este manifestó: «Con la ayuda de Alá, la nación iraní con su unidad, su fe y su determinación se levantó y derrotó a las potencias mundiales y las puso de rodillas»[18].

En un sorprendente cambio total, los Estados Unidos anunciaron a principios de diciembre de 2007, que aunque en un tiempo Irán tuvo un programa secreto de armas nucleares, lo habían abandonado, y que Irán ya no iba tras competencias nucleares. Quizás envalentonados por el anuncio estadounidense, en enero de 2008 cinco barcos iraníes armados amenazaron a tres naves de la marina estadounidense en el Estrecho de Ormuz. La tensa confrontación provocó una advertencia de la Casa Blanca: «Pedimos a los iraníes que se abstengan de tales acciones provocadoras que podrían llevar a peligrosos incidentes en el futuro»[19].

El régimen iraní es conocido por su odio hacia Israel y su deseo de eliminarlo. En octubre de 2005 el recién elegido presidente Ahmadineyad declaró a la audiencia de Mundo sin Sionismo: «Como dijera el imán, Israel debe ser borrado del mapa. [...] Cualquiera que reconozca a Israel arderá en el fuego de la furia de la nación islámica». Siguió diciendo que cualquier líder islámico «que reconozca el régimen sionista significa que está reconociendo la rendición y la derrota del mundo islámico»[20].

La influencia de los agresivos iraníes se extiende más allá de sus propias fronteras. En marzo de 2008, el líder de Hezbolá, Hassan Nasrallah expresó: «La presencia de Israel solo es temporal y no puede continuar en la región. Los veremos asesinados en los campos, los mataremos en las ciudades, pelearemos contra ustedes como nunca antes se ha visto»[21]. Los líderes de Hezbolá no tienen autoridad para hacer tales amenazas por su cuenta. Hezbolá es un grupo islámico fundamentalista, y a través de su base de operaciones en el Líbano, su autoridad viene de una fuente más elevada en la jerarquía islámica. Así expresó el subdirector de Hezbolá, el jeque Naim Qassem: «Aunque se trate de disparar misiles sobre civiles israelíes, esa decisión requiere en principio un permiso [del gobierno jurisprudente]»[22]. En este caso el gobierno jurisprudente sería el líder máximo de Irán: el ayatolá Alí Khamenei. «Preguntamos, recibimos respuestas, y luego procedemos. Esto incluso es cierto en acciones de suicidio por Alá; a nadie se puede matar sin un permiso de jurisprudencia [de Khamenei]»[23]. Por tanto podemos ver que la agresiva y amenazadora influencia de Irán infecta y controla a otras organizaciones terroristas islámicas.

En respuesta al acoso verbal iraní-Hezbolá, el secretario general de las Naciones Unidas, Ban Ki-Moon declaró: «Me preocupan las amenazas de guerra declarada contra Israel de parte del secretario general de Hezbolá»[24]. Tales amenazas mortales y el desprecio total por la opinión mundial es evidencia muy convincente de que nuestros líderes nacionales tienen razón en incluir a Irán como miembro del Eje del Mal.

La siguiente nación en la lista de Ezequiel es Etiopía. La Reina-Valera 1960, traduce a esta nación como Cus, que está identificado como nieto de Noé, y primero de los cuatro hijos de Cam. «Los hijos de Cam: Cus, Mizraim, Fut y Canaán» (Génesis 10:6). De los versículos que siguen sabemos que los descendientes de Cus se asentaron en Arabia, Mesopotamia y Asiria. Sin embargo, los cusitas mismos se establecieron en África donde ocuparon un territorio mucho más grande que la moderna Etiopía, porque la Etiopía de los tiempos antiguos incluía al Sudán de la actualidad. Este hecho es importante para nosotros, pues Sudán difícilmente es amigo de Occidente. Sudán apoyó a Irak en la Guerra del Golfo Pérsico y también albergó a Osama bin Laden.

La siguiente nación identificada por Ezequiel es Libia. La Reina-Valera 1960 traduce a esta nación como Put, que es el nombre de otro nieto de Noé. No existe ambigüedad respecto de la actual identidad de esta nación, porque antiguos mapas muestran que el territorio ocupado en la época de Ezequiel por la nación de Put es ahora el moderno estado de Libia. Esta nación ha estado desde 1969 bajo el dominio dictatorial del coronel Muammar al-Khaddafi. Es un país islámico que hierve con gran odio hacia Israel y, de manera inquietante, hace poco formó una nueva alianza con Rusia.

Gomer es el siguiente nombre en la lista de Ezequiel. Se menciona en Génesis 10 como uno de los hijos de Jafet. Génesis 10:3 nos ayuda a identificar más a Gomer al informarnos que uno de los parientes de este es Askenaz. Hoy día los israelíes describen a los judíos de Alemania, Austria y Polonia como *askenazim*. Esto nos da una clave para la identidad del Gomer de la época actual, como es probable que este término asociado con Gomer se haya transmitido por generaciones, conservando la identidad del pueblo aunque haya cambiado el nombre del país. Gibbon manifestó en *Decadencia y caída del Imperio Romano*: «Gomer es la Alemania moderna»[25]. Por lo general se ha creído que la moderna nación identificada como la antigua tierra de Gomer es Alemania o Turquía.

Ezequiel 38:6 reseña a Gomer «y todas sus tropas»(*RV60*), o «todas sus hordas» (*LBD)*, o «todos los soldados» (*DHH*), indicando que esta nación proporcionará un poderoso ejército en el asalto sobre Israel. Si el antiguo Gomer es parte de la moderna Turquía, como creo que lo es, se trata de un país con una creciente lealtad a Rusia. Si escuchamos los noticieros nocturnos sabremos que esta nación tiene una fuerte presencia militar en la norteña frontera de Irak —muy posiblemente las «tropas» a las que se refiere Ezequiel— y que ya está involucrada en el conflicto por el control del Oriente Medio.

Ezequiel añade al final de esta lista la casa de Togarma o, como se traduce en algunas versiones, Bet-togarmá (que es lo mismo ya que la palabra *bet* es la expresión hebrea para *casa*). Los historiadores seculares generalmente ponen a Bet-togarmá en la ubicación geográfica de Frigia, un reino occidental en Asia Menor. Igual que Mesec, Tubal y Gomer, Bet-togarmá era parte de la región geográfica que en la actualidad llamamos Turquía.

De este modo Ezequiel concluye su lista de naciones específicamente identificadas que vendrán contra Israel en los últimos días. ¡Y qué formidable lista! Pero como si esas naciones no bastaran, Ezequiel agregó que muchas más naciones también se unirán a la coalición para aplastar a Israel. Escribió: «Muchos pueblos contigo» (v. 6). Esta es una referencia a muchos países más pequeños que se han llegado a aliar con las naciones más importantes que Ezequiel identifica de manera específica. Casi todas estas naciones son islámicas o pro-islámicas.

Cuando esta formidable cantidad de ejércitos llegue contra Israel, no habrá defensa humana posible para los israelíes.

En un versículo que sigue a esta profecía, Ezequiel habló de algunas naciones que no participarán en la invasión de Israel: «Sabá y Dedán, y los mercaderes de Tarsis y todos sus príncipes, te dirán: ¿Has venido a arrebatar despojos? ¿Has reunido tu multitud para tomar botín, para quitar plata y oro, para tomar ganados y posesiones, para tomar grandes despojos?» (v. 13). La mayoría de eruditos bíblicos creen que Sabá y Dedán se refieren a los pueblos de la Península Árabe, que incluyen los actuales Arabia Saudita, Yemen, Omán y los países del golfo Kuwait y los Emiratos Árabes Unidos.

Tarsis era una expresión que en los tiempos antiguos describían la mayor parte de la civilización humana occidental. Muchos eruditos creen que «los mercaderes de Tarsis y todos sus príncipes» es una referencia a las economías basadas en el mercado de Europa occidental. Incluso algunos letrados se han atrevido a ser más específicos. El Dr. David L. Cooper escribió: «Cuando se examinan cuidadosamente todas las afirmaciones históricas, parece que la evidencia está a favor de identificar a Tarsis como Inglaterra»[26]. Otro erudito, Theodore Epp, concuerda con esta identificación; señala que el príncipe es un símbolo de Gran Bretaña y sugiere que las colonias británicas, muchas de las cuales se han separado para convertirse en naciones independientes, son los retoños, o «príncipes» en la profecía de Ezequiel. Dijo: «Grandes príncipes británicos, como Canadá, Australia, Nueva Zelanda, las colonias africanas, y los Estados Unidos son bastante fuertes para demostrar ese día su desaprobación»[27].

Si Theodore Epp y el Dr. Cooper tienen razón, parece que Occidente en general no participará en la invasión a Israel. Lo que nos interesa en este estudio es que la profecía de Ezequiel de la alineación de países, que muestra cuáles de estos se levantarán para aplastar a Israel y cuáles no, concuerda muy de cerca con la alineación de naciones que se está conformando ahora mismo en el mundo. De ahí que descubrimos que la antigua profecía de Ezequiel, escrita hace 2600 años, nos informa lo que pasa hoy en el mundo exactamente ante nuestros ojos.

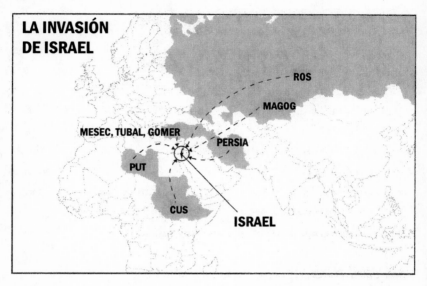

Invasión a Israel

Lugar de la invasión

Ezequiel identifica con claridad a Israel como la tierra que será invadida por las naciones nombradas en el mapa. En el capítulo 38 resalta este hecho al menos en cinco ocasiones, a veces de forma indirecta, dándonos algunas características del pueblo que será invadido, y a veces de manera explícita, identificando la tierra por nombre: «De aquí a muchos días serás visitado; al cabo de años vendrás a la tierra salvada de la espada, recogida de muchos pueblos, a los montes de Israel, que siempre fueron una desolación; mas fue sacada de las naciones, y todos ellos morarán confiadamente» (v. 8); «una tierra indefensa, iré contra gentes tranquilas que habitan confiadamente; todas ellas habitan sin muros, y no tienen cerrojos ni puertas» (v. 11); «pueblo recogido de entre las naciones» (v. 12); «En aquel tiempo, cuando mi pueblo Israel habite con seguridad» (v. 14); «subirás contra mi pueblo Israel» (v. 16). No puede haber duda acerca de cuál nación invadirán estos ejércitos unidos. Será la tierra de Israel.

Cuando usted revisa la lista de Ezequiel de naciones agresoras y las compara con el único Estado que será invadido, verá un caso de superioridad de armamento nuclear como ningún otro presenciado en la historia del mundo. Israel es uno de los países más pequeños de la tierra. Es diecinueve veces más pequeño que California y apenas del tamaño de nuestro tercer estado más chico, New Jersey. Israel tiene menos de cuatrocientos veinte kilómetros de largo y menos de cien en la parte más ancha, y entre cinco y quince kilómetros en la parte más angosta. El Estado de Israel es una república democrática rodeada por veintidós dictaduras árabe-islámicas hostiles con seiscientas cuarenta veces más territorio y sesenta veces más población[28].

Período de la invasión

Ezequiel no revela una fecha específica de la invasión, pero sí nos da indicios para identificar la época en que ocurrirá: «De aquí a muchos días [...] al cabo de años» (Ezequiel 38:8); «en aquel tiempo, cuando mi pueblo Israel habite con seguridad» (v. 14); «será al cabo de los días; y te traeré sobre mi tierra» (v. 16).

El profeta nos narra que la invasión a Israel se llevará a cabo en algún momento en el futuro (al cabo de los años). Sucederá en una época en que Israel esté habitando en paz y seguridad, y no tenga conflictos con otras naciones.

¿Ha habido un tiempo así en la historia de Israel? No, ¡no lo ha habido! ¿Es hoy día esa época? ¡No! ¿Cuándo será ese momento? El único período probable en la vida de Israel para que se cumpla este requisito viene inmediatamente después del arrebatamiento de la Iglesia, cuando el anticristo y las naciones europeas firmen un tratado con Israel a fin de garantizarle paz y seguridad. Una vez firmado este tratado, los habitantes de Israel debilitarán la diligencia que se han visto obligados a mantener desde la fundación de su Estado en 1948. Confiarán en el tratado y dejarán de prestar atención a la defensa para concentrarse en aumentar las riquezas. Israel será realmente una tierra de ciudades sin muros. Habrá bajado las defensas, y deplorablemente no tendrá ninguna preparación para la invasión de los ejércitos de Rusia y la coalición.

Propósito de la invasión

Las naciones en la batalla de Gog y Magog irán sobre Israel con tres objetivos principales. El primero será apoderarse de la tierra. Ezequiel lo expresa así: «Para poner tus manos sobre las tierras desiertas ya pobladas» (Ezequiel 38:12). El segundo objetivo de los invasores será robar la riqueza de Israel: «Para arrebatar despojos y para tomar botín […] y sobre el pueblo recogido de entre las naciones, que se hace de ganado y posesiones, que mora en la parte central de la tierra […] para quitar plata y oro, para tomar ganados y posesiones, para tomar grandes despojos» (vv. 12-13).

Y en el moderno Israel hay mucha riqueza para saquear, como podemos ver por la siguiente cita de un reciente artículo en el *Jerusalem Post*: «A pesar de una población de apenas más de siete millones de habitantes […] Israel es ahora la patria de más de 7.200 millonarios […] de las 500 personas más ricas en el mundo, seis son israelitas […] y en total en el 2007 Israel tenía activos de más de treinta y cinco mil millones de dólares. […] El PIB de Israel es casi el doble de cualquier otra nación del Oriente Medio»[29].

El éxito y la riqueza en la industria de alta tecnología han reemplazado a las anteriores *kibutzim* agrícolas [granjas cooperativas], e hicieron que Israel ingresara «al extraordinario camino […] desde el experimento socialista de judíos europeos rebeldes hacia la revolución de alta tecnología que ha creado un Valle del Silicón en el Oriente Medio, seguido solo tras los Estados Unidos en capitales iniciales[30]. En el año 2007, nuevos capitalistas invirtieron mil setecientos sesenta millones de dólares en compañías de capitalización inicial para desarrollar «equipo avanzado de telecomunicaciones» en el «Wadi de Silicón» de Israel[31].

Según un índice de prosperidad, el año pasado Israel exportó bienes y servicios por más de setenta mil millones de dólares, incluyendo treinta y cuatro mil doscientos millones de dólares solo del sector tecnológico. «Israel es el Estado de mayor rango entre las naciones del Oriente Medio en la lista»[32]. En el año 2007 tuvo un índice del producto interno per cápita de $28 800, el cual se compara favorablemente con los $32 900 de la mucho más grande Unión Europea[33]. Mídalo como lo mida, Israel se ha vuelto próspero, y a pesar de la reciente recesión y del conflicto militar, su economía ha seguido creciendo.

El tercer y último objetivo que tienen las naciones invasoras es el aniquilamiento total del pueblo de Israel: «Dirás: Subiré contra una tierra indefensa, iré contra gentes tranquilas que habitan confiadamente; todas ellas habitan sin muros, y no tienen cerrojos ni puertas […] para poner tus manos […] sobre el pueblo recogido de entre las naciones […] y subirás contra mi pueblo Israel como nublado para cubrir la tierra» (vv. 11-12, 16). El odio histórico acumulado hacia los judíos hará mover a estas naciones con la seguridad de que esta vez el pueblo de Israel no escapará con vida.

Detalles de la invasión

Subirás tú, y vendrás como tempestad; como nublado para cubrir la tierra serás tú y todas tus tropas, y muchos pueblos contigo. […] Vendrás de tu lugar, de las regiones del norte, tú y muchos pueblos contigo, todos ellos a caballo, gran multitud y poderoso ejército, y subirás contra mi pueblo Israel como nublado para cubrir la tierra. (Ezequiel 38:9, 15-16)

Ezequiel nos narra en estos pasajes que la coalición de enormes ejércitos se juntará de todas las naciones que atacarán y se congregará sobre los montes de Israel. Un escritor nos ayuda a entender la estrategia de invasión desde estos montes:

Los montes de Israel están localizados principalmente en las fronteras norteñas del país con los actuales Siria, Líbano y el norte de Jordania (en particular las importantes Alturas de Golán). Puesto que la coalición ruso-iraní descrita por el profeta viene principalmente del norte, es razonable concluir que Siria y Líbano participen en la coalición. Quizás también Jordania, aunque esto no está del todo claro[34].

Ahora que hemos colocado el marco para la invasión de los ejércitos reunidos contra Israel al identificar el lugar, el tiempo, el propósito y algunos de los detalles, veamos a continuación lo que sucederá cuando empiece de veras esta invasión.

Intervención de Dios

Cuando se reúnan los enormes ejércitos ruso-islámicos en los montes del norte de Israel, listos para avanzar contra este pequeñísimo estado, parecerá ser la confrontación más extremadamente injusta en la historia militar. Los israelíes serán tan superados en cantidad, que no habrá manera humana de que puedan ganar esta guerra. Solo podría salvarlos la posible intervención del mismo Dios. Y eso es exactamente lo que sucederá. Así nos lo cuenta Ezequiel: «En aquel tiempo, cuando venga Gog contra la tierra de Israel, dijo Jehová el Señor, subirá mi ira y mi enojo. Porque he hablado en mi celo, y en el fuego de mi ira» (Ezequiel 38:18-19a).

¿Cómo propinará Dios esta derrota milagrosa? ¿Cuáles serán las consecuencias de su intervención? Estas son preguntas que podremos contestar al seguir explorando la profecía, y las respuestas nos permitirán comprender cómo los acontecimientos de hoy terminarán por cumplir los propósitos del Señor en el futuro cercano.

Arsenales

Cuando Dios va a la guerra usa armas exclusivas de él, armas que hacen que las de los hombres resulten tan ineficaces como una pistola de agua contra una bomba nuclear. Dios salvará a su pueblo Israel empleando simultáneamente cuatro de estas armas. Primero: derrotará de manera aplastante a los ejércitos que atacan a Israel con una fuerte conmoción de la tierra. Así lo explica el profeta:

> Porque he hablado en mi celo, y en el fuego de mi ira: Que en aquel tiempo habrá gran temblor sobre la tierra de Israel; que los peces del mar, las aves del cielo, las bestias del campo y toda serpiente que se arrastra sobre la tierra, y todos los hombres que están sobre la faz de la tierra, temblarán ante mi presencia; y se desmoronarán los montes, y los vallados caerán, y todo muro caerá a tierra. (Ezequiel 38:19-20)

El Señor seguirá esta convulsión de la tierra con su segunda arma, la cual será crear tal confusión entre las tropas invasoras que estas se llenarán de pánico y comenzarán a matarse entre sí: «Y en todos mis montes llamaré contra él la espada, dice Jehová el Señor; la espada de cada cual será contra su hermano» (Ezequiel 38:21). En Jueces 7 y 8 vemos narrado un acontecimiento parecido; nos relatan que 135 mil madianitas se habían reunido contra Israel. Gedeón y su pequeño grupo de trescientos hombres, bajo la dirección de Dios y por medio del poder del Señor, colocaron al enemigo en total confusión y el Señor puso la espada de cada hombre contra su hermano. Como resultado murieron 120 mil soldados madianitas, en gran parte por lo que hoy día llamaríamos «fuego amigo».

En Ezequiel vemos cómo las dos primeras armas divinas obran juntas como un par de puñetazos en rápida sucesión. Sin duda un repentino terremoto en los montes de Israel llenaría de pánico a un ejército. Con la tierra moviéndose como olas del mar, y la agitación de la tierra generando densas nubes de polvo, será imposible que los enemigos distingan a un enemigo de un aliado, y en su terror ciego matarán a todo lo que se mueva.

La tercera arma divina será el contagio con enfermedades. El Señor continúa advirtiendo: «Y yo litigaré contra él con pestilencia y con sangre» (v. 22*a*). Infectará a las tropas invasoras con alguna enfermedad debilitante que las incapacitará para llevar a cabo un ataque eficaz. Dios seguirá este contagio con su cuarta y última arma: calamidades desde el cielo. «Y haré llover sobre él, sobre sus tropas y sobre los muchos pueblos que están con él, impetuosa lluvia, y piedras de granizo, fuego y azufre» (v. 22*b*).

Encontramos el prototipo de esta estrategia en el juicio de Dios sobre Sodoma y Gomorra, donde las dos decadentes ciudades fueron enterradas para siempre bajo las salobres aguas del Mar Muerto por una tormenta de fuego y azufre. Alguien escribió: «Toda fuerza de la Naturaleza es un siervo del Dios vivo, y en un momento puede ser un soldado, armado hasta los dientes. Los hombres están descubriendo poco a poco que las fuerzas del Señor almacenadas en la Naturaleza son mucho más poderosas que los músculos de la especie humana»[35]. Cuando Dios va a la guerra, ningún ejército en la tierra se puede enfrentar al poderoso arsenal divino. Los ejércitos que salgan contra Israel en los últimos tiempos aprenderán de una forma difícil esa verdad.

Repercusiones de la guerra

Antes que nada, habrá un festín. Hay gran ironía en usar el término *festín* para lo que pasará inmediatamente después de la destrucción de los enemigos de Israel. No será un festín de victoria por los israelíes rescatados, sino un festín para buitres y depredadores que se alimentarán con las increíbles cantidades de cadáveres esparcidos en el campo de batalla. He aquí como Ezequiel describió este espeluznante banquete:

> Sobre los montes de Israel caerás tú y todas tus tropas, y los pueblos que fueron contigo; a aves de rapiña de toda especie, y a las fieras del campo, te he dado por comida. Sobre la faz del campo caerás; porque yo he hablado, dice Jehová el Señor. [...] Y tú, hijo de hombre, así ha dicho Jehová el Señor: Di a las aves de toda especie, y a toda fiera del campo: Juntaos, y venid; reuníos de todas partes a mi víctima que sacrifico para vosotros, un sacrificio grande sobre los montes de Israel; y comeréis carne y beberéis sangre. Comeréis carne de fuertes, y beberéis sangre de príncipes de la tierra; de carneros, de corderos, de machos cabríos, de bueyes y de toros, engordados todos en Basán. Comeréis grosura hasta saciaros, y beberéis hasta embriagaros de sangre de las víctimas que para vosotros sacrifiqué. Y os saciaréis sobre mi mesa, de caballos y de jinetes fuertes y de todos los hombres de guerra, dice Jehová el Señor. (Ezequiel 39:4-5, 17-20)

Esta escalofriante profecía utiliza el lenguaje de un festín, que Dios llama «festín expiatorio», para mostrar cómo la intervención de su voluntad dará como resultado un horripilante espectáculo de innumerables cadáveres desparramados por la región como escombros de un tornado, creando abundante banquete para sus invitados: las aves del aire y las bestias del campo.

El segundo acontecimiento que ocurrirá después de la destrucción de los enemigos de Israel será un gran funeral. Así lo describió Ezequiel:

En aquel tiempo yo daré a Gog lugar para sepultura allí en Israel, el valle de los que pasan al oriente del mar; y obstruirá el paso a los transeúntes, pues allí enterrarán a Gog y a toda su multitud; y lo llamarán el Valle de Hamón-gog. Y la casa de Israel los estará enterrando por siete meses, para limpiar la tierra. [...] Y tomarán hombres a jornal que vayan por el país con los que viajen, para enterrar a los que queden sobre la faz de la tierra, a fin de limpiarla; al cabo de siete meses harán el reconocimiento. Y pasarán los que irán por el país, y el que vea los huesos de algún hombre pondrá junto a ellos una señal, hasta que los entierren los sepultureros en el valle de Hamón-gog. Y también el nombre de la ciudad será Hamona; y limpiarán la tierra. (Ezequiel 39:11-12, 14-16)

Aquí Ezequiel describió otra imagen espeluznante y macabra de la horrenda muerte y destrucción a los invasores de Israel. Esta guerra producirá tantas bajas que se necesitarán siete meses para enterrar todos los cuerpos. Es más, la tarea será tan enorme que se asignará un destacamento especial de soldados para realizarla. Según el Antiguo Testamento, un cadáver sin enterrar es un reproche a Dios y hace que la tierra se contamine (Deuteronomio 21:23). De ahí que los israelíes se sentirán obligados a limpiar el sangriento campo de batalla, y a enterrar a todos los muertos.

La tercera repercusión de la guerra contra Israel será un incendio grande y extendido que arderá por mucho tiempo. Así es como Ezequiel explicó el incendio y su propósito:

Y los moradores de las ciudades de Israel saldrán, y encenderán y quemarán armas, escudos, paveses, arcos y saetas, dardos de mano y lanzas; y los quemarán en el fuego por siete años. No traerán leña del campo, ni cortarán de los bosques, sino quemarán las armas en el fuego; y despojarán a sus despojadores, y robarán a los que les robaron, dice Jehová el Señor. (Ezequiel 39:9-10)

Este pasaje indica que el arsenal de armamento y equipo militar traído contra Israel por la coalición de naciones será totalmente asombroso. Aunque tardarán siete meses en enterrar los cadáveres, lo cual es muy sorprendente, tardarán *siete años* en quemar las armas.

A algunos lectores de Ezequiel les molesta que el profeta describa estas armas como de origen antiguo, mientras que una batalla que ha de ocurrir en el futuro sin duda empleará armamento moderno y equipo militar altamente desarrollado: fusiles, tanques, aviones, bombas, misiles y posiblemente armas nucleares. Pero debemos tener sentido común para hacer prevalecer nuestra lectura de Ezequiel, quien hizo todo lo que hicieron los profetas pues habló del futuro usando términos y descripciones que él y la gente de su época pudieran entender. Si hubiera escrito de tanques, misiles y bombas, quienes vivían en ese tiempo habrían quedado totalmente desconcertados, y el mensaje del profeta no habría tenido sentido para ellos.

El entierro de los cadáveres y la quema de armas comprende lo que Ezequiel llama «limpiar la tierra» de la contaminación de muerte y destrucción causada por los enemigos del pueblo de Dios. Estas intensivas operaciones de limpieza en el período subsiguiente a la guerra nos proveen una imagen reveladora de la enormidad de la destrucción augurada en la profecía de Ezequiel acerca del fin de los tiempos. A medida que tratamos de comprender estos acontecimientos catastróficos, solo podemos mover nuestras cabezas en asombro y preguntar: «¿Qué le pasa al mundo?». Creo que Ezequiel nos ayuda a contestar esa pregunta al profundizar en su profecía.

La soberanía del plan de Dios

El cumplimiento inevitable del propósito de Dios

Para entender lo que está ocurriendo en la guerra y destrucción descritas en la profecía de Ezequiel, primero debemos considerar la soberanía del plan de Dios. En todo este libro hemos observado que aun en los momentos más devastadores, el Señor todavía está en control. Es más, a menudo Dios organiza acontecimientos para lograr sus propósitos. El profeta nos dice muy claramente lo que hará a los enemigos de Israel: «Y te quebrantaré, y pondré garfios en tus quijadas, y te sacaré a ti y a todo tu ejército, caballos y jinetes, de todo en todo equipados» (Ezequiel 38:4); «En los últimos días atacarás a mi pueblo Israel» (v. 16, *NVI*); «y te quebrantaré, y te conduciré y te haré subir de las partes del norte, y te traeré sobre los montes de Israel» (Ezequiel 39:2).

Pasajes como estos confunden a muchas personas debido a la aparente sugerencia de que Dios lleva a los hombres a la maldad o a hacer cosas malas. Pero la Biblia no dice de manera explícita que el Señor inculque maldad en el corazón de los hombres. Algunos intentarían refutar esta afirmación señalando que las Escrituras afirman de modo explícito que durante el Éxodo, el Señor endureció el corazón del Faraón. Por supuesto que dice eso, pero la afirmación se refiere a la naturaleza del corazón del Faraón, no a que Dios invalide el libre albedrío del hombre. Algunos corazones son como barro; el calor del sol los endurece. Otros son como cera; el sol hace que se derritan. No es culpa del sol que endurezca una sustancia y derrita la otra; todo depende de la naturaleza del material. El corazón del Faraón era de los que se endurecían al ser expuestos a la luz de Dios. No tuvo nada que ver con que Dios lo coaccionara a hacer el mal.

El Antiguo Testamento busca especialmente mostrar que Dios es el gobernante soberano de todo. Aunque los hombres intenten frustrar el plan del Señor y sembrar gran destrucción, el propósito divino siempre se logrará. Cuando Ezequiel escribió que el Señor llevará al enemigo contra la tierra de Dios, simplemente expresaba que llevará a esas naciones hacia la perdición que la maldad de ellas exige de modo inevitable. Al final todo el mundo cumplirá la voluntad de Dios. Quienes se conforman a esa voluntad lo hacen de buen grado; quienes no se conforman la cumplen como herramienta involuntaria en manos del Señor.

Sencillez del propósito divino

En segundo lugar, veamos la sencillez del propósito de Dios. Cuando usted lea los siguientes versículos de la profecía de Ezequiel, no tendrá dificultad en reconocer las cláusulas que definen el propósito:

Te traeré sobre mi tierra, para que las naciones me conozcan, cuando sea santificado en ti, oh Gog, delante de sus ojos. (Ezequiel 38:16)

Y seré engrandecido y santificado, y seré conocido ante los ojos de muchas naciones; y sabrán que yo soy Jehová. (38:23)

Y sabrán que yo soy Jehová. (39:6)

Y haré notorio mi santo nombre en medio de mi pueblo Israel, y nunca más dejaré profanar mi santo nombre; y sabrán las naciones que yo soy Jehová, el Santo en Israel. (39:7)

Y pondré mi gloria entre las naciones, y todas las naciones verán mi juicio que habré hecho, y mi mano que sobre ellos puse. Y de aquel día en adelante sabrá la casa de Israel que yo soy Jehová su Dios. (39:21-22)

No es necesario ser científico nuclear para imaginar el propósito del Señor en la violentísima batalla de los últimos tiempos. Este es muy claro y simple. Dios busca que la gente lo reconozca como el Señor Dios del cielo, cuyo nombre es santo, cuya gloria llena el universo, y a quien los hombres deben reconocer como soberano si han de hallar la paz y el gozo que Él desea para su pueblo.

Salvación del pueblo de Dios

Por último, observe la soberanía del plan de Dios en el rescate de su pueblo. Ezequiel nos dice que el resultado final de la batalla de Gog y Magog será la salvación del pueblo judío:

> Por tanto, así ha dicho Jehová el Señor: Ahora volveré la cautividad de Jacob, y tendré misericordia de toda la casa de Israel, y me mostraré celoso por mi santo nombre. Y ellos sentirán su vergüenza, y toda su rebelión con que prevaricaron contra mí, cuando habiten en su tierra con seguridad, y no haya quien los espante; cuando los saque de entre los pueblos, y los reúna de la tierra de sus enemigos, y sea santificado en ellos ante los ojos de muchas naciones. Y sabrán que yo soy Jehová su Dios, cuando después de haberlos llevado al cautiverio entre las naciones, los reúna sobre su tierra, sin dejar allí a ninguno de ellos. Ni esconderé más de ellos mi rostro; porque habré derramado de mi Espíritu sobre la casa de Israel, dice Jehová el Señor. (Ezequiel 39:25-29)

Así termina el profeta su importantísima profecía en una alta nota, ensalzando el tierno amor y la compasión de Dios hacia su pueblo. Por grande que sea la maldad en el corazón de los hombres, por grande que sea la destrucción y muerte que produzca esa maldad, el propósito fundamental de Dios al confrontar esa maldad, al revelar su gloria entre las naciones, y al sacar a los suyos de las tierras del enemigo siempre es lograr la salvación de su pueblo.

Según Ezequiel nos muestra de forma tan vívida, la destrucción que el Señor hace del Eje del Mal en los últimos días conseguirá la salvación de su pueblo, la nación de Israel. Al identificar ese Eje del Mal como las naciones modernas que sin darse cuenta se inclinan hacia el cumplimiento de esta devastadora profecía, hemos respondido otra pregunta acerca de lo que está sucediendo hoy en día en el mundo. Hemos mostrado cómo los acontecimientos actuales llevarán al cumplimiento final de los propósitos de Dios.

Al cerrar este capítulo creo que es importante señalar que en cierto sentido existe el potencial para un eje del mal dentro del corazón de cada uno de nosotros. Como nos advierte el apóstol Pablo, todos tenemos en nuestro corazón esa «naturaleza pecaminosa» que heredamos de Adán: una propensión hacia el mal egoísta que, si no está controlado por la presencia del Espíritu de Dios, puede desenfrenarse y causar destrucción en nuestras propias vidas y en las de quienes nos rodean.

Pero gracias sean dadas a Dios que su salvación no solo es para Israel. Todos los hombres y las mujeres de hoy pueden optar por estar entre el pueblo del Señor. Usted no tiene que ser judío para recibir salvación, ni tiene que ser ruso ni ninguna fuerza iraní para ser parte del Eje del Mal. Dios; en su infinito amor, derrama su Espíritu sobre todos los que creen y se vuelven a él. Con esa maravillosa transacción, y a medida que el Espíritu Santo se vierte sobre los redimidos, el eje del mal en nuestros corazones es transformado por el amor de Dios.

Concluiré este capítulo ofreciendo un agradable y conmovedor ejemplo de este principio, el cual descubrí hace poco en un incidente verdadero reportado por Robert Morgan:

Daniel Christiansen habla acerca de un pariente, un soldado rumano en la Segunda Guerra Mundial, llamado Ana Gheorghe. Corría

el año 1941, y las tropas habían ocupado la región rumana de Besa-
rabia y habían entrado en Moldavia. Ana y sus compañeros estaban
muy aterrados. Las balas les zumbaban alrededor y los proyectiles
de mortero sacudían la tierra. Durante el día Ana buscaba alivio
leyendo la Biblia, pero en la noche solo podía agacharse pegado a la
tierra y recordar versículos memorizados durante la infancia.

Un día, durante un tupido fuego enemigo, Ana se alejó de su
compañía. Lleno de pánico corrió cada vez más profundo dentro
de los bosques hasta que, recostado en la base de un enorme árbol,
se quedó dormido de cansancio. Al día siguiente, intentando encontrar a sus compañeros se movió cautelosamente hacia el frente, permaneciendo en las sombras de los árboles, mordisqueando
un mendrugo, y bebiendo en riachuelos. Al oír cerca la batalla se
descolgó el rifle, le quitó el cerrojo, y esperó al enemigo, con los
nervios a punto de estallarle. Veinte metros más adelante apareció
súbitamente un soldado ruso.

De nada me sirvieron todos mis ensayos mentales de valentía.
Dejé caer el rifle y me puse de rodillas, luego metí la cabeza entre las
sudadas manos y empecé a orar. Mientras lo hacía esperaba el helado
toque del rifle ruso contra la cabeza.

Sentí una leve presión en el hombro cerca del cuello. Lentamen-
te abrí los ojos. Allí se hallaba mi enemigo arrodillado frente a mí,
su arma al lado de la mía entre las flores silvestres. Él tenía los ojos
cerrados en oración. No entendíamos una sola palabra del lenguaje
uno del otro, pero podíamos orar. Terminamos nuestra oración con dos
palabras que no necesitaban traducción: «Aleluya. [...] ¡Amén!»

Luego, después de un emotivo abrazo, nos alejamos rápidamente
del claro en direcciones opuestas y desaparecimos entre los árboles[36].

Armas para Armagedón

EL GENERAL DOUGLAS MACARTHUR SE PARÓ EN EL MUELLE del USS *Missouri* en el puerto de Tokio. Era el 2 de septiembre de 1945, y este hombre que había fraguado la muy reñida victoria estadounidense en el Pacífico acababa de presenciar las firmas de los dirigentes japoneses con que se terminaba la sangrienta lucha global conocida como Segunda Guerra Mundial. Ese día este auténtico héroe estadounidense lanzó una profunda advertencia, la que más tarde repitió en su famoso discurso de despedida ante el Congreso de los Estados Unidos: «Hemos tenido nuestra última oportunidad», dijo. «Si ahora no concebimos algún sistema mayor y más equitativo, Armagedón estará a nuestra puerta»[1].

Poco después de que Ronald Reagan fuera investido como el cuadragésimo presidente de la nación, se quedó atónito por las complejidades del Oriente Medio. En su delgada franja de territorio, Israel se encontraba rodeado por enemigos árabes bien armados que se esparcían como vidrios rotos en innumerables facciones y divisiones imposibles de reconciliar. El viernes 15 de mayo de 1981, Reagan registró en su diario los enmarañados problemas que envolvían a Líbano, Siria, Arabia Saudita, la Unión Soviética e Israel: «A veces me pregunto si estamos destinados a presenciar el Armagedón».

Solo tres semanas después, el domingo 7, recibió noticias de que Israel había bombardeado el reactor nuclear iraquí. Esa tarde Reagan escribió en su diario: «Recibí mensaje de bombardeo de Israel a Irak... reactor nuclear. Juro que creo que Armagedón está cerca»[2].

Armagedón. La misma palabra entumece el alma. Probablemente haya pocos adultos que no conozcan esa palabra ni lo que implica. ¿Por qué nuestros dirigentes nacionales en los siglos XX y XXI han comenzado a usar esa palabra del día del Juicio Final en sus discursos y escritos? Creo que es porque logran ver cómo el armamento moderno y las tensiones internacionales están demostrando lo rápido que se puede descontrolar el equilibrio mundial, llevando a una guerra catastrófica como el mundo no ha experimentado antes.

Nuestra nación no es ajena a la guerra. Según el Instituto Militar del Ejército de los Estados Unidos, el país ha participado en veintinueve guerras o conflictos bélicos. Esto da un promedio de una guerra por cada ocho años de historia nacional. Esta cantidad no solo incluye los conflictos mayores, sino también batallas menos conocidas como las guerras seminolas, la participación en la rebelión Bóxer, y la invasión a Panamá. En estas guerras han muerto por su nación 1.314.971 soldados. Esto incluye 25.000 que murieron en la Guerra de Independencia; 623.026 en la Guerra Civil; más de 400.000 en la Segunda Guerra Mundial; más de 58.000 en Vietnam; y casi 4.000 en los actuales conflictos en Irak y Afganistán. (Esa cantidad ha aumentado a más de 4.000 desde que se publicó el informe)[3].

La Biblia nos dice que aún se debe pelear otra guerra en este planeta. Esta guerra, llamada Armagedón, hace parecer escaramuzas a todas las guerras en que Estados Unidos ha luchado hasta la fecha. Esta guerra descorrerá la cortina final sobre la civilización moderna.

En este capítulo levantaremos el velo bíblico para mostrar lo que ahora mismo ocurre en el mundo, que llevará a Armagedón. Es más, ahora mismo en todo el planeta se están realizando preparativos para esa guerra; lo único que detiene su rápida llegada es la desaparición que aún debe ocurrir de todos los verdaderos creyentes en Jesucristo, el acontecimiento que conocemos como arrebatamiento de la Iglesia.

Preparación para la batalla de Armagedón

El apóstol Juan reveló en Apocalipsis 12 cómo se llevará a cabo esta conflagración: «Y fue lanzado fuera el gran dragón, la serpiente antigua, que se llama diablo y Satanás, el cual engaña al mundo entero; fue arrojado a la tierra, y sus ángeles fueron arrojados con él. [...] Y cuando vio el dragón que había sido arrojado a la tierra, persiguió a la mujer que había dado a luz al hijo varón» (vv. 9, 13).

Estos versículos nos narran que, durante la tribulación, cuando Satanás sea echado del cielo a la tierra, comenzará de inmediato a perseguir a la mujer que dio a luz al hijo varón. La «mujer» es una obvia metáfora para Israel, a través de la cual nació el niño Jesús. El primer intento de Satanás en la persecución será la batalla de Gog y Magog. Como vimos en el capítulo anterior, esta batalla, que precede a la de Armagedón, será una enorme coalición de naciones dirigidas por Rusia que atacará a Israel como enjambres de avispas contra un niño indefenso. Según nos dice Apocalipsis, Satanás será la fuerza instigadora tras esta invasión. Pero antes de que logre su proyectada aniquilación de Israel, la nación será rescatada por el Dios todopoderoso.

La frustración de la batalla de Gog y Magog será un contratiempo para Satanás, pero este no se dará por vencido; él es implacable en perseguir a los judíos. Su propósito, que comienza en medio del período de tribulación, es destruir al pueblo judío antes de que Cristo pueda establecer su reino, destruyendo por tanto el gobierno sobre la tierra profetizado por Dios. Según Apocalipsis 16, Satanás empleará dos personalidades aterradoras en estos planes: «Y vi salir de la boca del dragón, y de la boca de la *bestia*, y de la boca del *falso profeta*, tres espíritus inmundos a manera de ranas» (v. 13, *énfasis añadido*).

Juan nos manifiesta aquí que Satanás infundirá poder a la bestia, quien es el cabecilla del imperio romano restaurado, y al falso profeta, director del nuevo sistema mundial religioso. De ahí que Satanás (el dragón), la bestia (el anticristo), y el falso profeta, se conviertan en la trinidad impía comprometida con la destrucción de Israel. Cuando la Iglesia de Jesucristo sea llevada sana y salva al cielo, y empiece el período de tribulación, la incontrolada persecución satánica de Israel lanzará al mundo entero hacia la batalla de Armagedón.

Lugar de la batalla de Armagedón

«Y los reunió en el lugar que en hebreo se llama Armagedón» (Apocalipsis 16:16).

Como ya hemos visto, en estos días se pronuncia mucho la palabra *Armagedón*, la cual se ha convertido en sinónimo de toda clase de escenario de juicio final. Oímos hablar de un inminente Armagedón *económico*, un Armagedón *ecológico*, un Armagedón *ambiental*, y un Armagedón *nuclear* para el cual el físico Stephen Hawking nos advierte que debemos prepararnos reubicándonos «en alguna parte de otro sistema solar»[4]. Evidentemente la imaginación popular ha captado la esencia de la clase de acontecimiento que ocurrirá en Armagedón, pero la gente ha pasado por alto en gran manera el significado inherente de la palabra. Armagedón no es en realidad una guerra; es un lugar.

A usted le podría sorprender, dada la enorme atención que recibe esta palabra, que *Armagedón* solo se mencione una vez en la Biblia… exactamente aquí en Apocalipsis 16. La expresión hebrea *harmageddon* significa «el monte Meguido». *Har* significa monte, y *meguido* significa matanza; por lo que el significado de Armagedón es «monte de la matanza». El monte de Meguido es un punto geográfico real en el norte de Israel. Incluye un extenso valle que va desde el mar Mediterráneo hasta la parte norte de la tierra de Israel. Meguido está a veintinueve kilómetros al sureste de Haifa, a ochenta y ocho kilómetros al norte de Jerusalén, y a poco más de dieciséis kilómetros de Nazaret, la población donde se crió Jesús.

Aunque la palabra *Armagedón* solo se menciona una vez en la Biblia, el monte de Meguido tiene abundante historial bíblico. Fue en Meguido donde Débora y Barac derrotaron a los cananeos (Jueces 4—5). También fue allí donde: Gedeón derrotó a los madianitas (Jueces 7); Saúl fue asesinado durante una guerra con los filisteos (1 Samuel 31); Ocozías fue asesinado por Jehú (2 Reyes 9); y Josías fue asesinado por los egipcios invasores (2 Reyes 23).

Estas de ningún modo son las únicas batallas que se han llevado a cabo en este terreno sangriento. El año pasado me paré en lo alto del monte Meguido, divisando el valle de Armagedón. Si pudiera haber visto pasar aprisa los siglos ante mis ojos, habría visto una enorme sucesión de guerras mientras, uno tras otro, grandes ejércitos atravesaban el campo: cruzados, egipcios, persas, drusos, griegos, turcos y árabes. Durante la Primera Guerra Mundial el general británico Edmund Allenby dirigió su ejército contra los turcos en una feroz batalla en el valle de Armagedón. Según el erudito Alan Johnson, «allí o cerca de allí se han realizado más de doscientas batallas»[5]. Como se puede ver, Meguido se ha ganado su horrible nombre: es de veras un monte de matanza.

¿Por qué Meguido? ¿Por qué será esta la ubicación del último conflicto mundial? Uno de los personajes militares más grandiosos nos proporciona la respuesta. Napoleón se paró en 1799 en Meguido ante la batalla que culminó su intento de conquistar Oriente y reconstruir el imperio romano. Al examinar el enorme valle de Armagedón, declaró: «Todos los ejércitos del mundo podrían maniobrar sus fuerzas en este inmenso valle. [...] No existe en todo el planeta un lugar más apropiado que este para la guerra. [...] [Es] el campo de batalla más natural en toda la tierra»[6].

Aunque no es ningún misterio que la batalla final de la tierra se llevará a cabo en Armagedón, es importante comprender que la pelea se centralizará en ese campo, pero no se limitará a ese lugar. Todos los antiguos profetas concuerdan en que esta guerra se peleará en toda la nación de Israel. En el libro que editó sobre Armagedón, A. Sims escribió:

> Según la Biblia, parece que esta última gran batalla del gran día del Dios todopoderoso se extenderá más allá de Armagedón, o valle de Meguido. Armagedón parece ser principalmente el lugar donde las tropas se reunirán desde los cuatro confines de la tierra, y desde Armagedón la batalla se propagará por toda la nación [el Estado de Israel]. Joel habla de que la última batalla se realizará en el valle de Josafat, el cual está cerca de Jerusalén, e Isaías muestra a Cristo viniendo «de Edom» [actualmente Jordania] con vestiduras manchadas de sangre. Por tanto parece que la batalla de Armagedón se prolongará desde el valle de Meguido en el norte [...] a través del valle de Josafat, cerca de Jerusalén [y hasta Jordania, y el sur de Israel]. Y con esto concuerdan las palabras del profeta Ezequiel de que los ejércitos de esta gran batalla «cubrirán la tierra». [...] Pero sin duda Jerusalén será el centro de interés durante la batalla de Armagedón, porque la Palabra de Dios afirma: «Y en aquel día yo procuraré destruir a todas las naciones que vinieren contra Jerusalén»[7].

Las palabras del profeta Zacarías apoyan el punto de vista de Sims de que Jerusalén es el centro del conflicto en la guerra de Armagedón: «He aquí yo pongo a Jerusalén por copa que hará temblar a todos los pueblos de alrededor contra Judá, en el sitio contra

Jerusalén. Y en aquel día yo pondré a Jerusalén por piedra pesada a todos los pueblos; todos los que se la cargaren serán despedazados, bien que todas las naciones de la tierra se juntarán contra ella» (Zacarías 12:2-3). Por eso aunque usamos la palabra *Armagedón* y ubicamos la guerra en el valle de Meguido, la Biblia enseña que la batalla cubrirá prácticamente toda la tierra de Israel con guerra y derramamiento de sangre.

Esta conflagración será tan aterradora que la Biblia explica que la sangre correrá en pasmosos torrentes: «Y fue pisado el lagar fuera de la ciudad, y del lagar salió sangre hasta los frenos de los caballos, por mil seiscientos estadios» (Apocalipsis 14:20). Si convertimos estas antiguas medidas a terminología moderna, seiscientos estadios son casi exactamente trescientos veinte kilómetros... la distancia desde el extremo norte hasta el sur de la tierra de Israel.

Aunque podríamos tener dificultades para visualizar esa imagen, no resulta desconocida en la experiencia humana. Los antiguos historiadores Plutarco y Herodoto describen escenas parecidas durante fieras batallas de sus épocas. Plutarco escribió respecto al sitio de Atenas entre los años 405-404 a.C.:

> Como a medianoche Sila ingresó a la brecha, con todos los terrores del sonido de trompetas y cascos, con alaridos triunfantes y gritos de un ejército soltado para destruir y asesinar, recorriendo las calles con espadas desenvainadas. No había forma de contar los asesinados; hasta el día de hoy la cantidad solo se conjetura por el espacio de terreno repleto de sangre. Porque sin mencionar la ejecución realizada en las otras partes de la ciudad, la sangre que fue derramada se extendía por todo el mercado [plaza pública] [...] atravesaba la puerta y se derramaba por los suburbios[8].

De igual manera, Josefo describió de este modo la caída de Jerusalén ante las hordas romanas en el año 70 d.C.:

Cuando ellos [los romanos] entraron a raudales en los callejones de la ciudad, con sus espadas desenvainadas, asesinaban sin misericordia a quienes pasaban, e incendiaban las casas deterioradas de judíos que huían [...] atravesaron a espada a todos los que encontraban, obstruyeron las mismas callejuelas con los cuerpos muertos, e hicieron correr sangre por toda la ciudad, hasta tal punto que el fuego de muchas de las casas era sofocado con la sangre de estos hombres[9].

En la actualidad seríamos más exactos en referirnos a este conflicto como la «*campaña* de Armagedón». La palabra que en el Apocalipsis 16:14 se traduce *batalla* es la expresión griega *polemos*, que significa guerra o campaña. Armagedón involucrará muchas batallas lidiadas por toda la tierra de Israel durante un período de más de tres años y medio.

Propósito de la batalla de Armagedón

Nuestras sensibilidades se crispan cuando leemos acerca de la carnicería que la Biblia ilustra al describir la batalla de Armagedón. Y la horrible escena hace surgir toda clase de preguntas, que muchas personas encuentran difíciles de contestar. Nos preguntamos qué está pasando, no solo en el mundo, sino también en la mente de Dios. ¿Cuál es el propósito de esta guerra en el plan del Señor? Enfoquemos estas inquietudes para mostrar el propósito, el plan y la intención de Dios al permitir que ocurra la batalla de Armagedón. ¿Cuáles son exactamente los propósitos del Señor?

Consumar el juicio de Dios sobre Israel

El período de la Tribulación es una época de indignación divina contra la gente de Israel, el pueblo que rechazó a su Mesías y, que después de recibir una y otra vez la oportunidad de volverse, no hiciera caso a la corrección y al juicio punitivo del Señor. No es accidental que a este futuro período se le refiera como «tiempo de angustia para Jacob» (Jeremías 30:7).

Finalizar el juicio de Dios sobre las naciones que han perseguido a Israel

Las naciones que han perseguido al pueblo judío se reúnen finalmente en la batalla de Armagedón, en el valle de Josafat, dándole a Dios la oportunidad de habérselas con ellas de modo definitivo y contundente.

> Reuniré a todas las naciones, y las haré descender al valle de Josafat, y allí entraré en juicio con ellas a causa de mi pueblo, y de Israel mi heredad, a quien ellas esparcieron entre las naciones, y repartieron mi tierra. (Joel 3:2)

Juzgar formalmente a todas las naciones que lo han rechazado

«De su boca sale una espada aguda, para herir con ella a las naciones, y él las regirá con vara de hierro; y él pisa el lagar del vino del furor y de la ira del Dios Todopoderoso» (Apocalipsis 19:15).

Este versículo nos muestra otro de los propósitos de Dios al provocar Armagedón. Observe en particular la última frase: «Él pisa el lagar del vino del furor y de la ira del Dios Todopoderoso». Para nuestros sentidos atados al tiempo, la actividad del Señor parece tan lenta y pesada que la gente que va tras metas impías tiende a no tomar en serio el factor del juicio. De ahí que las naciones no crean que venga una época en que finalmente caerá el juicio divino. Pero tenga la seguridad que el Señor está reservando un juicio de venganza para un día futuro. La Biblia es clara: uno de estos días el Creador se habrá hastiado, y su juicio caerá como fuego consumidor contra las naciones malvadas del planeta. «Y los hombres se quemaron con el gran calor, y blasfemaron el nombre de Dios, que tiene poder sobre estas plagas, y no se arrepintieron para darle gloria» (Apocalipsis 16:9).

Este versículo nos asegura cuán increíblemente malvadas se habrán vuelto las naciones cuando descienda el juicio de Dios. Aunque estos hombres estén retorciéndose y gritando con el espantoso dolor que Dios les inflige, ellos seguirán maldiciéndolo. Se habrán alejado tanto, se habrán entregado tanto a la maldad, que en su desafiante vanidad se negarán a arrepentirse, incluso ante la presión del juicio fatal.

Detalles de la batalla de Armagedón

Nada más para estar seguros de que no haya confusión acerca de las guerras en el período de la Tribulación, deseo aclarar que hemos identificado dos batallas diferentes. En el capítulo anterior supimos de la primera batalla, la que ocurrirá al principio de la tribulación cuando Gog (Rusia) reúna un grupo de naciones contra Israel, que son frustradas por la intervención divina. En este capítulo estamos enterándonos de una segunda batalla, que finalizará el período de la Tribulación. Es fácil confundir las dos, pero la Biblia las presenta como dos sucesos distintos. La batalla de Gog y la de Armagedón están separadas por varios años e involucran diferentes participantes. He aquí algunas de las diferencias que nos ayudarán en nuestra mente a mantener separadas las dos batallas:

- En la batalla de Gog, participan Rusia y al menos otras cinco naciones (Ezequiel 38:2-6). En la batalla de Armagedón participan todas las naciones de la tierra (Joel 3:2; Zacarías 14:2).

- En la batalla de Gog, los invasores atacarán por el norte (Ezequiel 38:6, 15; 39:2). En la batalla de Armagedón los ejércitos llegarán de norte, sur, oriente y occidente. (Daniel 11:40-45; Zacarías 14:2; Apocalipsis 16:12-16)

- En la batalla de Gog, el propósito de los ejércitos es «arrebatar despojos y [...] tomar botín» (Ezequiel 38:12). El propósito en la batalla de Armagedón es aniquilar a los judíos y pelear contra Cristo y su ejército. (Zacarías 12:2-3, 9; 14:2; Apocalipsis 19:19)

- En la batalla de Gog, Rusia estará liderando a las naciones (Ezequiel 38:13). En la batalla de Armagedón el líder será el anticristo. (Apocalipsis 19:19)

- En la batalla de Gog, el Señor derrota a los invasores del norte con temblores de tierra, confusión de las tropas, contagio de enfermedades, y calamidades del cielo. En la batalla de Armagedón serán derrotados los ejércitos por la palabra de Cristo: «una espada aguda». (Apocalipsis 19:15; ver también el v. 21)

- En la batalla de Gog, los enemigos de Israel perecerán sobre los montes de Israel y en campo abierto (Ezequiel 39:4-5). Los muertos del Señor en la batalla de Armagedón yacerán desde un extremo de la tierra hasta el otro. (Jeremías 25:33)

- En la batalla de Gog, los muertos serán enterrados (Ezequiel 39:12-15). En la batalla de Armagedón no se enterrarán los muertos, sino que sus cadáveres serán consumidos totalmente por las aves. (Jeremías 25:33; Apocalipsis 19:17-18, 21)

- Después de la batalla de Gog, seguirá la guerra entre las naciones participantes (menos Israel) durante el resto de la tribulación (Apocalipsis 13:4-7). Después de la batalla de Armagedón se convertirán las espadas en rejas de arado y las lanzas en hoces (Isaías 2:4), y las naciones ya no realizarán más guerras[10].

Participantes en la batalla de Armagedón

Como hemos observado, todas las naciones del mundo participarán en la batalla de Armagedón, y serán dirigidas por el anticristo. Pero la Biblia nos da muchos más detalles acerca de las acciones y los motivos de los participantes en esta batalla, detalles que son dignos de explorar porque proporcionan perspectivas de la naturaleza de la guerra y de por qué se la peleará.

Alianza entre Israel y el anticristo

Refiriéndose específicamente al anticristo, Daniel nos cuenta que «por otra semana confirmará el pacto con muchos» (Daniel 9:27a). Esto significa en lenguaje profético una semana de años, así que el pacto se hará por siete años. Hasta hace poco yo creía que Israel sería engañado a pensar que este tratado de paz sería un acuerdo duradero, porque no me podía imaginar a ningún líder nacional tomando en serio un tratado de paz que se propusiera de modo abierto por un período prescrito. Hasta que un negociador poco convencional y el ex presidente Jimmy Carter propusieron un tratado de paz, un *hudna*, a Israel con una duración limitada de diez años[11]. Aparentemente en los últimos tiempos Israel estará tan hastiado de las continuas amenazas de guerra que creerá que cualquier tratado, incluso uno que les dé un corto espacio para respirar, será mejor que ninguna paz en absoluto.

El anticristo, que en esta época será el cabecilla de la Unión Europea, firmará tal tratado con Israel, garantizando paz y seguridad por siete años. Israel no verá a este hombre como el malvado anticristo, sino como un líder generoso y carismático.

Adoración al anticristo

Inmediatamente después del pacto con Israel este autoproclamado gobernante mundial empezará a fortalecer su poder realizando asombrosas señales y maravillas, incluyendo incluso una supuesta resurrección de entre los muertos (Apocalipsis 13:3). Luego, al haber mejorado en gran manera su control del mundo, dará atrevidamente el siguiente paso en su arrogante desafío hacia Dios: «El rey hará lo que mejor le parezca. Se exaltará a sí mismo, se creerá superior a todos los dioses, y dirá cosas del Dios de dioses que nadie antes se atrevió a decir» (Daniel 11:36, *NVI*).

Daniel sigue dándonos una mayor descripción de los malévolos métodos del anticristo:

> Del Dios de sus padres no hará caso, ni del amor de las mujeres; ni respetará a dios alguno, porque sobre todo se engrandecerá. Mas honrará en su lugar al dios de las fortalezas, dios que sus padres no conocieron; lo honrará con oro y plata, con piedras preciosas y con cosas de gran precio. Con un dios ajeno se hará de las fortalezas más inexpugnables, y colmará de honores a los que le reconozcan, y por precio repartirá la tierra. (Daniel 11:37-39)

El anticristo será la personificación del individuo con una compulsión a extender su dominio sobre todo y sobre todos. Para conseguir este fin no se inclinará a ningún dios sino al «dios de las fortalezas». Es decir, levantará un enorme poder militar y participará en abundantes enfrentamientos bélicos para extender su poder en todo el mundo.

Daniel describe luego cómo la hinchada megalomanía del anticristo lo llevará a dar su siguiente paso en Daniel 11:36, ya citado. Juan amplió la descripción de Daniel de los actos blasfemos del anticristo, diciéndonos que se obligará a toda persona viva a adorar a este hombre. «Y se le permitió infundir aliento a la imagen de la bestia, para que la imagen hablase e hiciese matar a todo el que no la adorase» (Apocalipsis 13:15). Paso a paso, el anticristo se encaramará a sí mismo desde líder europeo, a líder mundial, a dictador tiránico global, y finalmente a dios.

Decisión de luchar contra el anticristo

El dominio del anticristo sobre el poder mundial no durará mucho tiempo. El mundo estará cada vez más descontento con el liderazgo de este dictador mundial, que ha incumplido todas las promesas que hiciera. Importantes segmentos del mundo comenzarán a reunir sus propias fuerzas militares y a rebelarse contra él.

El rey del sur y sus ejércitos serán los primeros en ir tras el anticristo, seguidos por los ejércitos del norte. «Pero al cabo del tiempo el rey del sur contenderá con él; y el rey del norte se levantará contra él como una tempestad, con carros y gente de a caballo, y muchas naves» (Daniel 11:40). John Walvoord ubica el origen de este ejército y describe la magnitud de la ofensiva contra el anticristo:

La profecía de Daniel describe un gran ejército de África, que no incluye solo a Egipto sino a otras naciones de ese continente. Estas tropas, que tal vez asciendan a millones, atacarán al Oriente Medio desde el sur. Al mismo tiempo Rusia y otros ejércitos al norte movilizarán otra poderosa fuerza militar para caer sobre la Tierra Santa y desafiar al dictador mundial. Aunque Rusia habrá tenido un grave revés unos cuatro años antes en la secuencia profética de acontecimientos, aparentemente se podrá recuperar bastante de sus pérdidas como para poner otro ejército en el campo[12].

El anticristo sofocará algunos de estos primeros intentos de rebelión en su contra. Pero algo pasará antes que pueda celebrar y seguir adelante con su propósito de destruir Israel y Jerusalén.

Inquietantes noticias del Oriente Medio

«Pero noticias del oriente y del norte lo atemorizarán, y saldrá con gran ira para destruir y matar a muchos» (Daniel 11:44). La Biblia no deja duda en cuanto al origen de esas noticias tan alarmantes que intranquilizan y enfurecen al anticristo: «El sexto ángel derramó su copa sobre el gran río Éufrates; y el agua de este se secó, para que estuviese preparado el camino a los reyes del oriente» (Apocalipsis 16:12).

El Éufrates es uno de los más grandes ríos del mundo. Fluye de los montes del occidente de Turquía, atraviesa Siria, y corre por el centro de Irak, no lejos de Bagdad. Posteriormente se une con el Tigris para convertirse en el *Shatt el Arab*, y por último desemboca en el Golfo Pérsico. Todo el Éufrates fluye a través de territorio musulmán. El Señor especificó en Génesis 15 y Deuteronomio 11 que el Éufrates sería la extrema frontera oriental de la tierra prometida. Sirve tanto de frontera como de barrera entre Israel y sus enemigos.

¿Es posible que se seque un río del tamaño del Éufrates? Según el escritor Alon Liel esto no solo es posible sino que ya ocurrió hace poco. Él expresó:

En una ocasión el Éufrates fue cortado. Las cabeceras tanto del río Éufrates como del Tigris, de los cuales Siria e Irak dependen en gran manera, están localizadas en territorio turco, lo que hace que las relaciones de Turquía con esas naciones sean las más sensibles.

Las tensiones aumentaron a principios de la década de 1990 cuando Turquía detuvo el flujo del río Éufrates por todo un mes durante la construcción de la represa Ataturk. [...] Habiendo ya mostrado que se puede cortar totalmente este flujo, Turquía ha fortalecido su posición negociadora en sus relaciones complejas con sus vecinos del sur[13].

¿Qué trascendencia tiene que se seque por completo el río Éufrates, y por qué ese hecho tendrá un efecto tan perturbador en el anticristo? Para una explicación volvamos una vez más a John Walvoord:

La seca total del Éufrates es un preludio al acto final del drama, no el acto mismo. Debemos concluir entonces que la interpretación más probable de este hecho es que el flujo del río se interrumpirá por un acto divino, así como fueron detenidas las aguas del mar Rojo y del río Jordán. Esta vez el camino no se abrirá para Israel sino para aquellos a quienes se alude como reyes del oriente. [...] La evidencia señala entonces a una interpretación literal de Apocalipsis 16:12 con relación al Éufrates[14].

No en balde el dictador mundial se encuentra molesto y frustrado. Acaba de sofocar rebeliones al derrotar ejércitos del sur y el norte, y exactamente cuando parece que está a punto de lograr el control de todo, le llega el mensaje de que el río Éufrates se ha secado y de que unos ejércitos enormes del oriente están atravesándolo para venir contra él. El sujeto se debió haber creído seguro, mientras ningún ejército pudiera cruzar esta barrera e irrumpir en el escenario israelí donde luchaba. Pero ahora esa barrera se ha caído, y un ejército de cantidades sin precedentes está marchando hacia él.

¿Cuán grande es exactamente ese ejército? Escuche lo que dice Juan: «Y el número de los ejércitos de los jinetes era doscientos millones. Yo oí su número» (Apocalipsis 9:16). De pronto el anticristo debe desviar la mayor parte de su atención para defenderse de una fuerza acumulada, de una magnitud que el mundo nunca ha visto.

¿Es en realidad creíble un ejército de doscientos millones de soldados? El Dr. Larry Wortzel, coronel jubilado del ejército, es una autoridad destacada en China y que sirvió como director del Instituto de Estudios Estratégicos de la facultad de guerra del ejército estadounidense. En octubre de 1998 presentó el siguiente informe: «La fuerza armada permanente de China de 2 millones 800 mil soldados activos en uniforme es la fuerza militar más grande del mundo. Los respaldan aproximadamente un millón de reservistas y 15 millones de milicianos. Con una población de más de mil doscientos millones de habitantes, China también tiene disponible en cualquier momento una base potencial de otros 200 millones de varones aptos para el servicio militar»[15]. De ahí que un ejército de esa magnitud no solo es posible, el potencial existe incluso en este momento.

Cuando este ejército sin precedentes cruce el lecho del Éufrates contra el anticristo se pondrá en movimiento la mayor guerra de toda la historia, en que participarán centenares de millones de personas. El mayor campo de batalla para esa guerra será la tierra de Israel.

Como si esta noticia no fuera suficientemente aterradora, Juan nos dice que todos estos sucesos están inspirados y dirigidos por los demonios del infierno: «Pues son espíritus de demonios, que hacen señales, y van a los reyes de la tierra en todo el mundo, para reunirlos a la batalla de aquel gran día del Dios Todopoderoso» (Apocalipsis 16:14).

> Sin duda, a medida que se acerque el fin, se manifestará más y más toda forma de conducta malvada y cruel, hasta que al final todo termine en Armagedón. [...] Pero además de estas huestes de ejércitos humanos también estará presente en Armagedón una innumerable cantidad de seres sobrenaturales. [...] De ahí que en realidad Armagedón será una batalla del cielo, la tierra y el infierno[16].

Así que en el preciso momento en que el anticristo esté a punto de atacar y destruir a Israel y Jerusalén, ocurre una distracción estratégica en forma de otro enorme ejército que ingresa al campo de conflicto. Por tanto está dispuesto el escenario para el último y asombroso movimiento en la batalla de Armagedón.

Descenso del Señor desde los cielos

Si usted es seguidor de Cristo, lo que sucede a continuación podría infundirle deseos de levantarse y gritar como un fanático del fútbol al ver que entran al campo las estrellas de su equipo.

> Entonces vi el cielo abierto; y he aquí un caballo blanco, y el que lo montaba se llamaba Fiel y Verdadero, y con justicia juzga y pelea. Sus ojos eran como llama de fuego, y había en su cabeza muchas diademas; y tenía un nombre escrito que ninguno conocía sino él mismo. Estaba vestido de una ropa teñida en sangre; y su nombre es: El Verbo de Dios. Y los ejércitos celestiales, vestidos de lino finísimo, blanco y limpio, le seguían en caballos blancos. De su boca sale una espada aguda, para herir con ella a las naciones, y él las regirá con vara de hierro; y él pisa el lagar del vino del furor y de la ira del Dios Todopoderoso. Y en su vestidura y en su muslo tiene escrito este nombre: REY DE REYES Y SEÑOR DE SEÑORES. (Apocalipsis 19:11-16)

El gran Señor Jesús, el capitán de las huestes del Señor, el Rey sobre todos los reyes, descenderá para defender y proteger a su pueblo escogido y acabar de una vez y para siempre la maldad del anticristo.

Descenso con los santos

Pero el Señor Jesús, capitán de las huestes del Señor, no descenderá solo, como los siguientes pasajes bíblicos dejan bien claro:

Vendrá Jehová mi Dios, y con él todos los santos. (Zacarías 14:5)

La venida de nuestro Señor Jesucristo con todos sus santos. (1 Tesalonicenses 3:13)

Cuando venga en aquel día para ser glorificado en sus santos y ser admirado en todos los que creyeron. (2 Tesalonicenses 1:10)

He aquí, vino el Señor con sus santas decenas de millares. (Judas 14)

Todos los que han muerto en el Señor, junto con quienes fueron arrebatados antes de los años de tribulación, se unirán al Señor y participarán en la batalla con el propósito de reclamar el mundo para el gobierno de Cristo.

Descenso con ángeles

Los santos no son los únicos que serán parte del ejército del Señor. Tanto Mateo como Pablo nos narran que los ángeles también descenderán con Cristo. «Cuando el Hijo del Hombre venga en su gloria, y todos los santos ángeles con él, entonces se sentará en su trono de gloria» (Mateo 25:31); «y a vosotros que sois atribulados, daros reposo con nosotros, cuando se manifieste el Señor Jesús desde el cielo con los ángeles de su poder» (2 Tesalonicenses 1:7).

¿Cuántos ángeles están disponibles para reclutarse dentro de este ejército? La Biblia muestra que la cantidad es extraordinaria. En Mateo 26:52-53, Jesús le dijo a Pedro en el huerto de Getsemaní: «Vuelve tu espada a su lugar. [...] ¿Acaso piensas que no puedo ahora orar a mi Padre, y que él no me daría más de doce legiones de ángeles?». Una legión romana constaba de seis mil soldados, por lo que Jesús reclamaba el acceso instantáneo a la protección de setenta y dos mil soldados angelicales que habrían corrido en su auxilio si él hubiera dado la orden. Al menos Apocalipsis 5:11 confirma esa cantidad, señalando: «Oí la voz de muchos ángeles alrededor del trono, y de los seres vivientes, y de los ancianos; y su número era millones de millones».

Hebreos 12:22 lo resume hablando de innumerable cantidad de ángeles en «una asamblea gozosa» (*NVI*). Ángeles hasta donde los ojos pueden ver y la mente puede imaginar[17].

Esta mezcla de santos y ángeles nos recuerda escenas de grandes fantasías como *Las crónicas de Narnia* y *El Señor de los anillos*, en que los humanos pelean junto a otras criaturas de otros mundos para derrotar a las fuerzas del mal. Es una escena emocionante pensar en santos humanos que contienden codo a codo con ángeles de Dios.

El inicio de la batalla de Armagedón tiene algo de precedente histórico en miniatura. El escritor Randall Price relata el acontecimiento:

La Guerra del Yom Kipur comenzó a las dos de la tarde del 6 de octubre de 1973. Se trató de un ataque sorpresivo contra Israel de parte de las naciones árabes de Egipto y Siria, ataque que buscaba la destrucción del Estado judío. La abrumadora evidencia de preparativos militares árabes a gran escala en la mañana del 6 de octubre había obligado al jefe del Estado Mayor, David Elazar, a pedir ayuda a los Estados Unidos para contener a los árabes. El secretario de Estado de los EE. UU., Henry Kissinger, instó a la primera ministra Golda Meir a no lanzar un golpe preventivo, sino a confiar en las garantías internacionales para la seguridad de Israel. A lo cual la señora Meir, en su característica manera frontal, replicó: «¡Para cuando vengan a salvar a Israel, ya no habrá ningún Israel!».

Cuando finalmente llegó la intervención internacional convocando a negociaciones de cese al fuego, las víctimas de Israel habían ascendido a 2 552 muertos y a más de tres mil heridos. Y hubiera sido mucho peor si los israelíes no hubieran comprendido que si nadie los iba a defender, ellos tendrían que luchar por sí mismos. Por esto Israel ha tenido que confiar en sus propias defensas para su seguridad. Ese ataque es solo un anticipo de lo que Israel puede esperar en el futuro, cuando llegarán los peores ataques en la historia de esa nación y se centrarán en Jerusalén. En esa época no habrá aliados, ni siquiera a regañadientes. [...] Pero la Biblia ha profetizado otra cosa. A su debido tiempo regresará el Salvador de Jerusalén[18].

Como nos cuenta Price, en esta última guerra se obligará a Israel a confiar en sí mismo y a no depender de la ayuda de parte de sus aliados. Ese es el parecido entre el comienzo de la batalla de Armagedón y la Guerra del Yom Kipur: su precedente histórico en miniatura. Sin embargo, ¿cuál será el resultado? ¿Será el final de la última guerra algo parecido al final de la Guerra del Yom Kipur de Israel? Contestaremos esa pregunta contando toda la historia del acontecimiento en el próximo capítulo.

Podríamos inquietarnos por las señales que vemos de catastróficos acontecimientos. Podríamos sentirnos intranquilos debido a los continuos reportes de guerras y terrorismo sin sentido. Nos podrían aterrorizar los reportes de la naturaleza volviéndose contra nosotros. Pero quienes confiamos en el Señor como nuestro Salvador no debemos temer. Él ama y protege a los suyos, y venga lo que venga, si lo buscamos a Él y buscamos Su voluntad estaremos entre aquellos a quienes el Señor salvará de la ira venidera.

El regreso del Rey

EN UN SALÓN DECORADO PARA UN FUNERAL ALBANÉS, nuestro misionero en Albania, Ian Loring, pronunció un poderoso mensaje de Viernes Santo acerca de la gran muerte expiatoria de Cristo. Después invitó a todos a volver el domingo para observar el «ritual del tercer día». En la cultura albanesa los amigos vuelven tres días después de un funeral para sentarse con la familia, tomar café amargo, y recordar al difunto. Ese Domingo de Resurrección llenaban el salón más de trescientas personas. Ian predicó acerca de la «tumba no totalmente vacía», observando que los lienzos en la tumba vacía de Cristo aún tenían la forma del Señor, pero que el paño que habían colocado sobre la cabeza de Jesús estaba separado de los lienzos, doblado. Ese detalle tenía gran importancia para la congregación de Ian. Cuando una persona en Albania ha terminado de comer y se prepara para dejar la mesa, arruga su servilleta para indicar que ha terminado. Pero si a su vez deja la servilleta doblada es una señal de que planea regresar. La aplicación era obvia para los albaneses. ¡Jesús va a volver!

La segunda venida de Cristo es un tema central en gran parte de la Biblia, y es una de las promesas mejor acreditadas en todas las Escrituras. Los cristianos pueden tener la segura convicción de que así como Jesús vino a la tierra la primera vez, así regresará al concluir la Gran Tribulación.

Como cristianos sabemos de la primera venida de nuestro Señor al planeta porque aceptamos el relato de los cuatro Evangelios. Eso es historia. La Biblia nos dice claramente que Él volverá. Aunque la expresión exacta «la segunda venida de Cristo» no se encuentra en la Biblia, hace la aseveración en muchas partes. Por ejemplo, el escritor de Hebreos manifestó: «Y de la manera que está establecido para los hombres que mueran una sola vez, y después de esto el juicio, así también Cristo fue ofrecido una sola vez para llevar los pecados de muchos; y *aparecerá por segunda vez*, sin relación con el pecado, para salvar a los que le esperan» (Hebreos 9:27-28, *énfasis añadido*).

Las profecías del Antiguo Testamento sobre la primera y la segunda venidas de Cristo están tan mezcladas que eruditos judíos no las veían con claridad como acontecimientos separados. La percepción que tenían con relación a estas profecías era como ver una hilera montañosa a la distancia. Miraban lo que parecía un monte, y no vieron que detrás había otra montaña igual de alta, oculta por la perspectiva que tenían de la distancia. Los profetas vieron ambas venidas de Cristo o como un solo acontecimiento o como muy estrechamente relacionadas en el tiempo. Un erudito bíblico escribió: «Las palabras pronunciadas en un aliento, y escritas en una frase, podrían contener sucesos proféticos separados miles de años en sus cumplimientos»[1].

Esta mezcla de dos hechos proféticos en uno podría explicar en parte por qué los judíos como un todo rechazaron a Cristo. Las profecías hablan del Mesías tanto soportando gran sufrimiento como logrando una gran conquista. Ellos creían que el Salvador sufrido se convertiría en el Salvador conquistador en una sola venida. No comprendieron que vendría una primera vez para sufrir y luego una segunda vez para conquistar.

Es evidente que hasta los seguidores de Jesús esperaban que cuando Él vino la primera vez cumpliera las gloriosas promesas relacionadas con su segunda venida. Solo después de que ascendiera al cielo se dieron cuenta que estaban viviendo en el período entre las dos apariciones de Jesús, como en un valle entre dos montes. El teólogo John F. Walvoord explica:

> Desde la actual posición ventajosa [...] ya que la primera venida es historia y la segunda es profecía, es comparativamente fácil volver al Antiguo Testamento y separar la doctrina de las dos venidas de Jesús. En su primera venida el Señor llegó como hombre, vivió entre la gente, realizó milagros, ministró como profeta del modo que profetizara el Antiguo Testamento, y murió en la cruz y resucitó. Todos estos acontecimientos se relacionan claramente con la primera venida de Cristo. Por otra parte, los pasajes que hablan de su venida para reinar, juzgar la tierra, rescatar a los justos de los malvados, e instalar su reino sobre la tierra se relacionan con su segunda venida. Son profecía, no historia[2].

Nada podría ser más dramático que el contraste entre la primera y la segunda venida de nuestro Señor:

- En la primera venida fue envuelto en lienzos. En la segunda venida vendrá vestido espléndidamente en una túnica manchada de sangre.

- En la primera venida estaba rodeado de ganado y personas comunes y corrientes. En la segunda venida estará acompañado por los enormes ejércitos celestiales.
- En la primera venida la puerta del mesón estaba cerrada para

Él. En la segunda venida la puerta de los cielos estará abierta para Él.

* En la primera venida su voz fue el delicado llanto de un bebé. En la segunda venida su voz resonará como el sonido de muchas aguas.

* En la primera venida fue el Cordero de Dios que vino a traer salvación. En la segunda venida será el León de la tribu de Judá que vendrá trayendo juicio.

Arrebatamiento / Traslado	Segunda venida / Establecimiento del reino
1. Traslado de todos los creyentes	1. Ningún traslado
2. Los santos son trasladados al cielo	2. Se traslada a los santos de vuelta a la tierra
3. No se juzga a la tierra	3. Se juzga a la tierra y se establece la justicia
4. Inminente, en cualquier momento, sin señales	4. Luego de señales definidas y profetizadas, que incluyen la tribulación
5. No se menciona en el Antiguo Testamento	5. Predicha a menudo en el Antiguo Testamento
6. Solo creyentes	6. Afecta a toda la humanidad
7. Antes del día de la ira	7. Concluye el día de la ira
8. Sin referencias a Satanás	8. Satanás es atado
9. Cristo viene por los suyos	9. Cristo viene con los suyos
10. Él viene en el aire	10. Él viene a la tierra
11. Él reclama a su novia	11. Él viene con su novia
12. Solamente los suyos lo ven	12. Todo ojo le verá
13. Empieza la tribulación	

Cortesía de Thomas Ice y Timothy Demy

La espera de Cristo

Aunque los cristianos saben más de la primera venida de Cristo, es la segunda venida la que capta más atención en la Biblia. Las referencias a la segunda venida superan las referencias a la primera en relación de ocho a una. Los eruditos cuentan 1.845 referencias bíblicas a la segunda venida, incluyendo 318 en el Nuevo Testamento. Se hace hincapié al regreso de Cristo en por lo menos diecisiete libros del Antiguo Testamento y en siete de cada diez capítulos del Nuevo Testamento. El Señor mismo se refirió a su regreso veintiuna veces. La segunda venida es el segundo tema más dominante después de la fe en el Nuevo Testamento. Veamos brevemente algunas de las más importantes de estas referencias.

Los profetas vaticinaron la segunda venida de Cristo

Aunque muchos de los profetas del Antiguo Testamento escribieron con relación a la segunda venida de Cristo, es Zacarías quien nos ofrece la predicción más clara y concisa de ella:

Después saldrá Jehová y peleará con aquellas naciones, como peleó en el día de la batalla. Y se afirmarán sus pies en aquel día sobre el monte de los Olivos, que está en frente de Jerusalén al oriente; y el monte de los Olivos se partirá por en medio, hacia el oriente y hacia el occidente, haciendo un valle muy grande; y la mitad del monte se apartará hacia el norte, y la otra mitad hacia el sur. (Zacarías 14:3-4)

Observe cómo Zacarías proporciona detalles específicos, y hasta ubica la posición geográfica a la cual regresará Cristo: «Se afirmarán sus pies en aquel día sobre el monte de los Olivos» (14:4). Igual que Armagedón, el monte de los Olivos es un lugar explícitamente identificable que incluso hoy en día conserva su nombre antiguo. Hace poco visité un cementerio judío que ha estado en ese sitio desde los tiempos bíblicos. La precisión del profeta nos brinda confianza de que su profecía es verdadera y exacta. A diferencia de los agoreros y charlatanes vaticinadores, este profeta se atrevió a ser explícito y específico para que la verdad de su profecía no se pasara por alto cuando el acontecimiento ocurriera.

Jesús mismo anunció su segunda venida

Hablando desde el monte de los Olivos, y en términos dramáticos y catastróficos, Jesús aseguró a sus discípulos que vendría por segunda vez:

> Porque como el relámpago que sale del oriente y se muestra hasta el occidente, así será también la venida del Hijo del Hombre. [...] E inmediatamente después de la tribulación de aquellos días, el sol se oscurecerá, y la luna no dará su resplandor, y las estrellas caerán del cielo, y las potencias de los cielos serán conmovidas. Entonces aparecerá la señal del Hijo del Hombre en el cielo; y entonces lamentarán todas las tribus de la tierra, y verán al Hijo del Hombre viniendo sobre las nubes del cielo, con poder y gran gloria. (Mateo 24:27, 29-30)

Los ángeles anunciaron que Jesús volvería

Inmediatamente después de la ascensión de Cristo al cielo se aparecieron dos ángeles a los asombrados discípulos y les hablaron palabras consoladoras: «Varones galileos, ¿por qué estáis mirando al cielo? Este mismo Jesús, que ha sido tomado de vosotros al cielo, así vendrá como le habéis visto ir al cielo» (Hechos 1:11). El versículo siguiente nos informa que ellos «volvieron a Jerusalén desde el monte que se llama del Olivar» (v. 12). ¿Captó usted eso? Jesús ascendió al cielo desde el monte de los Olivos. Según los ángeles, Cristo regresará a ese mismo lugar: al monte de los Olivos. Las palabras de los ángeles expresan tanto consuelo ante la pérdida de Jesús para los discípulos como confirmación de que Él volverá en el futuro.

El apóstol Juan profetizó la segunda venida de Jesús

Las profecías del regreso de Cristo son como sujetalibros para el Apocalipsis de Juan, que escribió en el capítulo 1: «He aquí que viene con las nubes, y todo ojo le verá, y los que le traspasaron; y todos los linajes de la tierra harán lamentación por él» (v. 7). Y en las últimas páginas del capítulo 22 —en realidad casi las últimas palabras del Nuevo Testamento— nuestro Señor afirma de manera enfática su segunda venida: «El que da testimonio de estas cosas dice: Ciertamente vengo en breve. Amén; sí, ven, Señor Jesús» (22:20).

Es obvio que tenemos excelentes motivos para esperar el regreso de Cristo. La Biblia lo afirma totalmente como algo seguro, describiéndolo en términos específicos y con amplia corroboración.

El advenimiento de Cristo

En el Apocalipsis se nos dice dos veces que se abrirá la puerta al cielo. La primera vez para recibir a la Iglesia en el cielo en el Arrebatamiento: «Después de esto miré, y he aquí una puerta abierta en el cielo; y la primera voz que oí, como de trompeta, hablando conmigo, dijo: Sube acá, y yo te mostraré las cosas que sucederán después de estas» (Apocalipsis 4:1). La puerta se abre una segunda vez para que Cristo y su Iglesia salgan del cielo en su marcha guerrera de vuelta a la tierra (Apocalipsis 19:11, 14). La primera vez se abre para el arrebatamiento de los santos; ¡la segunda para el regreso de Cristo!

Cuando Jesús llegue a la tierra por segunda vez, su descenso anunciará dramáticamente el propósito de Su venida. El momento en que los pies del Señor toquen el monte de los Olivos, este se escindirá, creando un amplio pasaje de Jerusalén a Jericó. Como podemos imaginar, este será un cataclismo geológico sin precedentes. Para describirlo, el Dr. Tim LaHaye escribió: «Será un suceso estelar; celestial; cósmico; el más grande de la tierra. Más grandioso que los cielos. Absorberá el aire de los pulmones de la Humanidad y pondrá de rodillas a hombres y mujeres, reyes, presidentes y tiranos. No habrá necesidad de reflectores, máquinas de niebla, música amplificada, sintetizadores ni efectos especiales. Será real»[3].

De ahí que el regreso de Cristo será amplificado por un devastador espectáculo que hará parecer a las películas de desastres de Hollywood como entretenimiento infantil de sábado en la mañana. El mundo lo verá y reconocerá a su legítimo Señor y Rey. Mientras la primera vez vino con humildad y sencillez, esta vez la gloria y majestad de Cristo se mostrarán de manera espectacular para que todos vean.

Miremos brevemente la descripción bíblica de la gloria y majestad que Cristo mostrará en su segunda venida.

Designación de Cristo

Apocalipsis 19 otorga tres títulos importantes al Señor que desciende del cielo:

> Entonces vi el cielo abierto; y he aquí un caballo blanco, y el que lo montaba se llamaba Fiel y Verdadero, y con justicia juzga y pelea [...] y tenía un nombre escrito que ninguno conocía sino él mismo [...] y su nombre es: EL VERBO DE DIOS. [...] Y en su vestidura y en su muslo tiene escrito este nombre: REY DE REYES Y SEÑOR DE SEÑORES. (vv. 11-13, 16)

Estos tres calificativos no son adornos retóricos ni títulos vanos. El erudito bíblico Harry Ironside nos aclara la importancia de ellos:

> En estos tres nombres se nos presenta primero, la dignidad de nuestro Señor como el Hijo eterno; segundo, su encarnación: El Verbo se hizo carne; y tercero, su segunda venida como Rey de reyes y Señor de señores[4].

Estos tres nombres abarcan todo el ministerio del Señor Jesucristo. El primer nombre, conocido solo por Dios, indica la intimidad y unicidad de Jesús con el Padre, y por tanto su existencia eterna, incluyendo su papel en la Trinidad como creador y sustentador del mundo. El segundo nombre, el Verbo de Dios, rememora el capítulo 1 del Evangelio de Juan e indica la encarnación de Jesús cuando «el Verbo se hizo carne», caminó como hombre sobre esta tierra, y se nos reveló como Dios. El tercer nombre, las majestuosas y sobresalientes sílabas Rey de reyes y Señor de señores, es el título que Cristo usará en su segunda venida, el cual designa su papel como gobernante soberano sobre toda la tierra.

Descripción de Cristo

Los ojos del Cristo que regresa se describen ardientes como llama de fuego, lo cual significa su capacidad de juzgar y ver profundamente dentro del corazón de los hombres, y de descubrir toda injusticia (Apocalipsis 1:14; 2:18; 19:12). Los ojos del Señor traspasarán los motivos de naciones e individuos, y los juzgarán por lo que en realidad son... ¡no por cómo ellos esperan que las máscaras de sus hipocresías los hagan parecer!

La cabeza del Cristo que regresa está coronada con muchas coronas (Apocalipsis 19:12), testificando su posición como el soberano absoluto Rey de reyes y Señor de señores, el indiscutido monarca de toda la tierra. El afamado predicador del siglo XIX Charles Haddon Spurgeon describió el consuelo y la seguridad que nos provienen de la soberanía de Cristo:

> Estoy seguro de que para un cristiano no hay doctrina más encantadora que la absoluta soberanía de Cristo. Me alegra que no haya cosa tal como el azar, que nada quede para sí mismo, sino que Cristo haya influido en todo lugar. Si yo creyera que hubiera un demonio en el infierno al que Cristo no gobernara, debería darme miedo que ese demonio me destruyera. Si creyera que sobre la tierra hubiera alguna circunstancia que Cristo no gobernara, temería que esa circunstancia me arruinara. No solo eso, si hubiera un ángel en el cielo que no fuera uno de los sujetos de Jehová, incluso ante éste yo debería temblar. Pero puesto que Cristo es Rey de reyes, y puesto que yo soy su hermano pobre, uno a quién él ama, le entrego toda mi ansiedad, porque él me cuida; e inclinada sobre su pecho, mi alma debe tener absoluto reposo, confianza y seguridad[5].

La túnica de Cristo en su regreso está manchada de sangre, lo que nos recuerda que Él es el Cordero de Dios inmolado. Más atrás en Apocalipsis, Juan lo describe como «el Cordero que fue inmolado desde el principio del mundo» (13:8). Por cierto, Jesús se nos presentará como el Cordero de Dios por toda la eternidad. En cierto sentido, la eternidad será una Santa Cena prolongada pues para siempre recordaremos con amor y gratitud el sacrificio de Jesucristo que nos unió con Dios y nos regaló una eternidad de gozo junto a Él.

Los ejércitos de Cristo

Cuando Jesús regrese a este planeta para acabar definitivamente con la rebelión, lo acompañarán regimientos celestiales. Juan describió estos ejércitos como «vestidos de lino finísimo, blanco y limpio, [que] le seguían en caballos blancos» (Apocalipsis 19:14).

En la corta epístola que precede inmediatamente al Apocalipsis, Judas describió este suceso épico en los versículos 14-15:

> De estos también profetizó Enoc, séptimo desde Adán, diciendo: He aquí, vino el Señor con sus santas decenas de millares, para hacer juicio contra todos, y dejar convictos a todos los impíos de todas sus obras impías que han hecho impíamente, y de todas las cosas duras que los pecadores impíos han hablado contra él.

En un corto versículo Judas usa cuatro veces la palabra *impío*. Esta repetición no es accidental. Judas estaba resaltando el hecho de que cuando Cristo venga por segunda vez, su paciencia por el prolongado sufrimiento habrá seguido su curso. Jesús vendrá para imponer juicio sobre quienes lo han desafiado, y ese juicio será excepcional. En este momento los habitantes de la tierra habrán rechazado el ministerio de los ciento cuarenta y cuatro mil predicadores y los dos testigos que Dios les envió para su salvación, así como el profeta Jonás fue enviado a los ninivitas. El Señor, en su tierna misericordia, intentó alejarlos de su fatal rebelión. Pero a diferencia de los ninivitas, las personas de los últimos tiempos habrán endurecido sus corazones más allá del arrepentimiento.

En 2 Tesalonicenses, Pablo escribió en términos escalofriantes con relación al juicio que vendrá sobre esos rebeldes:

> Cuando se manifieste el Señor Jesús desde el cielo con los ángeles de su poder, en llama de fuego, para dar retribución a los que no conocieron a Dios, ni obedecen al evangelio de nuestro Señor Jesucristo; los cuales sufrirán pena de eterna perdición, excluidos de la presencia del Señor y de la gloria de su poder, cuando venga en aquel día para ser glorificado en sus santos y ser admirado en

todos los que creyeron (por cuanto nuestro testimonio ha sido creído entre vosotros). (2 Tesalonicenses 1:7-10)

Como descubrimos en el capítulo anterior, los ejércitos celestiales que acompañan a Cristo en su segunda venida estarán formados de santos y ángeles, personas como usted y yo parados codo a codo con seres celestiales de inmenso poder. Estas legiones no están vestidas con ropa militar sino de blanco resplandeciente. Pero no tienen que preocuparse de que sus impecables uniformes se ensucien, porque el papel de estos seres es en gran manera ceremonial y honorario; ellos no pelearán. Jesús mismo dará muerte a los rebeldes con la espada mortal que le sale de la boca.

Autoridad de Cristo

Cuando el Señor regrese a la tierra al final de la Tribulación, los hombres y las naciones que se le han opuesto no podrán resistirle más de lo que una telaraña puede resistir a un águila. La victoria de Cristo estará asegurada y su autoridad no se discutirá. Juan describió así lo categórico del juicio de Dios y la firmeza de su gobierno: «De su boca sale una espada aguda, para herir con ella a las naciones, y él las regirá con vara de hierro; y él pisa el lagar del vino del furor y de la ira del Dios Todopoderoso. Y en su vestidura y en su muslo tiene escrito este nombre: REY DE REYES Y SEÑOR DE SEÑORES» (Apocalipsis 19:15-16).

Este gran título, Rey de reyes y Señor de señores, identifica a nuestro Señor en su segunda venida. Representa su autoridad incuestionable. A este nombre se inclinará todo rey de la tierra, y se arrodillará todo señor. No se confunda respecto a la espada que sale de la boca del Señor; no se trata de «la espada del Espíritu, que es la palabra de Dios» (Efesios 6:17). Esta es una espada totalmente distinta y aterradora —la espada del juicio— un instrumento agudo de guerra con el cual Cristo someterá a las naciones y establecerá su reinado absoluto.

Cuando Cristo regrese por segunda vez cumplirá finalmente la profecía de Isaías que citamos y cantamos a menudo en el majestuoso himno de Handel en la época de Navidad: «Porque un niño nos es nacido, hijo nos es dado, y el principado sobre su hombro; y se llamará su nombre Admirable, Consejero, Dios fuerte, Padre eterno, Príncipe de paz» (Isaías 9:6). Jesús cumplió en su venida inicial la primera parte de la profecía de Isaías: la parte reconfortante de Navidad. En su próxima venida cumplirá la segunda parte, la que revela su poder férreo y su autoridad sobre todas las naciones. ¡El gobierno del mundo estará finalmente sobre el hombro del Señor!

Venganza de Cristo

El libro de Apocalipsis está dividido en tres secciones. Al inicio nos presenta el mundo arruinado por el hombre. A medida que entramos a la última mitad del período de tribulación presenciamos el mundo gobernado por Satanás. Pero ahora que llegamos al regreso de Cristo, al final del período de tribulación, vemos el mundo reclamado por Cristo.

Sin embargo, reclamar la tierra no solo es un simple asunto de que Cristo entre y plante su bandera. Antes de que pueda reclamar la tierra es necesario limpiarla. Usted no se mudaría a una casa infestada de ratas sin primero exterminarlas y limpiar el lugar. Esto es lo que Cristo debe hacer antes de reclamar el planeta. Debe desarraigar toda rebelión. Debe vengar el daño hecho a su creación perfecta, eliminando a los rebeldes de la faz de la tierra. Los últimos versículos de Apocalipsis 19 nos proporcionan un relato de esta purga y limpieza, y cada paso en el proceso es en sí una historia dramática. Examinemos brevemente estos actos vengativos que limpiarán y reclamarán la tierra.

Las aves del cielo

En la clásica película de Alfred Hitchcock *Los Pájaros*, un pueblo costero de California es aterrorizado por los continuos ataques de fieras aves. En toda la película el terror aumenta hasta el momento en que las aves, posadas tranquilamente en filas sobre cables en lo alto, se ven de mal augurio y presagian el mal. En vez de cerrar la película con su típico «Fin», Hitchcock simplemente tiñe la pantalla de negro, dejando al espectador con una prolongada sensación de terror cuando sale del teatro y ve aves posadas en cables elevados de su vecindario. Por horrible que sea esta historia, es nada en comparación con la espeluznante escena de aves que Juan describe:

> Y vi a un ángel que estaba en pie en el sol, y clamó a gran voz, diciendo a todas las aves que vuelan en medio del cielo: Venid, y congregaos a la gran cena de Dios, para que comáis carnes de reyes y de capitanes, y carnes de fuertes, carnes de caballos y de sus jinetes, y carnes de todos, libres y esclavos, pequeños y grandes [...] y todas las aves se saciaron de las carnes de ellos. (Apocalipsis 19:17-18, 21)

Las palabras no bastan para describir el horror de esta espantosa escena. Todas las aves de la tierra se reúnen en Armagedón para darse un festín con los enormes montones de carne humana desparramados en el campo de batalla por kilómetros y kilómetros. La palabra que aquí se traduce *aves* solo se encuentra tres veces en la Biblia: dos aquí en Apocalipsis 19 (versículos 17 y 21), y una vez más en Apocalipsis 18:2. Se trata de la palabra griega *arnin*, que designa a un ave carroñera que en español se traduce mejor como *buitre*.

En la visión de Juan el ángel está convocando a los buitres del planeta al Armagedón «a la gran cena de Dios», donde se darán un festín con los cadáveres caídos de los enemigos del Señor. El texto dice que estos cadáveres incluyen tanto a grandes como a pequeños, reyes y generales, esclavos y libres. Harry Ironside lo describió como «una imagen horrorosa... el punto culminante de la más audaz oposición del hombre hacia Dios»[6].

El Apocalipsis nos habla de otra cena, totalmente distinta de esa de los buitres en el campo de Armagedón. En Apocalipsis 19:7 leemos: «Gocémonos y alegrémonos y démosle gloria; porque han llegado las bodas del Cordero, y su esposa se ha preparado». El versículo 9 nos habla de la fiesta que seguirá a la boda: «Y el ángel me dijo: Escribe: Bienaventurados los que son llamados a la cena de las bodas del Cordero».

La cena de las bodas del Cordero es un tiempo de gran gozo, celebrando la boda entre el novio Cristo y su novia, la Iglesia. Me alegra haber confirmado reservación para la cena del Cordero donde festejaré en la mesa del cielo, porque en la otra cena, la gran cena de Dios sobre los campos de Armagedón, los participantes humanos *serán* la comida.

Hago aquí una pausa para hacer algunas preguntas importantes. ¿A qué cena asistirá usted? ¿Ha hecho reservación para la cena de las bodas del Cordero? ¿Ha aceptado la obra redentora del Cordero de Dios a favor de usted? ¿Ha confesado sus pecados y ha rendido su voluntad a la autoridad del Cordero? Sinceramente espero que lo haya hecho, porque al hacerlo usted asegura su invitación a un festejo que no se querrá perder.

Aunque parezca extraño, como señala W. A. Criswell, por gloriosa que sea esta fiesta, no se la describe de manera explícita:

Con relación a la boda en sí, ¿no es una extraña narración que Dios no debería dejar de describir? No se dice nada de ella, no se usa ninguna palabra para describirla. El término griego aquí dice: «*elthen* [tiempo pasado], viene el matrimonio», y eso es todo. Solamente el hecho. Juan solo oye los coros de adoración que anuncian esta cena. Él tiene un mensaje que decir acerca de la esposa, la novia de Cristo, la que se ha preparado. Describe las vestimentas de nuestra justicia que deberán ser nuestro premio ante el altar de Cristo. Pero Juan no relata la verdadera boda en sí. El acontecimiento simplemente ocurrirá y todo el cielo lanza expresiones de adoración[7].

No obstante, a pesar de la falta de descripción, por medio de una técnica de escritor conocida como *estilo indirecto*, Juan deja en claro que esta fiesta será gloriosa. Cuando un evento es demasiado maravilloso para expresarlo en palabras, a veces es más eficaz mostrar la admiración por medio de reacciones al hecho, que por el hecho mismo. En vez de describir directamente la fiesta, Juan utilizó las reacciones de otros para mostrar indirectamente el carácter del suceso. Por tanto, se nos habla de las ropas suntuosas que usaremos, de la hermosura de la novia, y finalmente de las expresiones de adoración que brotarán del cielo con manifestaciones de pura alegría de la ocasión. Por medio de estas impresiones indirectas podemos ver que la cena de las bodas será una celebración más allá de cualquier cosa que podamos imaginar. Firmemente le animo a responder de inmediato.

Los enemigos del cielo

«Y vi a la bestia, a los reyes de la tierra y a sus ejércitos, reunidos para guerrear contra el que montaba el caballo, y contra su ejército» (Apocalipsis 19:19). ¿Podría haber algo más inútil que criaturas que pelean contra su Creador? ¿Contraatacarán al Creador del universo esos insignificantes individuos adheridos a un diminuto planeta, y que flotan en el inmenso cosmos? No obstante, lo inútil del asunto no es más que corazones alejados de Dios. Juan advirtió que la bestia y el falso profeta convencerán a los ejércitos de la tierra a ir a guerrear contra Cristo y las huestes celestiales. Es como convencer a unos ratones que le declaren la guerra a los leones. ¡Esta batalla final será la culminación de toda la rebelión que los hombres han levantado contra el Dios todopoderoso desde el principio del tiempo! Y no hay ni un ápice de duda respecto del resultado.

Fatalidad de la bestia y el falso profeta

La Biblia nos cuenta que Dios agarra al perverso anticristo y al falso profeta, y los lanza dentro del lago ardiente. «Y la bestia fue apresada, y con ella el falso profeta que había hecho delante de ella las señales con las cuales había engañado a los que recibieron la marca de la bestia, y habían adorado su imagen. Estos dos fueron lanzados vivos dentro de un lago de fuego que arde con azufre» (Apocalipsis 19:20).

Estas dos criaturas malignas tienen el poco anhelado honor de ganarse de veras un horrible lugar al lado de Satanás, cuyo confinamiento ocurre mucho después: «Y el diablo que los engañaba fue lanzado en el lago de fuego y azufre, donde estaban la bestia y el falso profeta; y serán atormentados día y noche por los siglos de los siglos» (Apocalipsis 20:10). Satanás no se une allí a la bestia y al falso profeta sino hasta el fin del milenio, mil años después.

Una vez más encuentro en Harry Ironside una interesante información relacionada con la naturaleza del castigo que experimentan estos dos hombres: «"Observe que estos dos sujetos son tomados vivos" […] son "lanzados vivos [al lago de fuego que arde con fuego y azufre]" donde se dice que mil años después sufrirán "el castigo del fuego eterno" (Judas 7)». Harry llama nuestra atención hacia dos verdades importantes de la Palabra de Dios: Esos hombres están vivos cuando llegan, siguen vivos mil años después… y aún experimentando sufrimiento. Ironside saca una profunda conclusión: «El lago de fuego no aniquila ni purga, porque después de mil años bajo juicio no aniquila ni purifica a estos dos enemigos caídos de Dios y del hombre»[8].

El infierno se ha vuelto un tema impopular en estos días. Como observara el historiador de la Iglesia Martin Marty, «el infierno desapareció. Y nadie se dio cuenta»[9]. Últimamente ha habido muchos intentos de suavizar el impacto de esta doctrina bíblica a favor de lo que C. S. Lewis llamó un Dios tipo abuelo de bondad indulgente que no enviaría a nadie al infierno, sino que de cualquier cosa que nos dé la gana de hacer dice: «¿Qué importa eso mientras ellos estén luchando?»[10].

Como muestra claramente el juicio de Dios en el Apocalipsis, Él no es así de tolerante. El Señor pretende formarnos de nuevo a su propia imagen, lo cual a menudo representa un proceso doloroso y de negación personal. Si no queremos ser formados de nuevo debemos soportar la horrorosa consecuencia que trae esa decisión. Según nos indica la visión de Juan, el infierno es aterradoramente real. Y muestra lo fatal que es ser enemigo del Dios todopoderoso. El poder del Señor es infinito, y su justicia es segura. Ninguna rebelión puede oponérsele, y las consecuencias de tal rebelión son terribles y eternas.

Carácter definitivo de la victoria de Cristo sobre la rebelión

«Y los demás fueron muertos con la espada que salía de la boca del que montaba el caballo» (Apocalipsis 19:21). He aquí la forma en que John F. Walvoord describe la victoria:

> Cuando regrese Cristo al final del período de tribulación, los ejércitos que han estado peleando entre sí por poder habrán invadido la ciudad de Jerusalén y estarán involucrados en una lucha casa por casa. Sin embargo, cuando aparezca en los cielos la gloria de la segunda venida de Cristo, estos soldados se vuelven para pelear contra el ejército celestial (Apocalipsis 16:16; 19:19); pero lucharán en vano porque Cristo los derrotará con la espada en su

boca (Apocalipsis 19:15, 21), y los matará, junto con los caballos de ellos[11].

Vemos de nuevo la total torpeza de pelear contra Dios. Los líderes de la rebelión no solo serán lanzados al infierno, sino que también todos los ejércitos que se les unirán resultarán muertos por los poderosos golpes de la mortal espada de Cristo.

Aplicación de la segunda venida de Cristo

En todos mis años de ministerio como pastor y maestro bíblico he hablado con algunos pastores y líderes cristianos que han expresado dudas con relación a la profecía bíblica. Por lo general manifiestan algo como: «No predico sobre profecía porque no tiene nada que ver con las necesidades actuales de la gente. Trato de predicar sobre temas más importantes. Dejo la profecía a personas como usted, Dr. Jeremiah».

Mi respuesta es que hoy en día hay pocos tópicos más importantes que la profecía bíblica. Es más, a medida que entramos en épocas tan claramente descritas en las escrituras proféticas, algunos de mis críticos están comenzando a recibir preguntas de sus propios congregantes que miran los titulares de hoy y preguntan: «¿Qué rayos está pasando en el mundo?». Cuando prediqué a mi propia iglesia los mensajes que se convirtieron en el fundamento de este libro, registramos algunas de las cifras más altas de asistencia en la historia de nuestra congregación. Sospecho que muchos asistieron para escuchar estos mensajes debido a que no obtenían respuestas importantes de parte de sus propios pastores. No me puedo imaginar cómo se puede ser pastor en el mundo catastrófico actual, y no usar la Palabra de Dios a fin de ofrecer a las personas la perspectiva divina sobre los acontecimientos del mundo.

A pesar del elevado valor que concedo a la comprensión de los sucesos futuros, descubro que estudiar la profecía tiene un valor aun más alto y más práctico. Proporciona una convincente motivación para llevar una vida cristiana. La inmediatez de los acontecimientos proféticos demuestra la necesidad de vivir cada momento con disposición hacia Cristo. El respetado evangelista bautista del sur Vance Havner lo expresó de este modo: «El diablo ha insensibilizado la atmósfera de esta época». Por tanto, en vista de las seguras promesas del regreso de Cristo, como creyentes debemos hacer más que simplemente estar listos; debemos estar atentos. Havner sugiere que vivir atentos en nuestra época de «anarquía, apostasía y apatía» significa que «debemos quitar nuestros letreros "No Moleste", [...] reaccionar ante nuestro estupor, salir de nuestro coma, y despertar de nuestra apatía»[12]. Havner nos recuerda que la Palabra de Dios nos llama a despertar de nuestro sueño, y a caminar en justicia, en la luz que Cristo nos ofrece (Romanos 13:11; 1 Corintios 15:34; Efesios 5:14).

La profecía nos puede proporcionar el despertar al que nos llama el Dr. Havner. Cuando hemos oído y comprendido la verdad del regreso de Cristo prometido, no podemos seguir viviendo en la misma forma antigua. Los acontecimientos futuros tienen repercusiones actuales de las que no podemos desentendernos. Cuando sabemos que Cristo está a punto de volver otra vez a este planeta, no podemos seguir siendo las mismas personas. De las epístolas del Nuevo Testamento he recogido diez formas en que deberíamos ser diferentes como resultado de nuestro conocimiento profético. Para resaltar cada cita bíblica he puesto en cursiva las palabras que relacionan la admonición con la promesa del regreso de Cristo.

1. *No juzgar a los demás*: «Así que, no juzguéis nada antes de tiempo, *hasta que venga el Señor*, el cual aclarará también lo oculto de las tinieblas, y manifestará las intenciones de

los corazones; y entonces cada uno recibirá su alabanza de Dios» (1 Corintios 4:5).

2. *Recordar la Cena del Señor*: «Así, pues, todas las veces que comiereis este pan, y bebiereis esta copa, la muerte del Señor anunciáis *hasta que él venga*» (1 Corintios 11:26).

3. *Responder espiritualmente a la vida*: «Si, pues, habéis resucitado con Cristo, buscad las cosas de arriba, donde está Cristo sentado a la diestra de Dios. Poned la mira en las cosas de arriba, no en las de la tierra. Porque habéis muerto, y vuestra vida está escondida con Cristo en Dios. *Cuando Cristo, vuestra vida, se manifieste*, entonces vosotros también seréis manifestados con él en gloria» (Colosenses 3:1-4).

4. *Relacionarse unos con otros en amor*: «Y el Señor os haga crecer y abundar en amor unos para con otros y para con todos, como también lo hacemos nosotros para con vosotros, para que sean afirmados vuestros corazones, irreprensibles en santidad delante de Dios nuestro Padre, en *la venida de nuestro Señor Jesucristo* con todos sus santos» (1 Tesalonicenses 3:12-13).

5. *Restaurar a los afligidos*: «Tampoco queremos, hermanos, que ignoréis acerca de los que duermen, para que no os entristezcáis como los otros que no tienen esperanza. Porque si creemos que Jesús murió y resucitó, así también traerá Dios con Jesús a los que durmieron en él. Por lo cual os decimos esto en palabra del Señor: que nosotros que vivimos, que habremos quedado *hasta la venida del Señor*, no precederemos a los que durmieron. Porque el Señor mismo con voz de mando, con voz de arcángel, y con trompeta de Dios,

descenderá del cielo; y los muertos en Cristo resucitarán primero. Luego nosotros los que vivimos, los que hayamos quedado, seremos arrebatados juntamente con ellos en las nubes para recibir al Señor en el aire, y así estaremos siempre con el Señor. Por tanto, alentaos los unos a los otros con estas palabras» (1 Tesalonicenses 4:13-18).

6. *Comprometernos con el ministerio*: «Te encarezco delante de Dios y del Señor Jesucristo, que juzgará a los vivos y a los muertos *en su manifestación* y en su reino, que prediques la palabra; que instes a tiempo y fuera de tiempo; redarguye, reprende, exhorta con toda paciencia y doctrina» (2 Timoteo 4:1-2).

7. *No abandonar la iglesia*: «Y considerémonos unos a otros para estimularnos al amor y a las buenas obras; no dejando de congregarnos, como algunos tienen por costumbre, sino exhortándonos; y tanto más, *cuanto veis que aquel día se acerca*» (Hebreos 10:24-25).

8. *Permanecer firmes*: «Por tanto, hermanos, tened paciencia hasta la venida del Señor. Mirad cómo el labrador espera el precioso fruto de la tierra, aguardando con paciencia hasta que reciba la lluvia temprana y la tardía. Tened también vosotros paciencia, y afirmad vuestros corazones; porque *la venida del Señor se acerca*» (Santiago 5:7-8).

9. *Renunciar al pecado en nuestras vidas*: «Y ahora, hijitos, permaneced en él, para que cuando se manifieste, tengamos confianza, para que *en su venida* no nos alejemos de él avergonzados. Si sabéis que él es justo, sabed también que todo el que hace justicia es nacido de él» (1 Juan 2:28-29).

10. *Alcanzar a los perdidos*: «Conservaos en el amor de Dios, *esperando la misericordia de nuestro Señor Jesucristo* para vida eterna. A algunos que dudan, convencedlos. A otros salvad, arrebatándolos del fuego; y de otros tened misericordia con temor, aborreciendo aun la ropa contaminada por su carne» (Judas 21-23).

Esperar y anhelar el regreso de Cristo

Una de las historias más extraordinarias que he oído acerca de individuos que esperan el regreso de su líder es la del explorador y aventurero Sir Ernest Shackleton. El sábado 8 de agosto de 1914, una semana después que Alemania declarara la guerra a Rusia, veintinueve hombres zarparon en un barco de madera de tres mástiles desde Plymouth, Inglaterra, hacia la Antártida en pos de convertirse en los primeros aventureros en atravesar a pie el continente antártico. Sir Ernest Shackleton había reclutado a los hombres por medio de un anuncio: «Se necesitan hombres para viaje peligroso. Poco salario. Frío glacial. Largos meses de total oscuridad. Peligro constante. Dudoso regreso a salvo. Honor y reconocimiento en caso de triunfo».

Shackleton no solo fue un hombre sincero, porque los hombres experimentaron todo lo que prometía su anuncio, sino que también fue un líder capaz y un héroe certificado. Sus hombres llegaron a referirse a él como «el Jefe», aunque nunca pensó así de sí mismo. Trabajó tan duro como cualquier miembro de la tripulación, y edificó un sólido equipo unido a bordo del barco, acertadamente llamado *Endurance* [Resistencia]. En enero de 1915 el barco quedó atrapado en un banco de hielo flotante y finalmente se hundió, dejando a los hombres estacionados sobre un témpano de hielo… un trozo plano de hielo marino que flotaba libremente. Shackleton mantuvo a los hombres ocupados de día y entretenidos de noche. Jugaban fútbol de hielo, tenían cánticos nocturnos, y regularmente competían en trineos. Fue el campamento en el témpano de hielo el que le dio a Shackleton su grandeza como líder. De buena gana sacrificaba su derecho a una bolsa de dormir más caliente y cubierta de piel, para que uno de sus hombres pudiera tenerla, y cada mañana llevaba personalmente a sus hombres leche caliente a sus tiendas.

En abril de 1916 se rompió el cada vez más pequeño témpano, obligando a los hombres a buscar refugio en la cercana isla del Elefante. Sabiendo lo improbable de un rescate en una isla tan lúgubre, Shackleton y otros cinco hombres salieron para atravesar mil trescientos kilómetros de mar antártico abierto en un bote salvavidas de siete metros y medio, más con esperanza que con la promesa de regresar con rescatistas. Finalmente, el 30 de agosto, después de un arduo viaje de ciento cinco días y tras tres intentos preliminares, Shackleton regresó para rescatar a su varada tripulación, convirtiéndose en el héroe de aquellos hombres.

Pero quizás el verdadero héroe de esta historia sea Frank Wild. Segundo al mando, Wild quedó encargado del campamento en ausencia de Shackleton, y mantuvo la rutina que había establecido el Jefe. Asignó deberes diarios, sirvió comidas, se mantuvo cantando, planificó competencias atléticas, y generalmente conservó la moral en alto. Debido a que «el campamento estaba en constante peligro de ser enterrado bajo la nieve [...] y a quedar totalmente invisible desde el mar, de tal modo que un grupo de rescate buscaría en vano», Wild mantuvo ocupados a los hombres paleando montones de nieve.

El disparo de una pistola debía ser la señal acordada de antemano de que la nave de rescate estaba cerca de la isla, pero como Wild informara, «muchas veces cuando los glaciares "se partían" y los trozos caían con un estallido como de un disparo, creíamos que se trataba del verdadero disparo, y después de un tiempo debimos desconfiar de esas señales». Pero él no perdió la esperanza del regreso del Jefe.

Wild guardó con confianza la última lata de kerosén y una provisión de artículos inflamables secos listos para encenderlos y usarlos como señal localizadora cuando llegara «el día increíble».

En el campamento apenas quedaban raciones para cuatro días cuando Shackleton finalmente llegó sobre un rompehielos chileno. Él mismo hizo varios viajes por las aguas heladas en un pequeño bote salvavidas para transportar a salvo a su tripulación. Milagrosamente la plomiza niebla se alzó lo suficiente para que todos los hombres pudieran estar a bordo del rompehielos en una hora.

Shackleton se enteró después por sus hombres cómo estos estaban preparados para levantar rápidamente el campamento, e informó: «Quince días después que salí, Wild enrollaba cada día su bolsa de dormir con el comentario: "Mantengan listas sus cosas, muchachos, el Jefe podría volver hoy". Y efectivamente, un día se abrió la neblina y dejó ver el barco que habían estado esperando y anhelando por cuatro meses». La «alegre previsión de Wild resultó contagiosa», y todos estaban preparados cuando llegó el día de la evacuación[13].

La varada tripulación de Shackleton esperaba con desesperación que su líder volviera a ellos, y anhelaban su regreso. Pero por dedicado y diligente que Shackleton fuera, esos hombres no podían estar seguros de que regresaría. Después de todo, el Jefe era un simple hombre que batallaba con elementos que no podía controlar, por tanto ellos estaban conscientes de la posibilidad de que él no regresara. A diferencia de esa desesperada tripulación, nosotros tenemos una promesa segura de que el Señor volverá. Lo nuestro no es un simple anhelo ni una esperanza desesperada, como era el caso de aquellos aventureros, porque nuestro Señor es el Creador y Maestro de todo, y su promesa es tan segura como su misma existencia.

Los profetas, los ángeles, y el apóstol Juan repiten las palabras de promesa del mismo Jesús de que él regresará. La Palabra de Dios amplía la promesa, dándonos claves en profecía para ayudarnos a identificar las señales de que el regreso del Maestro está cercano. Las señales que nos auguran la cercanía de la segunda venida del Señor nos deben motivar como nunca antes a vivir preparados. Como observamos en el capítulo 5, el arrebatamiento, que es el próximo suceso en el calendario profético, se llevará a cabo siete años antes de los acontecimientos que hemos analizado en este último capítulo. Hechos futuros irradian sus sombras ante estos sucesos. Mientras esperamos el regreso de Cristo, no debemos dar fechas tontamente ni dejar nuestros trabajos y hogares para esperarlo en alguna montaña. Debemos mantenernos ocupados haciendo el trabajo establecido delante de nosotros, viviendo en amor y sirviendo en el ministerio, aunque los días se vuelvan sombríos y las noches se alarguen. ¡Anímese! Estamos a salvo; pertenecemos a Cristo. Y como lo expresa el antiguo cántico evangélico: «Pronto y muy pronto, ¡vamos a ver al Rey!».

APÉNDICE A

Estadísticas de la población judía

País	1970	2007	Proyectada 2020
Mundo	12 633 000	13 155 000	13 558 000*
Israel	2 582 000	5 393 000	6 228 000*
Estados Unidos	5 400 000	5 275 000	5 200 000
Francia	530 000	490 000	482 000
Canadá	286 000	374 000	381 000*
Reino Unido	390 000	295 000	238.000
Rusia	808 000	225 000	130 000
Argentina	282 000	184 000	162 000
Alemania	30 000	120 000	108 000

* Indica crecimiento previsto de población judía

Fuente: Instituto de Planificación Política del Pueblo Judío, *Annual Assessment 2007*, Jerusalén, Israel, Gefen Publishing House LTD, 2007.

APÉNDICE B

Reservas petroleras convencionales por nación
Junio de 2007

Puesto	País	Reservas verificadas (miles de millones de barriles) Junio de 2007	Porcentaje de reservas mundiales de petróleo
1	Arabia Saudita	264,3	21,9%
2	Irán	137,5	11,4%
3	Irak	115,0	9,5%
4	Kuwait	101,5	8,4%
5	Emiratos Árabes Unidos	97,8	8,1%
6	Venezuela	80,0	6,6%
7	Rusia	79,5	6,6%

Puesto	País	Reservas verificadas (miles de millones de barriles) Junio de 2007	Porcentaje de reservas mundiales de petróleo
8	Libia	41,5	3,4%
9	Kazajstán	39,8	3,3%
10	Nigeria	36,2	3,0%
11	Estados Unidos	29,9	2,5%
12	Canadá*	17,1	1,4%
13	China Qatar	16,3 15,2	1,3% 1,3%
	Total reservas mundiales	1 208 200 000 000	

* Cuando se incluye el petróleo procedente de areniscas, Canadá se ubica en segundo lugar con 178 800 000 000 de reservas probadas de barriles del hidrocarburo. Actualmente el petróleo de areniscas está excluido de la clasificación como reservas por la Comisión Estadounidense de Garantía e Intercambio, y no se incluye en las estadísticas BP.

NOTAS

Introducción: Reconozcamos las señales

1. «Discurso de Dmitri A. Medvedev», *The New York Times* online, 11 de diciembre, 2007, www.nytimes.com/2007/12/11/world/europe/medvedev-speech.html ingresado el 2 de junio de 2008.
2. «Las Naciones Unidas advierten más disturbios por escasez de alimentos», EuroNews, 23 de abril de 2008, www.euronews.net/index.php?page=info&article=482404&Ing=1 ingresado el 2 de junio de 2008.
3. Pascale Bonnefoy, «Se ordena evacuación cuando volcán chileno empieza a arrojar ceniza», 7 de mayo de 2008, http://nytimes.com/2008/05/07/world/americas/07chile.html?ref=world ingresado el 7 de mayo de 2008.
4. Adam Entous, «Director de colegio en Gaza era "fabricante islámico de misiles"», servicio noticioso Reuters, 5 de mayo de 2008; disponible en www.thestar.com.my/news/story.asp?file=2008/5/5/worldupdates/2008-05-05T203555Z_01_NOOTR_RTRMDNC_0_-334136-1&sec=Worldupdates ingresado el 2 de junio de 2008.
5. Skip Heitzig, *How to Study the Bible and Enjoy It*, Tyndale House Publishers, Carol Stream, IL, 2002, p. 96.
6. Tim LaHaye, *The Rapture* [El Rapto], Editorial Patmos, Miami, FL, 2002, p. 88 en el original en inglés.
7. William Zinsser, *Writing About Your Life*, Marlowe & Company, Nueva York, 2004, pp. 155-156.

Capítulo uno: La conexión Israel

1. Romesg Ratnesae, «14 de mayo de 1948», *Time*, http://www.time.com/time/magazine/article/0,9171,1004510,00.html ingresado el 27 de febrero de 2008.
2. La Declaración de Independencia (Israel), 14 de mayo de 1948, Ministerio Israelí de Asuntos Exteriores: «Signatarios de la declaración del establecimiento del Estado de Israel», http://www.mfa.gov.il/mfa/history/modernhistory/

Israelat50/thesignatoriesofthedeclarationoftheestablis ingresado el 25 de febrero de 2008.

3. Rabino Binyamin Elon, *God's Covenant with Israel*, Balfour Books, Green Forest, AR, 2005, p. 12.

4. Mark Twain, «Con relación a los judíos», *Harper's*, septiembre de 1899, p. 535.

5. «Ganadores judíos de Premio Nobel», Biblioteca virtual judía, http://www. jewishvirtuallibrary.org/jsource/Judaism/nobels.html ingresado el 26 de febrero de 2008; «Hechos laureados del Nobel», Nobelprize.org, http://nobelprize. org/nobel_prizes/nobelprize_facts.html ingresado el 27 de febrero de 2008; y «Ganadores judíos del Premio Nobel», Contribución judía a la civilización mundial (JINFO, siglas en inglés), www.jinfo.org/Nobel_Prizes.html ingresado el 27 de febrero de 2008.

6. *The Jewish People Policy Planning Institute: Annual Assessment 2007*, Gefen Publishing House LTD, Jerusalén, Israel, 2007, p. 15.

7. David Jeremiah, *Before It's Too Late*, Thomas Nelson, Nashville, TN, Inc., 1982, p. 126.

8. Hal Lindsey, «Bendeciré a quien te bendiga», WorldNetDaily, 18 de enero de 2008, www.wnd.com/index.php?pageId=45604 ingresado el 27 de junio de 2008.

9. Elon, *Pacto de Dios con Israel*, p. 17.

10. Ibíd.

11. Abraham Joshua Heschel, *Israel: An Echo of Eternity*, Jewish Lights Publishing, Woodstock, VT, 1997, p. 57.

12. John Walvoord, «¿Poseerá Israel la tierra prometida?». *Jesus the King Is Coming*, Charles Lee Feinberg, ed., Moody Press, Chicago, 1975, p. 128.

13. Citado por Josefo, *Antigüedades*, xiv 7.2, Leob Edition, citado en A. F. Walls, «La dispersión», *The New Bible Dictionary*, Wm. B. Eerdmans Pub. Co., Grand Rapids, 1962, pp. 313-319.

14. Joseph Stein, guión de *El violinista en el tejado*, 1971.

15. Joel C. Rosenberg, de la cinta de audio de DVD *Epicenter*, Tyndale House Publishers, Inc., Carol Stream, IL, 2007, usado con permiso.

16. Rabino Leo Baeck, «Una religión minoritaria», *The Dynamics of Emancipation: The Jew in the Modern Age*, recopilado por Nahum Norbert Glatzer, Beacon Press, Boston, 1965, p. 61. Reimpreso con permiso de Beacon Press.

17. David McCullough, *Truman*, Simon & Schuster, Nueva York, 1992, p. 619.

18. Gary Frazier, *Signs of the Coming of Christ*, Discovery Ministries, Arlington, TX, 1998, p. 67.

19. Chaim Weizmann, *Trial and Error*, Harper & Brothers, Nueva York, 1949, pp. 141-194.

20. Ministerio israelí de asuntos exteriores, «La declaración Balfour», http:// www.mfa.gov.il/MFA/Peace+Process/Guide+to+the+Peace+Process/ The+Balfour+Declaration.htm ingresado el 27 de febrero de 2008; vea también http://www.president.gov.il/chapters/chap_3/file_3_3_1_en.asp.

21. Citado en Gustav Niebuhr, «Publicación religiosa: Expresiones políticas de aumento de piedad personal, como mostraron Bush y Gore». *The New York Times*,

16 de diciembre de 2000, http://query.nytimes.com/gst/fullpage.html?res=990DE ED61539F935A25751CIA9669C8B63 ingresado el 27 de febrero de 2008.

22. Yossi Beilin, *His Brother's Keeper: Israel and Diaspora in the Twenty-first Century*, Schocken Books, Nueva York, 2000, p. 99.

23. *The Jewish People Policy Planning Institute: Annual Assessment 2007*, Gefen Publishing House LTD, Jerusalén, Israel, 2007, p. 15.

24. Milton B. Lindberg, *The Jew and Modern Israel*, Moody Press, Chicago, 1969, p. 7.

25. Clark Clifford, *Counsel to the President*, Random House, Nueva York, 1991, p. 3.

26. Ibíd., p. 4.

27. Ibíd., pp. 7-8.

28. Ibíd., p. 13.

29. Ibíd., p. 22.

30. McCullough, *Truman*, p. 620.

Capítulo dos: El crudo despertar

1. «Historia del petróleo en Pennsylvania», Instituto de Investigación Paleontológica, www.priweb.org/ed/pgws/history/penssylvania/pennsylvania. html ingresado el 1 octubre de 2007.

2. Fareed Zakaria, «Por qué no podemos renunciar», *Newsweek*, http://www. newsweek.com/id/123482 ingresado el 25 de febrero de 2008.

3. Ibíd.

4. Ronald Bailey, «¿Se desborda el precio del petróleo?». Reason Online, 26 de marzo de 2008, www.reason.com/news/printer/125414.html ingresado el 3 de junio de 2008.

5. «Esta semana en el petróleo», Administración e información energética, 19 de marzo de 2008, www.tonto.eia.gov/oog/info/twip.html ingresado el 26 de marzo de 2008; y Épocas comerciales internacionales: Mercancías y Futuros, «Esta semana en el petróleo», 19 de marzo de 2008, http://www.ibtimes.com/ articles/20080319/this-week-in-petroleum-mar-19.htm ingresado el 17 de junio de 2008.

6. Dilip Hiro, «El poder del petróleo», Centro Yale para el estudio de la globalización, 10 de enero de 2006, http://yaleglobal.yale.edu/display. article?id=6761.

7. Reservas probadas de petróleo, «Revisión estadística de la British Petroleum del mundo energético, junio de 2007» BP Global, http://www.bp.com/ liveassets/bp_internet/globalbp/globalbp_uk_english/reports_and_publications/ statistical_energy_review_2007/STAGING/local_assets/downloads/pdf/ statistical_review_of_world_energy_full_report_2007.pdf ingresado el 4 de marzo de 2008. (Nota: en el apéndice B se encuentra un cuadro completo con una explicación de las reservas canadienses).

8. Daniel P. Erikson, «Ahmadinejad encuentra más cálida a América Latina (editorial), *Los Angeles Times*, 3 de octubre de 2007, www.latimes.com/news/ opinion/sunday/commentary/la-oe-erikson3oct03,0,5434188.story ingresado el 3 de octubre de 2007.

9. Robert J. Morgan *My All in All*, B&H Publishing, 2008, Nashville, TN, artículo para el 22 de abril.

10. «Reseñas de energía de naciones», Administración de información energética, http://tonto.eia.doe.gov/country/index.cfm ingresado el 26 de marzo, 2008. (Nota: se tiene acceso a esta información bajo «Consumption» en la tabla de los «Primeros diez consumidores de petróleo, 2006).

11. Zakaria, «Por qué no podemos renunciar».

12. Sara Nunnally y Bryan Bottarelli, «Estadísticas de consumo petrolero: El crecimiento del consumo de petróleo en la Unión Europea», *Wavestrength Options Weekly*, 3 de marzo de 2007, www.wavestrength.com/wavestrength/ marketreport/2007/0307_Oil_Consumption_Statistics_and_Global_Markets_ Market_Report.html ingresado el 3 de junio de 2008.

13. Michael Grunwald, «El chanchullo de la energía limpia», *Time*, 7 de abril de 2008, pp. 40-45.

14. «Discurso de Jimmy Carter a la Unión 1980», 23 de enero de 1980, Biblioteca y Museo Jimmy Carter, www.jimmyarterlibrary.org/documents/speeches/su80jec. phtml ingresado el 3 de junio de 2008.

15. «Conflicto en el Golfo: Pasajes de la declaración de Bush sobre la defensa estadounidense de los sauditas», *The New York Times*, 9 de agosto de 1990, http:// query.nytimes.com/gst/fullpage.html?res=9C0CE0DC1F3FF93AA3575BC0A96 6958260&sec=&spon=&pagewanted=all ingresado el 26 de marzo de 2008.

16. Ann Davis, «¿A dónde ha ido todo el petróleo?». *Wall Street Journal*, 6 de octubre de 2007, http://www.energyinvestmentstrategies.com/infoFiles/articleP DFs/100607SpeculatorsOilPrices.pdf ingresado el 17 de junio de 2008.

17. Comentarios de Abdallah S. Jum'ah, «Impacto de avances tecnológicos de la extracción de crudo en futuros suministros de petróleo», transcripción del discurso Tercer Seminario Internacional de la OPEP, 12-13 de septiembre de 2006, http://www.opec.org/opecna/Speeches/2006/OPEC_Seminar/PDF/ AbdallahJumah.pdf ingresado el 21 de agosto de 2007.

18. «Guerra del petróleo», Foro de Política Mundial y Consejo de Seguridad, 26 de marzo de 2003, http://www.globalpolicy.org/security/oil/2003/0326oilwar.htm ingresado el 26 de junio de 2008.

19. Paul Roberts, *The End of Oil: On the Edge of a Perilous New World*, Mariner Books, Boston, 2005, p. 337. Reimpreso con permiso de Houghton Mifflin Harcourt Publishing Company. Todos los derechos reservados.

20. Ibíd.

21. «Mrs. Meir says Moses Made Israel Oil-Poor», *The New York Times*, 11 de junio de 1973.

22. Tim LaHaye, *The Coming Peace in the Middle East*, Zondervan, Gran Rapids, MI, 1984, p. 105.

23. Aaron Klein, «¿Está Israel asentado sobre enormes reservas petroleras?», WorldNetDaily, 21 de septiembre de 2005, www.worldnetdaily.com/news/ article.asp?ARTICLE_ID=46428 ingresado el 27 de agosto de 2007.

24. Ibíd.

25. Hechos de Jerusalén, «¿Cuáles son las condiciones de la licencia de José?» y «¿Cuáles son las condiciones de la licencia de Asher-Menashe?».

http://www.zionoil.com/investor-center/zion-faqs.html ingresado el 31 de marzo de 2008.

26. Dan Ephron, «Israel: Una visión de petróleo en la Tierra Santa», *Newsweek*, 13 de junio, 2007, http://newsweek.com/id/50060 ingresado el 2 de octubre de 2007.

27. Paul Crespo, «Autor: "Algo pasa entre Rusia e Irán", Newsmax, 30 de enero de 2007, http://archive.newsmax.com/archives/articles/2007/1/29/212432. shtml?s=1h ingresado el 26 de marzo de 2008.

28. Joel C. Rosenberg, *Epicenter*, Tyndale House Publishers, Carol Stream, IL, 2006, p. 113.

29. Amir Mizroch, «Israel lanza nueva campaña para reducir dependencia petrolera», *Jerusalem Post*, 27 de septiembre de 2007, anunciado en Forecast Highs, http://forecasthighs.wordpress.com/2007/09/27/Israel-launches-new-push-to-reduce-its-oil-dependency ingresado el 2 de octubre de 2007.

30. Steven R. Weisman, «Productores de petróleo van por el mundo comprando todas las existencias», *The New York Times*, 28 de noviembre de 2007.

31. Don Richardson, *The Secrets of the Koran*, Regal Books, Ventura, CA, 2003, p. 161.

32. Nazila Fathi, «Agitación en Oriente Medio: Teherán; Los iraníes instan a los musulmanes a usar el petróleo como arma», *The New York Times*, 6 de abril de 2002, http://query.nytimes.com/gst/fullpage.html?res=9A0E5D6173DF935A 35757COA9649C8B63&scp=3&sq=Nazila+Fathi&st=nyt ingresado el 25 de junio de 2008.

33. Parafraseado por Timothy George, «Theology in an Age of Terror», *Christianity Today*, septiembre de 2006; de C. S. Lewis, «Aprendamos en tiempo de guerra», *The Weight of Glory and Other Addresses*, Macmillan, Nueva York, 1949, pp. 41-52.

34. C. S. Lewis, «Learning in Wartime», *The Weight of Glory and Other Addresses*, Macmillan, Nueva York, 1949, p. 26.

35. Vance Havner, *In Times Like These*, Fleming H. Revell, Old Tappan, NJ, 1969, p. 21.

Capítulo tres: Moderna Europa... antigua Roma

1. Adaptado de David Jeremiah, *The Handwriting on the Wall*, Thomas Nelson, Inc., Nashville, TN, 1992, pp. 15-16.

2. «Las neblinas del tiempo», Descubrimientos asombrosos, http:// amazingdiscoveries.org/the-mists-of-time.hmtl ingresado el 21 de marzo de 2008.

3. Tim LaHaye, Ed Hindson, eds., *The Bible Prophecy Commentary*, Harvest House Publishers, Eugene, OR, 2006, p. 226.

4. «La Unión Europea», *Time*, 26 de mayo de 1930, http://www.time.com/time/ magazine/article/0,9171,739314,00.html ingresado el 8 de octubre de 2007.

5. William R. Clark, *Petrodollar Warfare: Oil, Iraq and the Future of the Dollar*, New Society Publishers, 2005, p. 198; ver también W. S. Churchill, *Collected Essays of Winston Churchill, Vol. II*, Library of Imperial History, Londres, 1976, pp. 176-186.

6. «Historia de la Unión Europea», http://europa.eu./abc/history ingresado el 8 de octubre de 2007.

7. Recopilado de «La Unión Europea de un vistazo... Diez pasos históricos» Europa, http://europa.eu ingresado el 8 de octubre de 2007.

8. Michael Shtender-Auberbach, «Israel y la UE: Un camino hacia la paz», The Century Foundation, 3 de noviembre de 2005, http://www.tcf.org/list. asp?type=NC&pubid=1129 ingresado el 10 de octubre de 2007.

9. Conclusiones de la presidencia del Consejo de la Unión Europea, http://www. consilium.europa.eu/ueDocs/cms_Data/docs/pressData/en/ec/94932.pdf ingresado el 17 de junio de 2008.

10. «¿Cómo estamos organizados?» Europa, http://europa.eu/abc/panorama/ howorganised/index_en.htm ingresado el 5 de marzo de 2008.

11. Alex Duval Smith, «Blair inicia campaña para convertirse en presidente de la UE», *The Guardian*, 13 de enero de 2008, http://www.guardian.co.uk/uk/2008/ jan/13/politics.world ingresado el 5 de marzo, 2008; ver también Dan Bilefsky, «Dos líderes apoyan a Blair como presidente de la Unión Europea», *The New York Times*, 20 de octubre de 2007, http://www.nytimes.com/2007/10/20/ world/europe20europe.html?_r=1&oref=slogin ingresado el 5 de marzo de 2007.

12. Arno Froese, *How Democracy Will Elect the Antichrist*, Olive Press, Columbia, SC, 1997, p. 165.

13. Citado en David L. Larsen, *Telling the Old, Old Story: The Art of Narrative Preaching*, Kregel, Grand Rapids, MI, 1995, p. 214.

14. Jim Madaffer, «El fuego destructor... dos semanas después», Ciudad de San Diego, www.sandiego.gov/citycouncil/cd7/pdf/enews/2003/the_firestorm.pdf ingresado el 5 de marzo de 2008.

15. «Bombero quemado describe cómo burló a la muerte», NBC San Diego, 14 de noviembre de 2007, www.nbcsandiego.com/news/14598732/detail. html ingresado el 15 de noviembre de 2007; Tony Manolatos, «Bomberos de California cuentan relatos de trágico incidente y rescate», *Union Tribune*, San Diego, 9 de noviembre de 2007, http://www.signonsandiego.com/news/ metro/20071109-9999-In9report.htm ingresado el 5 de marzo de 2008; Tony Manolatos, «Piloto que rescató tripulación de bomberos no se sintió como un héroe», *Union Tribune*, San diego, 30 de octubre de 2007, http://www. signonsandiego.com/news/metro/20071030-1400-bn30pilot.html ingresado el 31 de octubre de 2007; y Tony Manolatos, «Acto de heroísmo vuelto trágico durante intento de rescate», *Union Tribune*, San Diego, 23 de octubre de 2007, http://www.signonsandiego.com/news/metro/20071023-9999-bn23firedead. html ingresado el 26 de octubre de 2007.

Capítulo cuatro: Terrorismo islámico

1. George Sada, *Saddam's Secrets: How an Iraqi General Defied and Survived Saddam Hussein*, Integrity Publishers, Brentwood, TN, 2006, pp. 285-286.

2. Ibíd., p. 289.

3. «Público expresa puntos de vista mezclados de islamismo y mormonismo», Pew Research Center Publications, 25 de septiembre de 2007, http://pewresearch. org/pubs/602/public-expresses-mixed-views-of-islam-mormonism ingresado el 1 de octubre de 2007.

4. Sada, *Saddam's Secrets*, pp. 289-290.

5. Adaptado de «Nueva encuesta muestra preocupación por amenaza terrorista islámica, a ser detallada en informe especial de cadena noticiosa Fox», Fox News, 3 de febrero de 2007, www.foxnews.com/story/0,2933,249521,00.html ingresado el 16 de octubre de 2007.

6. «Marioneta de Hamas "mata" a Bush por televisión por ayudar a Israel», servicio de cable Reuters, 1 de abril de 2008, http://www.reuters.com/article/ worldNews/idUSL0146737420080401 ingresado el 1 de abril de2008.

7. Reza F. Safa, prólogo para Don Richardson, *The Secrets of the Koran*, Regal Books, Ventura, CA, 2003, p. 10.

8. Will Durant, *The Age of Faith*, Simon & Schuster, Nueva York, 1950, p. 155.

9. Estadísticas recopiladas de «Principales religiones del mundo clasificadas por partidarios», Adherents.com. http://pewresearch.org/pubs/483/muslim-americans ingresado el 17 de octubre de 2007; y «Musulmanes estadounidenses: Clase media y en su mayoría corriente dominante», Pew Research Center, www. adherents.com/Religions_By_Adherents.html ingresado el 17 de octubre de 2007.

10. Durant, *Age of Faith*, p. 163.

11. Robert A. Morey, *Islam Unveiled: The True Desert Storm*, The Scholar's Press, Sherman's Dale, PA, 1991, p. 49.

12. Abd El Schafi, *Behind the Veil*, Pioneer Book Company, Caney, KS, 1996, p. 32.

13. Winfried Corduan, *Pocket Guide to World Religions*, InterVarsity Press, Downers Grove, IL, 2006, pp. 80-85.

14. Información sobre los cinco pilares adaptada de Norman L. Geisler y Abdul Saleeb, *Answering Islam*, segunda edición, Baker Books, Grand Rapids, MI, 2006, p. 301.

15. Benazir Bhutto, *Reconciliation: Islam, Democracy, and the West*, HarperCollins, Nueva York, 2008, pp. 2-3, 20.

16. «Texto de sermones de Ibrahim Mdaires, *The Jerusalem Post*, 19 de mayo de 2005.

17. Richardson, *Secrets of the Koran*, pp. 69-71.

18. Oren Dorell, «Algunos afirman que las escuelas dan trato especial a los musulmanes», *USA Today*, 25 de julio de 2007, http://www.usatoday.com/ news/nation/2007-07-25-muslim-special-treatment-from-schools_N.htm ingresado el 16 de octubre de 2007; ver también Helen Gao, «Programa árabe ofrecido en escuela», San Diego, *Union Tribune*, 12 de abril de 2007, http:// www.signonsandiego.com/news/education/20070412-9999-1m12carver.html ingresado el 16 de octubre de 2007.

19. Tony Blankley, *The West's Last Chance*, Regenery Publishing, Inc., Washington DC, 2005, pp. 21-23, 39.

20. Sada, *Saddam's Secrets*, p. 287.

21. Philip Johnston, «Reid enfrenta el rostro furioso del islamismo», *Telegraph*

de Londres, 21 de septiembre de 2006, http://www.telegraph.co.uk/news/uknews/1529415/Reid-meets-the-furious-face-of-Islam.html ingresado el 13 de marzo de 2008.

22. Nick Britten, «Las religiones chocan bajo los capiteles», *Telegraph* de Londres, 4 de febrero de 2008, http://www.telegraph.co.uk/news/uknews/1577340/Religions-collide-under-the-dreaming-spires.html ingresado el 13 de marzo de 2008.

23. «La ley sharia en el Reino Unido es "inevitable"», BBC News, 7 de febrero de 2008, http://news.bbc.co.uk/2/hi/uk_news/7232661.stm ingresado el 13 de marzo de 2008.

24. Jonathan Wynne-Jones: «Obispo advierte de zonas prohibidas para no musulmanes», *Telegraph* de Londres, 5 de enero de 2008, http://www.telegraph.co.uk/news/uknews/1574694/Bishop-warns-of-no-go-zones-for-non-Muslims.html ingresado el 13 de marzo de 2008.

25. «Vaticano: Musulmanes superan ahora en número a católicos», *USA Today*, 30 de marzo, 2008, http://www.usatoday.com/news/religion(2008/03/30-muslims-catholics_N.htm ingresado el 2 de abril de 2008.

26. «Discurso de Ahmadinejad del 2005 a las Naciones Unidas», Wikisource: United Nations, http://en.wikisource.org/wiki/Ahmadinejad's_2005_address_to_the_United-Nations.

27. «Ahmadinejad: Borrar a Israel del mapa», Aljazeera News, 28 de octubre de 2005, http://english.aljazeera.net/English/archive/archive?ArchiveId=15816 ingresado el 4 de junio de 2008.

28. Stan Goodenough, «Ahmadinejad: Israel ha alcanzado su etapa "final"», *Jerusalem Newswire*, 30 de enero, 2008, www.jnewswire.com/article/2314 ingresado el 4 de junio de 2008.

29. Mark Bentley y Ladane Nasseri, «Mandato nuclear de Ahmadinejad fortalecido después de elección en Irán», Bloomberg News, 16 de marzo de 2008, www.bloomberg.com/apps/news?pid=20601087&sid=aGUPHIVLn.7c&refer=home ingresado el 4 de junio de 2008.

30. John F. Walvoord y Mark Hitchcock, *Armageddon, Oil and Terror*, Tyndale House Publishers, Carol Stream, IL, 2007, p. 44.

31. «Obispo católico romano quiere que todo el mundo llame "Alá" a Dios», Fox News, 16 de agosto de 2007, http://www.foxnews.com/story/0,2933,293394,00.html ingresado el 14 de marzo de 2008.

32. Stan Goodenough, «Llamémoslo Alá», *Jerusalem Newswire*, 21 de agosto de 2007, http://www.foxnews.com/story/0,2933,293394,00.html ingresado el 14 de marzo de 2008.

33. «Obispo católico romano», Fox News.

34. Ibíd.

35. Hal Lindsey, «¿Le importa a Dios cómo se le llame?». WorldNetDaily, 17 de agosto de 2007, www.wnd.com/index.php?pageId=43089 ingresado el 27 de junio de 2008.

36. Adaptado de Dr. Robert A. Morey, *Islam Unveiled*, The Scholar's Press, Sherman's Dale, PA, 1991, p. 60.

37. Edward Gibbon, *The Decline and Fall of the Roman Empire*, Milman Co., Londres, sin fecha, 1:365.

38. «Testimonio de un creyente Saudita», Cómo responder al islamismo: Diálogo cristiano-musulmán y apologética, http://answering-islam.org./Testimonies/saudi.html ingresado el 20 de abril de 2006.

Capítulo cinco: Desaparecidos sin rastro alguno

1. «Bomberos ganan terreno a medida que disminuyen vientos en Santa Ana», KNBC Los Ángeles, 24 de octubre de 2007, http://www.knbc.com/news/14401132/detail.html ingresado el 26 de octubre de 2007.
2. Bruce Bickel y Stan Jantz, *Bible Prophecy 101*, Harvest House Publishers, Eugene, OR, 1999, p. 124.
3. *Merriam-Webster Online*, s. v. «Arrebatamiento», www.merriam-webster.com/dictionary/rapture ingresado el 5 de junio de 2008.
4. Alfred Tennyson, «Rompe, rompe, rompe», *Poems, Vol. II*, Ticknor, Reed and Fields, Boston, 1851, p. 144.
5. Tim LaHaye, *The Rapture*, Harvest House Publishers, Eugene, OR, 2002, p. 69.
6. «Dirigentes de cien naciones asisten a funeral de Churchill», Churchill Centre, www.winstonchurchill.org/i4a/pages/index.cfm?pageid=801 ingresado el 4 de marzo de 2008.
7. Bickel y Jantz, *Bible Prophecy*, p. 123.
8. Arthur T. Pierson, *The Gospel, Vol. 3*, Baker Book House, Grand Rapids, MI, 1978, p. 136.
9. Wayne Grudem, *Systematic Theology*, Zondervan, Grand Rapids, MI, 1994, p. 1093.
10. Gig Conaughton, «Condado compra Sistema Reverse 911», *North County Times*, 11 de agosto de 2005, http://www.nctimes.com/articles/2005/08/12/news/top_stories/21_13_388_11_05.txt ingresado el 4 de marzo de 2008; ver también «Alcalde Sanders devela nuevo Sistema Reverse 911», KGTV, 6 de septiembre de 2007, http://www.10news.com/news/14061100/detail.html ingresado el 4 de marzo de 2008; Gig Conaughton, «Funcionarios ensalzan sistema de alerta de alta velocidad», *North County Times*, 27 de octubre de 2007, http://www.nctimes.com/articles/2007/10/26/news/top_stories/21_36_2110_25_07.txt ingresado el 18 de marzo de 2008; Scott Glover, Jack Leonard, y Matt Lait, «Dos hogares, dos parejas, dos destinos», *Los Angeles Times* de Los Ángeles, 26 de octubre de 2007, http://www.latimes.com/news/local/la-me-pool26oct26,0,3755059.story ingresado el 26 de octubre de 2007.

Capítulo seis: ¿Juegan los Estados Unidos un papel en la profecía?

1. Adaptado de Newt Gingrich, *Rediscovering God in America*, Integrity, Nashville, TN, 2006, p. 130.
2. Peter Marshall y David Manuel, *The Light and the Glory*, Revell, Old Tappan, NJ, 1977, pp. 17, 18.

3. «Proclama del Presidente», *The New York Times*, 21 de noviembre de 1982, http://select.nytimes.com/search/restricted/article?res=F30611FB395DOC728 EDDA80994 ingresado el 15 de abril de 2008.
4. «El diario de Cristóbal Colón (1492)», The History Guide: Lectures on Early Modern European History, www.historyguide.org/earlymod/columbus.html ingresado el 2 de noviembre de 2007.
5. «Primer discurso de posesión de Washington, abril 30, 1789», Library of Congress, www.loc.gov/exhibits/treasures/trt051.html ingresado el 5 de junio de 2008.
6. John F. Walvoord, «Estados Unidos y la causa de misiones mundiales», *America in History and Bible Prophecy*, Thomas McCall, ed., Moody Press, Chicago, 1976, p. 21.
7. Gordon Robertson, «Dentro de todo el mundo», Christian Broadcasting Network, http://www.cbn.com/spirituallife/churchandministry/churchhistory/ Gordon_into_World.aspx ingresado el 1 de noviembre de 2007.
8. Luis Bush, «¿Dónde estamos ahora?». Missions Frontiers, 2003, http://www. missionsfrontiers.org/2000/03/bts20003.htm ingresado el 1 de noviembre de 2007.
9. Abba Eban, *An Autobiography*, Random House, Nueva York, 1977, p. 126.
10. Ibíd., p. 134.
11. «La peor de las peores: Las sociedades más represivas del mundo, Freedom House, abril de 2007, http://www.freedomhouse,org/template. cfm?page=383&report=58 ingresado el 1 noviembre de 2007.
12. Ronald Reagan, «Discurso de posesión, enero 20, 1981», Ronald Reagan Presidential Library Archives, National Archives and Records Administration, www.reagan.utexas.edu/archives/speeches/1981/12081a.htm ingresado el 5 de junio de 2008.
13. Citado en Newt Gingrich, *Winning the Future: A 21ˢᵗ Century Contract with America*, Regnery Publishing, Inc., Washington DC, 2005, p. 200.
14. John Gilmary Shea, *The Lincoln Memorial: A Record of the Life, Assassination, and Obsequies of Abraham Lincoln*, Bunce and Huntington Publishers, Nueva York, 1865, p. 237.
15. Benjamín Franklin, «Discurso ante la convención constitucional, junio 28, 1787», Library of Congress, http://www.loc.gov/exhibits/religion/rel06.html ingresado el 18 de junio de 2008.
16. William J. Federer, ed., *America's God and Country—Encyclopedia of Quotations*, Amerisearch, Inc., St. Louis, 2000, p. 696.
17. Ibíd., pp. 697-698.
18. Jared Sparks, ed. *The Writings of George Washington*, 12 vols., Little, Brown and Company, Boston, 1837, vol., III, p. 449.
19. «El discursode Gettysburg», http://www.loc.gov/exhibits/gadd/gadrft.html ingresado el 18 de junio de 2008.
20. Charles Fadiman, ed., *The American Treasury*, Harper & Brothers, Nueva York, 1955, p.127.
21. Jay Gormley, «Distrito Escolar debe repintar "En Dios confiamos" sobre una pared de gimnasio», CBS11TV.com, 1 de abril de 2008, http://cbs11tv.com/

business/education/LISD.Repaints.motto.2.689875.html ingresado el 7 de abril de 2008.

22. «Laus Deo», Snopes Urban alude a páginas en referencia, www.snopes.com/politics/religion/lausdeo.asp ingresado el 7 de abril de 2008; ver también «Monumento a Washington», www.snopes.com/politics/religion/monument.asp ingresado el 7 de abril de 2008.

23. Tim LaHaye, como lo citara el Dr. Thomas Ice, «¿Están los EE.UU. en la profecía bíblica?». Pre-Trib Research Center, http://www.pre-trib.org/article-view.php?id=14 ingresado el 18 de junio de 2008.

24. Tim LaHaye, «Papel de los E.U.A. en la profecía de los últimos tiempos», *Perspectiva de Tim LaHaye*, agosto de 1999, http://209.85.173.104/search?q=cache:ZEQ46V4CQRYJ:www.yodelingfrog.com/Misc2520Items/(doc)2520-2520Tim2520LaHaye2520-2520The2520Role2520of2520the2520USA2520in2520End2520Times2520Prophecy.pdf+22Does+the+United+States+have+a+place+in+end+time+prophecy3F22&hl=en&ct=clnk&cd=1&gl=us&lr=lang_en ingresado el 18 de junio de 2008.

25. John Walvoord y Mark Hitchcock, *Armageddon, Oil and Terror*, Tyndale House Publishers, Carol Stream, IL, 2007, p. 67.

26. «Presidente Bush se reúne con líderes de la Unión Europea: el canciller Merkel de la República Federal de Alemania, el presidente Barroso del Consejo Europeo, y el presidente de la Comisión Europea», comunicado de prensa con fecha 30 de abril de 2007, The White House, http://www.whitehouse.gov/news/releases/2007/04/20070430-2.html ingresado el 28 de marzo de 2008.

27. «Consejo económico transatlántico», European Commission, http://ec.europa.eu/enterprise/enterprise_policy/inter_rel/tec/index_en.htm ingresado el 28 de marzo de 2008.

28. Jerome R. Cossi, «Fusión premeditada: interior de la charla súper secreta entre la Unión y Norte América», WorldNetDaily, 13 de marzo de 2008, http://www.worldnetdaily.com/index.php?fa=PAGE.view&pageId=587088 ingresado el 28 de marzo de 2008.

29. Ibíd.

30. Walvoord y Hitchcock, *Armageddon*, p. 68.

31. Ed Timperlake, «Artículo debate explosivos perdidos», *The Washington Times*, 5 de marzo, 2008, http://www.washingtontimes.com/news/2008/mar/05/explosive-missing-debate-item ingresado el 28 de marzo de 2008.

32. Ed Timperlake, «Artículo debate explosivos perdidos», *The Washington Times*, 5 de marzo, 2008, http://www.washingtontimes.com/news/2008/mar/05/explosive-missing-debate-item ingresado el 28 de marzo de 2008.

33. Ed Timperlake, «Artículo debate explosivos perdidos», *The Washington Times*, 5 de marzo de 2008, http://www.washingtontimes.com/news/2008/mar/05/explosive-missing-debate-item ingresado el 28 de marzo de 2008.

34. «E.U. califica de "no constructiva" prueba de misiles de Corea del Norte», Reuters, el 28 de marzo de 2008, http://www.reuters.com/article/idUSWAT00920520080328, ingresado el 28 de marzo de 2008.

35. Walvoord y Hitchcock, *Armageddon*, p. 65.

36. La Shawn Barber, «Estados Unidos en decadencia», La Shawn Barber's Corner, 25 de febrero, 2004, http://lashawnbarber.com/archives/2004/02/25/brstronglatest-column-america-on-the-declinestrong/ ingresado el 28 de marzo de 2008.
37. Adaptado de Carle C. Zinmmerman, *Family and Civilization*, ISI Books, Wilmington, DE, 2008, p. 255.
38. Mike Evans, *The Final Move Beyond Iraq*, Front Line, Lake Mary, FL, 2007, p. 168.
39. Herbert C. Hoover, *Addresses upon the American Road 1950-1955*, Stanford University Press, Palo Alto, CA, 1955, pp. 111-113, 117.
40. Mark Hitchcock, *America in the End Times*, carta del club de profecía Left Behind.
41. Herman A. Hoyt, *Is the United States in Prophecy?*, BMH Books, Winona Lake, 1977, p.16.

Capítulo siete: Cuando un hombre gobierne el mundo

1. Erwin Lutzer, *Hitler's Cross*, Moody Press, Chicago, 1995, pp. 62-63.
2. Tim LaHaye y Ed Hinson, *Global Warning*, Harvest House, Eugene, OR, 2007, p. 195.
3. Charles Colson, *Kingdoms in Conflict*, Zondervan, Gran Rapids, MI, 1987, pp. 129-130.
4. Lutzer, *Hitler's Cross*, p. 73.
5. Arthur W. Pink, *The Antichrist*, Klich & Klich, Minneapolis, 1979, p. 77.
6. Marvin Kalb y Bernard Kalb, *Kissinger*, Little, Brown and Company, Nueva York, 1974, pp. 201-202.
7. Colson, *Kingdoms in Conflict*, p. 68.
8. Ibíd.
9. Thomas Ice, «Identidad étnica del anticristo», Pre-Trib Research Center, www.pre-trib.org/article-view.php?id=230 ingresado el 5 de junio de 2008.
10. *Conservapedia*, French Revolution, http://www.conservapedia.com/French_Revolution ingresado el 18 de junio de 2008.
11. W. A. Criswell, *Expository Sermons on Revelation*, vol. IV, Criswell Publishing, Dallas, 1995, p. 109.
12. David E. Gumpert, «¿Etiquetas de animales para personas?». *Business Week*, 11 de enero de 2007, www.businessweek.com/smallbiz/content/jan2007/sb20070111_186325.htm?chan=smallbiz_smallbiz+index+page_today's+top+stories ingresado el 11 de abril de 2008.
13. Gary Frazier, *Signs of the Coming of Christ*, Discovery Ministries, Arlington, TX, 1998, p. 149.

Capítulo ocho: El nuevo Eje del Mal

1. «Informe presidencial sobre el estado de la Unión», comunicado de prensa con fecha 29 de enero de 2002, The White House, http://www.whitehouse.gov/news/

releases/2002/01/20020129/-11.html ingresado el 10 de marzo de 2008.

2. John F. Walvoord, *The Nations in Prophecy,* Zondervan, Grand Rapids, 1978, p. 107.

3. Erik Hildinger, *Warriors of the Steppe: A Military History of Central Asia, 500 B.C. to 1700,* DaCapo Press, Nueva York, 2001, p. 33.

4. Walvoord, *Nations in Prophecy,* p. 106.

5. Ibíd., p. 101.

6. Edward Lucas, «La nueva Guerra Fría», www.edwardlucas.com ingresado el 6 de junio de 2008.

7. Mike Celizic, «El personaje del año de *Time* es Vladimir Putin», *Today:* People-msnbc.com, 19 de diciembre de 2007, http://www.msnbc.msn.com/id/22323855 ingresado el 17 de abril de 2008.

8. Nabi Abdullaev, «Discurso sugiere que lo mejor está por venir», *Moscow Times,* 11 de febrero de 2008, http://www.moscowtimes.ru/article/1010/42/302320.htm ingresado el 11 de febrero de 2008.

9. Oleg Shchedrov, «Putin en Jordania para demostrar ambiciones regionales», Reuters AlertNet, 12 de febrero de 2007, www.alertnet.org/thenews/newsdesk/L12935084.htm ingresado el 6 de junio de 2008.

10. Ibíd.

11. Hassan M. Fattah, «Putin visita Qatar para hablar acerca de gas natural y comercio», *The New York Times,* 13 de febrero de 2007, www.nytimes.com/2007/02/13/world/middleeast/13putin.html ingresado el 17 de abril de 2008.

12. Scott Peterson, «Rusia e Irán se endurecen contra Occidente», *Christian Science Monitor,* 18 de octubre de 2007, http://www.csmonitor.com/2007/1018/p06s02-woeu.html ingresado el 18 de junio de 2008.

13. «Rusia desecha deudas de Libia cuando Putin visita Trípoli», AFP (Agencia France-Presse), abril 2008, BNET Business Network, http://findarticles.com/p/articles/mi-kmafp/is_200804/ai_n25344293 ingresado el 17 de abril de 2008.

14. «Unión Europea debería unirse detrás de la nueva estrategia rusa: La investigación», ViewNews.net. 7 de noviembre de 2007, http://viewnews.net/news/world/eu-should-unite-behind-new-russia-strategy-study.html ingresado el 18 de junio de 2008.

15. Andris Piebalgs: «El gas aviva vínculos EU-Rusia», anuncio de *New Europe,* 7 de abril, 2008, http://www.mgimo.ru/alleurope/2006//21/bez-perevoda.html ingresado el 21 de julio de 2008.

16. «Irán», CIA-The World Factbook, http://www.cia.gov/library/publications/the-world-factbook/geos/ir.html ingresado el 26 de junio de 2008.

17. Borzou Daragahi, «Teherán hace pública más información nuclear, afirma agencia», *Los Angeles Times,* 31 de agosto de 2007, http://articles.latimes.com/2007/aug/31/world/fg-irannukes31 ingresado el 31 de agosto de 2007.

18. «Ahmadinejad en nuevo ataque contra el "animal salvaje"», teletipo noticioso de AFP, 20 de febrero de 2008, http://afp.google.com/articleALeqM5g_nrxYSrTbp_LIZcVU4VGCBpQ0hQ ingresado el 6 de junio de 2008.

19. Thom Shanker y Brandan Knowlton, «E.U. describe confrontación con barcos iraníes», *The New York Times,* 8 de enero de 2008,

http://www.nytimes.com/2008/01/08/washington/08military.html?scp=2&sq= U.S.+Describes+Confrontation+With+Iranian+Boats&st=nyt ingresado el 26 de junio de 2008.

20. Nazila Fathi, «Presidente iraní dice que "Israel debe ser borrado del mapa"», *The New York Times*, 26 de octubre de 2007, http://www.nytimes.com/2005/10/26/ international/middleeast/26cnd-iran.html ingresado el 18 de abril de 2008.

21. «Dirigente de la ONU alarmado por amenaza de Hezbolá contra Israel», agencia France-Presse, 3 de marzo de 2008, http://findarticles.com/p/articles/ mi_kmafp/is_200803/ai_n24365391 ingresado el 3 de marzo de 2008.

22. Aaron Klein, «Hezbolá: Misiles disparados contra Israel dirigidos por Irán», WorldNetDaily, 7 de mayo de 2007, http://www.worldnetdaily.com/news/ article.asp?ARTICLE_ID=55572 ingresado el 5 de septiembre de 2007.

23. Ibíd.

24. «Dirigente de la ONU alarmado por amenaza de Hezbolá contra Israel», agencia France-Presse, 3 de marzo de 2008».

25. Edward Gibbon, *The Decline and Fall of the Roman Empire*, Milman Co., Londres, sin fecha, 1:204.

26. David L. Cooper, *When Gog's Armies Meet the Almighty*, The Biblical Research Society, Los Ángeles, 1958, p. 17.

27. Theodore Epp. *Russia's Doom Prophesied*, Good News Broadcasting, Lincoln, NE, 1954, pp. 40-42.

28. Barry L. Brumfield, «Israel; política y geográficamente», Israel's Messiah.com, www.israelmessiah.com/palestinian_refugees/israel_vs_arabs.htm ingresado 6 de junio de 2008.

29. Matthew Kreiger, «7 200 israelíes millonarios hoy, aumentan un 13», *Jerusalem Post*, 28 de junio de 2007, http://www.jpost.com/servlet/Satellite?pagename=J Post2FJPArticle2FShowFull&cid=1182951032508 ingresado el 17 de abril de 2008.

30. Serge Schmemann, «Israel redefine su sueño: Descubrir riqueza en alta tecnología», *The New York Times*, 18 de abril de 1998, http://query.nytimes. com/gst/fullpage.html?res=9502EED7123CF93BA25757C0A96E958260&sec =travel ingresado el 6 de junio de 2008.

31. «Tierra de leche y negocios en marcha», *Economist*, 19 de marzo de 2008, www.economist.com/business/displaystory.cfm?story_id=10881264 ingresado el 29 de abril de 2008.

32. «Israel», Legatum Prosperity Index 2007, Legatum Institute, http://www. prosperity.org/profile.aspx?id=IS ingresado el 29 de abril de 2008.

33. «Israel», CIA-The World Factbook, http://www.cia.gov/library/publications/the-world-factbook/geos/is.html ingresado el 26 de junio de 2008.

34. Joel C. Rosenberg, *Epicenter*, Tyndale House Publishers, Inc., Carol Stream, IL, 2006, p. 131.

35. H. D. M. Spence y Joseph Excell, eds., *The Pulpit Commentary*, vol. 28, Funk & Wagnalls, Nueva York, 1880-93, p. 298.

36. Robert J. Morgan, *From This Verse*, Thomas Nelson, Inc., Nashville, TN, 1998, anotación para el 29 de diciembre.

Capítulo nueve: Armas para Armagedón

1. Douglas MacArthur, «Discurso de despedida al Congreso», pronunciado el 19 de abril, 1951, American Rhetoric, www.americanrhetoric.com/speeches/douglasmacarthurfarewelladdress.htm ingresado el 6 de junio de 2008.

2. Douglas Brinkley, ed., *The Reagan Diaries*, HarperCollins, Nueva York, 2007, pp. 19, 24.

3. «Muertes estadounidenses por guerras a través de la historia», Military Factory.com, www.militaryfactory.com/american_war_deaths.asp ingresado el 6 de junio de 2008.

4. Sylvie Barak, «Stephen Hawking afirma que NASA debería proveer para viaje interestelar: ascender a la Luna», The Inquirer (blog), 22 de abril de 2008, www.theinquirer.net/gb/inquirer/news/2008/04/22/stephen-hawking-argues-nasa ingresado el 6 de junio de 2008.

5. Alan Johnson, *The Expositor's Bible Commentary*, Zondervan, Gran Rapids, MI, 1981, 12:551.

6. Vernon J. McGee, *A través de la Biblia*, vol. 3, Thomas Nelson, Inc., TN, 1982, p. 513.

7. A. Sims, ed., *The Coming Great War*, A. Sims, Publisher, Toronto, 1932, pp. 7-8.

8. John Dryden, trans., *Plutarch's Life of Sylla*. Dominio público.

9. Josefo, *La Guerra de los judíos, Libro 6* de *Las obras de Josefo*, traducidas por William Whiston, Hendrickson Publishers, Peabody, MA, 1987; disponible en Internet: «Josefo describe el saqueo de Roma a Jerusalén», Frontline, http://www.pbs.org/wgbh/pages/frontline/shows/religion/maps/primary/josephussack.html ingresado el 26 de junio de 2008.

10. J. Dwight Pentecost, *Things to Come—A Study in Biblical Eschatology*, Dunham Publishing Company, Findlay, OH, 1958, pp. 347-48.

11. «Hamas ofrece tregua a cambio de fronteras de 1967», Associated Press, 21 de abril de 2008, www.msnbc.msn.com/id/24235665/ ingresado el 6 de junio de2008.

12. John F. Walvoord y Mark Hitchcock, *Armageddon, Oil and Terror*, Tyndale House Publishers, Carol Stream, IL, 2007, p. 174.

13. Alon Liel, *Turkey in the Middle East: Oil, Islam, and Politics*, Lynne Rienner Publishers, Boulder, CO, 2001, pp. 20-21.

14. John F. Walvoord, «El camino de los reyes de Oriente», *Light for the World's Darkness*, John W. Bradbury, ed., Loizeaux Brother, Nueva York, 1944, p. 164.

15. Larry M. Wortzel, «Potencial militar de China», US Army Strategic Studies Institute, 2 de octubre, 1998, www.fas.org/nuke/guide/china/doctrine/chinamil.htm ingresado el 6 de junio de 2008.

16. Sims, *The Coming Great War*, pp. 12-13.

17. Robert J. Morgan, *My All in All*, B&H Publishers, Nashville, 2008, artículo para el 16 de julio.

18. Randall Price, *Jerusalem in Prophecy*, Harvest House Publishers, Eugene, OR, 1998, pp. 1179-1180.

Capítulo diez: El regreso del Rey

1. Lehman Strauss, «Profecía bíblica» Bible.org, http://www.bible.org/page. php?page_id=412 ingresado el 27 de noviembre de 2007.
2. John F. Walvoord, *End Times*, Word Publishing, Nashville, TN, 1998, p. 143.
3. Tim LaHaye, *The Rapture*, Harvest House Publishers, Eugene, OR, 2002, p. 89.
4. Harry A. Ironside, *Revelation*, Kregel, Grand Rapids, MI, 2004, pp. 187-88.
5. Charles Spurgeon, «Las muchas coronas del Salvador», sermón (# 281) pronunciado el 30 de octubre, 1859, The Spurgeon Archive, www.spurgeon. org/sermons/0281.htm ingresado el 7 de junio de 2008.
6. Ironside, *Revelation*, p. 189.
7. W. A. Criswell, *Expository Sermons on Revelation*, vol. 5 (Zondervan, Grand Rapids, MI, 1966, p. 31.
8. Ironside, *Revelation*, pp. 189-190.
9. Kenneth Woodward, «Cielo», *Newsweek*, 27 de marzo de 1989, p. 54.
10. C. S. Lewis, *The Problem of Pain*, Macmillan, Nueva York, 1940, 1973, p. 28.
11. Walvoord, *End Times*, p. 171.
12. Vance Havner, *In Times Like These*], Fleming H. Revell Company, Old Tappan, NJ, 1969, p. 29.
13. Basado en Sir Ernest Henry Shackleton, *South! The Story of Shackleton's 1914-1917 Expedition*, disponible en Project Gutenberg, www.gutenberg.org/ files/5199/5199-h/5199 -h.htm ingresado el 7 de junio de 2008.

Apéndice B: Reservas petroleras convencionales por nación, junio de 2007

1. Reservas probadas de petróleo, «Revisión estadística de la British Petroleum del mundo energético, junio de 2007» BP Global, http://www.bp.com/ liveassets/bp_internet/globalbp/globalbp_uk_english/reports_and_publications/ statistical_energy_review_2007/STAGING/local_assets/downloads/pdf/ statistical_review_of_world_energy_full_report_2007.pdf ingresado el 4 de marzo de 2008.

CPSIA information can be obtained
at www.ICGtesting.com
Printed in the USA
LVOW07s1411080317
526463LV00002B/9/P